中国盐业契约论

——以四川近现代盐业契约为中心

吴斌 支果 曾凡英 著

西南交通大学出版社
·成都·

图书在版编目（CIP）数据

中国盐业契约论：以四川近现代盐业契约为中心/吴斌，支果，曾凡英著.—成都：西南交通大学出版社，2015.8
ISBN 978-7-5643-4181-7

Ⅰ.①中… Ⅱ.①吴… ②支… ③曾… Ⅲ.①制盐工业–契约–研究–自贡–现近代 Ⅳ.D927.713.364

中国版本图书馆 CIP 数据核字（2015）第 189299 号

中国盐业契约论
—— 以四川近现代盐业契约为中心

吴斌 支果 曾凡英 著

责任编辑	秦 薇
特邀编辑	廖安娜
封面设计	墨创文化
出版发行	西南交通大学出版社 （四川省成都市金牛区交大路 146 号）
发行部电话	028-87600564　87600533
邮 编	610031
网 址	http://www.xnjdcbs.com
印 刷	四川森林印务有限责任公司
成品尺寸	152 mm × 226 mm
印 张	15
字 数	250 千字
版 次	2015 年 8 月第 1 版
印 次	2015 年 8 月第 1 次
书 号	ISBN 978-7-5643-4181-7
定 价	45.00 元

图书如有印装质量问题　本社负责退换
版权所有　盗版必究　举报电话：028-87600562

序

在中国传统社会中，"私法"上的社会关系是由民间缔结的契约自发形成并受其约束和规范的，所以，长期以来在民间流传着"民有私约，约行二主"以及"官有政法，民从私约"的说法。它准确而清楚地表明了民间秩序的建立和维护主要是依靠契约来进行，"官法"对于民间契约行为基本上处于不予干涉的状况，从侧面反映了民间契约行为与民间习惯的密切关系。可以说民间习惯规范着民间契约行为，民间契约实践又来源于民间习惯，并随着社会经济的发展和民间交往的日益扩大，进一步推动民事习惯向前发展，从而逐渐走向成熟和规范，最终被"官法"所接受，产生具有约束力的法的效力。

盐业契约是中国传统民间契约中的一种，是盐业这一特种行业领域中生产、经营实践活动的产物，也是民间对盐业这一行业行为的规范。从盐的生产区域、制盐技术和工艺流程等来看，盐业契约又包括海盐契约、井盐契约和池盐契约等。本书作者就是从井盐契约入手，以四川井盐契约为研究对象，力图起到滴水见太阳的研究效果。

四川井盐契约，是以自贡井盐契约为代表的。具有两千多年井盐开发、生产与经营历史的盐都——自贡，在她漫长的井盐开发生产经营历史中，不仅为世界科学技术进步做出了重大贡献，也为中国传统文化创造了宝贵而丰富的契约文化。自贡盐业契约时间跨度长、内容丰富、保存完整，从自贡市档案馆、自贡市盐业历史博物馆收藏的盐业契约档案来看，上可追溯到清雍正年间，下可延续到新中国成立之时，跨越漫长的时间历程，蕴涵了大量珍贵的契约资料。要全面地研究这些契约资料，需要较长的时间和不懈地努力；要在这些珍贵的史料中"披沙拣金"，挖掘其现代价值，更需要较强的理论功底和敢于创新的学术勇气。盐业契约的研究成果对于我们进行中国特色社会主义先进文化的建设，传承中国优秀传统文化的精华，无疑具有十分重要的现实意义。

盐业契约是进行学术研究的"富矿",可以从不同学科、不同层面去研究,无论从经济学、历史学、社会学、文化学、法学、文献档案学等哪个角度切入,都会产生极有价值的研究成果。但就我所知,对盐业契约的研究,以往的研究成果多是从经济学、历史学的角度进行的。而从法学的角度去研究盐业契约,虽然国内和日本学者有少数人涉及,但也仅仅是对某一个方面进行概要式的介绍,没有系统深入的研究成果。本书作者正是从法学角度对盐业契约进行系统研究,发掘盐业契约的法学价值以及对当今市场经济法秩序建构的借鉴作用,并力图使其理论视野、研究角度更具特色。虽然书中所研究的问题有的也许还可以更深入一些,但其筚路蓝缕的开创之功,总是令人欣慰的,也是应该庆贺的。

本书作者都是四川省教育厅人文社会科学重点研究基地——四川理工学院中国盐文化研究中心的研究人员。他们身处自贡,具有得天独厚的区位、资料、成果积累优势。他们对研究材料进行取舍,选择具有代表性的素材进行分析诠释,从而使整个研究有着基础性、原创性的特点。他们对盐业契约的研究,涉及的内容较为广泛,包括盐业凿井、合伙、借贷、租佃、买卖、析产契约以及与盐业契约相关的盐业习惯法及其与成文法的互动关系等,内容较为全面、系统,初步形成了体系。他们长期致力于盐业契约的实证研究,做了大量细致的工作,书稿忠实盐业契约本身含义,并结合明清和民国时期的实际情况以及国际社会的影响,较好地把握了盐业契约诞生与发展的历史背景,能够站在历史与理论的高度,使研究成果体现出较强的历史性、时代性、学术性和针对性,表现出研究者严谨沉稳、实事求是的研究风格和治学精神,这是难能可贵的。

三位研究者博学善思,功底扎实,硕果满枝,均系中生代的领军人物。通过本书的出版,可以把井盐史的研究推向一个新的高度。同时,也必将丰富和发展中国法律文化史的研究。

我热切地盼望他们有更多的研究成果问世!

四川省政府参事
四川大学历史文化学院教授、博导

冉光荣

目 录

第一章 导 论 1
一、盐业契约研究的价值与方法 1
二、盐业契约诞生的气候与土壤 6

第二章 盐业凿井契约论 12
一、盐业凿井投资经营模式 12
二、盐业凿井契约的主要内容 24
三、盐业凿井契约的特点 34

第三章 盐业合伙契约论 37
一、合伙概述 37
二、盐业合伙契约例析 41
三、盐业合伙契约的主要内容 51
四、盐业合伙契约的特点 55
五、民间法意义上的盐业合伙契约 58
六、完善我国民商法合伙制度的思考 65

第四章 盐业借贷契约论 72
一、盐业借贷契约的主要内容 72
二、我国盐业借贷契约与借款合同的比较 73
三、我国盐业借贷契约与借款合同的担保制度比较 79

第五章 盐业租佃契约论 85
一、租佃及租佃契约 85
二、井基租佃契约 85
三、井灶租佃契约 88

四、火井租佃契约 …………………………………… 90
五、卤水租佃契约 …………………………………… 91

第六章　盐业买卖契约论 ………………………………… 94
一、盐业买卖契约的种类 …………………………… 94
二、盐业买卖契约的主要内容 ……………………… 100
三、盐业买卖契约的特点 …………………………… 102

第七章　盐业析产契约论 ………………………………… 110
一、盐业析产契约的种类 …………………………… 111
二、盐业析产契约的准备 …………………………… 117
三、盐业析产契约的主要内容 ……………………… 119
四、盐业析产契约的特点 …………………………… 123
五、盐业析产与继承的关系 ………………………… 131
六、结语 ……………………………………………… 133

第八章　盐业优先权论 …………………………………… 135
一、优先权概述 ……………………………………… 135
二、盐业契约优先权制度的体现 …………………… 145
三、盐业契约优先权制度设置的原因及其历史作用 …… 150
四、结语 ……………………………………………… 158

第九章　盐业承首人制度研究 …………………………… 160
一、承首人制度的发展历程 ………………………… 160
二、承首人主要的权利义务分析 …………………… 164
三、承首人与地主、投资者的关系 ………………… 168
四、盐业契约承首人制度与
　　我国公司法中发起人制度的比较 ……………… 169

第十章　盐业习惯法研究 ………………………………… 175
一、盐业契约主体出资的习惯法规范 ……………… 176
二、盐业股份分配的习惯法规范 …………………… 183
三、盐业合伙的习惯法规范 ………………………… 189

第十一章　盐业契约习惯法与成文法的互动关系……………198
　　一、习惯与习惯法解析……………………………………198
　　二、近现代时期习惯法与成文法的关系…………………202
　　三、盐业契约中习惯法与成文法的互动关系……………209
参考文献………………………………………………………224
后　记…………………………………………………………230

CONTENTS

Chapter Ⅰ   Introduction ··· 1
  Value and Means of Salt Industry's Contract Research ··········· 1
  Surroundings of the Birth of Salt Industry's Contract ··········· 6

**Chapter Ⅱ   On Digging-Well Contract in the
               Salt Industry** ·································· 12
  Investing Mode of Digging-Wells ································ 12
  Main Content of Digging-Well Contract ·························· 24
  Characteristics of Digging-Well Contract ······················· 34

Chapter Ⅲ   On Partnership in the Salt Industry ··············· 37
  A Brief Account of Partnership ································· 37
  Law Analysis on the Partnership of Salt Industry ··············· 41
  Main Content of Partnership ···································· 51
  Characteristics of Partnership ································· 55
  The Partnership Based on Folk Law ······························ 58
  Thought of Improving National Civil and
    Commercial Law Partnership ································· 65

Chapter Ⅳ   On Loan Contract in the Salt Industry ············· 72
  Main Content of Loan Contract ·································· 72
  Comparison between Loan Contract and Loan Bargain ·············· 73
  Comparison of Guarantee System between
    Loan Contract and Loan Bargain ······························ 79

Chapter V On Contract for Lease in the Salt Industry ······ 85
Lease and Contract of Lease ·· 85
Contract for Lease of Salt-Well Base ······································ 85
Contract for Lease of Salt-Well Kitchen-Range ······················ 88
Contract for Lease of Natural Gas Well ·································· 90
Contract for Lease of Bittern ·· 91

Chapter VI On Trade Contract in the Salt Industry ············ 94
Types of Trade Contracts ·· 94
Main Content of Trade Contract ·· 100
Characteristics of Trade Contract ·· 102

Chapter VII On Checking-Assets Contract ······················ 110
Types of Checking-Assets Contracts ·································· 111
Arrangement of Checking-Assets Contract ························ 117
Main Content of Checking-Assets Contract ······················· 119
Characteristics of Checking-Assets Contract ····················· 123
Relationship between Checking-Assets and
　　Succession ··· 131
Conclusion ·· 133

Chapter VIII On Priority in the Salt Industry ····················· 135
A Brief Account of Priority ·· 135
Embodiment of Priority System ·· 145
Cause of Formation and Historical Functions of
　　Priority System ··· 150
Conclusion ·· 158

Chapter X Research into Contractor System in the
　　Salt Industry ··· 160
Developing Course of Contractor System ·························· 160
Analysis of Contractors' Main Rights and

CONTENTS

Obligations ··· 164
Relationship among Contractors, Landowners and
　Investors ·· 168
Comparison of Contractor System in the Salt Industry and
　Initiator System in the Corporation Law ···················· 169

**Chapter XI　Research into Unwritten Law in the
　　　　　　Salt Industry** ··· 175

Criterion of Main Body Investing in Unwritten Law ·········· 176
Criterion of Distribution in Unwritten Law ······················ 183
Criterion of Partnership in Unwritten Law ······················· 189

**Chapter XII　Interactive Relationship between Unwritten
　　　　　　Law andStatute Law in the
　　　　　　Salt Industry Contract** ································ 198

Analysis of Custom and Unwritten Law ·························· 198
Relationship between Modern Unwritten Law and
　Statute Law ·· 202
Interactive Relationship between Unwritten Law and
　Statute Law in the Salt Industry Contract ···················· 209

Bibliography ··· 224
Postscript ··· 230

第一章 导 论

一、盐业契约研究的价值与方法

(一) 对国内外盐业契约研究的现状及趋势述评

1. 国内盐业契约研究现状

四川近现代盐业契约是指近现代历史时期在四川（含重庆）区域内有关盐井开凿以及盐业生产经营管理的契约规范的总称，在我国契约法律文化中占有十分重要的地位。对四川近现代盐业契约进行研究的主要学者有：吴天颖、冉光荣1985年对四川盐业契约的研究；彭久松的盐业契约股份制研究；张洪林的"清代四川盐井买卖契约"；李三谋的"清代四川盐井土地买卖契约简论"；李力的"清代民间契约中关于'伙'的观念和习惯"；李倩在研究民国时期契约制度时涉及了盐业契约问题等。

2. 国外盐业契约研究现状

从我们目前收集到的资料来看，国外学者对四川近现代盐业契约的研究还相当少，基本上没有专门对四川近现代盐业契约研究的文章或著作，仅散见于相关著述中。如日本学者滋贺秀三等著的《明清时期的民事审判与民间契约》、美国学者黄宗智著《清代的法律、社会与文化：民法的表达与实践》等。

3. 对国内外盐业契约研究现状述评

国内外学者对四川近现代盐业契约的研究有三个特点：一是

从经济史学的角度来进行诠释；二是很少从法律角度进行研究，即使有这方面的著述，也仅涉及某一个方面，还没有系统、全面、深入的研究成果；三是对于人类从自身需要而产生的寻盐意识到对盐资源进行开发、经营、利用而派生出来的独树一帜的对四川近现代盐业契约法律文化的透视与研究基本上还是一片空白，使得丰富多彩的四川近现代盐业契约所揭示出的法律价值没有得到足够重视。

(二) 盐业契约研究的现实意义和理论价值

1. 盐业契约研究的现实意义

首先，对四川近现代盐业契约法律制度的研究，对于中国先进文化的建设具有重要的现实意义。四川近现代盐业契约法律文化的历史、现状及发展，是我们创造具有时代精神的先进文化的一个主要组成部分。四川近现代盐业契约法律文化的内涵和特质，决定了它在当代先进文化建设中的地位和作用。

其次，从四川近现代盐井开凿契约等众多盐业契约所蕴涵的丰富的盐业经营管理制度文化中去挖掘盐务管理的理念、方法、措施、典章制度、法律法规形成的制度文化，可以为当代盐务政策、盐业法规的制定提供历史借鉴。

再次，对四川近现代盐业契约法律制度的研究可从中揭示出具有民族特色的契约制经营模式，对当今企业的经营管理具有一定的借鉴意义，可以为当今公司组建模式的契约制提供可供借鉴的理论依据，更好地规范公司行为。

最后，对四川近现代盐业契约纠纷解决范式的研究，可以丰富和完善我国民事纠纷解决途径，为和谐社会的构建提供重要参考。

2. 盐业契约研究的学术价值

首先，两千多年连续不断的四川井盐业生产开发历史，积淀了十分丰厚的盐业文化遗产，创造了令世界瞩目的科学技术文化成就。"盐都自贡是在中国独特的封建盐业经济体制下形成和发展的，因而为世界城市发展史所罕见；自贡又是在四川这个特定的经济自然环境和井盐生产基础上形成的盐业城市，在中国城市发展史上具有独一无二的地位。"[①] 这里的盐业经营者为因合资经济正常运作需要而普遍实行的契约经营形式，构建了具有民族特色的契约经营体制和运作机制，在我国契约法律制度史上占有重要地位。因而对四川近现代盐业契约法律制度研究，发掘传统文化领域中优秀盐业契约法律文化，充实我国契约理论具有重要的学术价值。

其次，四川近现代盐业契约反映出来的盐业企业经营管理机构设置的严密性与科学性，所有权与经营权的分离，管理中的用人策略、行为管理方法，特别是盐业中契约制经营方式的出现和发展所达到的程度，都令研究者耳目一新。因为这些近代以来四川盐业中普遍使用的企业经营管理理论和方法比现代西方资本主义生产方式中所普遍认同的理论和方法要早一二百年，并且随着盐业生产发展而出现的规范井盐业经营管理的盐业契约法律制度也日益走向成熟与完善。所有这些应该说都走在了当时世界的前列，为人类文明的进步做出了无与伦比的贡献。因而对盐业契约的研究，具有重要的制度价值。

再次，通过对四川近现代盐业契约法律制度的研究，结合国家对契约的管理与干预，通过比较我国古代和近现代契约发展脉络，从而揭示出我国法律的近代转型机理具有重要的理论价值。

（三）盐业契约研究的主要内容

通过个案研究与分类研究等方法，从宏观上总结出四川近现代井盐业契约的一般特征、性质以及盐业经营的基本运作模式，从四川近现代盐业契约法律制度这一角度揭示出我国法律的民族

[①] 隗瀛涛教授：《自贡城市史·序》，社会科学文献出版社2005年版。

特色和近代转型机理，把四川近现代盐业契约法律制度与当今合同法律制度和公司法律制度进行比较，为探讨和完善我国合同法律制度提供了理论上和法律史学上的支撑。

研究的主要内容包括以下十个部分：

第一部分　盐业凿井契约论

第二部分　盐业合伙契约论

第三部分　盐业借贷契约论

第四部分　盐业租赁契约论

第五部分　盐业买卖契约论

第六部分　盐业析产契约论

第七部分　盐业优先权论

第八部分　盐业承首人制度研究

第九部分　盐业习惯法研究

第十部分　盐业契约习惯法与成文法的互动关系

（四）盐业契约研究的重点、难点和创新之处

盐业契约研究有三个重点：一是对四川近现代盐业契约法律制度与当今相关制度进行比较，为当今相关法律制度的完善提供历史和理论上的依据；二是通过对四川近现代盐业契约法律制度的研究，揭示出中国法律的近代转型机理；三是通过对盐业契约这一内涵丰富、外延广阔的民间契约的研究，探讨民间契约与国家契约、习惯法与成文法的关系。

盐业契约研究的难点也有三个：一是原始档案资料的收集整理工作量大；二是对中国传统契约制度的宏观总体把握能力要求强；三是对中国近现代历史发展，特别是要求熟悉西方政治、经济、法律文化对中国近现代社会的重要影响等。

盐业契约研究的创新之处在于：一是"角度"新，从法律角度对四川近现代盐业契约进行系统的研究，具有开拓性和原创性；二是"方法"新，是综合运用历史的、比较的、个案的研究方法对四川近现代盐业契约进行的研究；三是"内容"新，通过对各

种类别的盐业契约的逐一分析去阐释盐业契约的内在意蕴,考证盐业契约的历史演进与发展机理,探索盐业契约习惯法与国家成文法之间的关系,解析尊重习惯法权的必然性。

(五)盐业契约研究的思路

首先,将盐业契约研究内容定位为四川近现代盐业契约的研究,这其中的重点是对自贡在近现代历史时期的大量的、丰富的盐业契约文献进行法律研究。

其次,对四川近现代盐业契约文献资料的收集与整理,为课题研究的顺利开展获取了第一手材料。

再次,通过对四川近现代盐业契约文献资料的研习,列出研究提纲并制定出研究计划。

最后,按照研究提纲与计划,逐一地对凿井契约、盐业买卖契约等进行研究,并在此基础上从宏观上研究和揭示出四川近现代盐业契约的一般特点与规律。

(六)盐业契约研究的方法

盐业契约研究以马克思主义法学思想为指导,运用法学、历史学、社会学的一般理论,对四川近现代盐业契约(重点是自贡近现代盐业契约)进行深入分析和论证。与此同时,对历史上关于契约问题的有关理论与认识进行必要的反思与比较分析,吸取其中有利于现代法治的合理成分,摈弃其中有违新时代法治建设要求的内容。

对四川近现代盐业契约的法律研究,涉及对当时的政治、经济、文化和社会生活等多方面问题进行历史考证。因而,运用了历史的、个案的、比较的分析方法,以全面阐释四川近现代盐业契约的内容,揭示出盐业契约习惯法与国家成文法互动的历史逻辑和内在机理。

首先,运用历史研究方法去考证四川近现代盐业契约,对盐业契约文献资料进行分析、整理，以认识盐业契约诞生与发展的历史脉络，从而既尊重历史文献本身，又有利于将历史资料中对现代契约法制建设有用的成分进行挖掘、整理并为现代契约法制建设服务。

其次，运用法学、社会学的范畴、理论和方法去阐释四川近现代盐业契约中习惯法与国家成文法的互动关系，揭示出习惯法在民间契约中的成长机理和所占据的重要的规范与调整作用，解析尊重习惯法权的必然性。

最后，运用个案研究法和比较法对四川近现代盐业契约进行研究，逐一分析各种类别的盐业契约并与当今之相关法律制度进行比较，吸取其中有利于现代法治的合理成分，揭示出盐业契约的一般法律特征和具体的法律制度的内涵。

此外，在运用上述分析方法的同时，还运用系统论、理论联系实际的方法以保证论述的质量，以使课题研究既有理论性又有实践性，真正使盐业契约研究具有理论价值和实践意义。

二、盐业契约诞生的气候与土壤

"食肴之将"的盐与"田农之铁"的铁，自古便是国民经济的两大重要命脉，就民生而言，二者均"非编户齐民所能家作，必昂于市，虽贵数信，不得不买"；就国计言，"盐铁之利，所以佐百姓之急，务蓄积以备乏绝，所给甚众，有益于国，无害于人"。① 在古代，盐的食用价值被确定之后，其科学价值也在与日俱增。管子说："无盐则肿"②，较早记载了盐的保健功能，较后即有《汉书·食货志》称盐为"食者之将，人人仰给"，说明盐在人们心目中的重要地位。人类饮食文化正是从品尝万物开始的，大自然赐予人类的万物中，哪些能食用，哪些不能食用，都是通过人的亲口品尝，才获得食用经验的。中国古代神

---

① 蒋大鸣：《中国盐业起源与早期盐政管理》，中国经济史论坛，2003（7）。
② 《管子·轻重甲篇》卷二十三。

话就有神农尝百草的传说,这并非古人毫无根据的编造,而正是古代先民无数次地大胆品尝,才构筑起了人类饮食文化进步的阶梯。古代先民经过无数次随机性地品尝海水、咸湖水、盐岩、盐土等,尝到了咸味的香美,并将自然生成的盐添加到食物中去,发现有些食物带有咸味比本味要香,经过尝试以后,就逐渐用盐作调味品了。随着时间的推移,人们已不再满足于仅仅依靠大自然的恩赐所得到的自然生成的盐,而开始摸索从海水、盐湖水、盐岩、盐土中制取。地球上盐的储量最多的是海水。中国关于食盐制作的最早记载是关于海盐的制作。古籍记载,炎帝(又说即神农氏)时的诸侯宿沙氏首创用海水煮制海盐,即所谓"宿沙作煮盐"[①]。历史上是否真有宿沙氏其人,尚不可断定,但可以说,这位诸侯是中国古代劳动人民用海水煮盐智慧的化身。实际上,用海水煮盐,也不可能是宿沙氏一人所为,而是生活在海边的古代先民经过长期摸索和实践创造了海盐制作工艺。在当前尚无更新的考古发现和典籍可资证明的情况下,"宿沙作煮盐"可视为中国海盐业的开端,宿沙氏可算是中国海盐业的创始人。

我们很难确定池盐与海盐的发现及食用孰先孰后,因为海盐也可由滞存浅滩的海水经风吹日晒,因蒸发作用而自然结晶生成。生活在海边的古代先民也会很早发现并食用这种自然结晶生成的天然海盐。总的来说,自然生成的池盐和海盐,以及露出地表的岩盐,自然溢流外泄的盐泉和随地可得的土盐,只要在生成这些天然盐的地域内有人类活动,那么古代先民总会或迟或早发现、认识和食用这些天然盐。但是,由于时代久远,可考资料甚少,也就不易判定其发现和食用的时序。当然,可以肯定的一点是:煮制海盐当在天然盐被发现和食用之后。因为煮盐是一种进步的制作工艺,必须具备一定的煮制用的器具,比如像汉代煮盐用的"牢盆"之类的器具。而这类器具用什么材料制作,如何煮制等一系列问题均无从考证。但是,有一点可以断定:发现和食用自然

[①]《吕氏春秋·本味》。

生成的天然海盐、池盐、岩盐、盐泉、土盐等是人类食用盐的开端。①

与海盐、池盐相比较，井盐的出现则相对较晚，但井盐开采却极大地促进了盐业经济的发展。据史书记载，井盐最早出现于战国时期的巴蜀地区（今四川省）。秦昭王时蜀郡守李冰，在治水的同时，勘察地下盐卤分布状况，始凿盐井。史载：李冰"又识齐水脉，穿广都盐井诸陂池，蜀于是盛有养生之饶焉"②。这是有关中国古代开凿盐井的最早记载。③ 岩盐系由开采的盐矿经烧制而成，多集中在中国西北和西南高地势山脉区域，如新疆、西藏、云南境内。岩盐的制作，始于何代，史籍无载。岩盐制作方法，据《水经注·江水》载："朐忍县（今四川省云阳县）入汤口四十三里有石，煮以为盐。石大者如升，小者如拳，煮之，水竭成盐。"由此可知，岩盐是通过煮制获取的。土盐即"碱盐"，为盐碱地所产，味苦质劣，在盐家族中处于末位，只是作为食用盐的替代品。土盐制作始于何时，亦不可考。其制作方法据《后汉书·西南夷传》载："汶山（今四川省茂汶一带）地有咸土，煮以为盐，麋羊牛马食之皆肥。"④

综上所述，盐的食用是从古代先民品尝含有盐分的海水、盐湖水、岩盐、盐泉、土盐等开始的。凡是有古代先民活动的地域，包括海滨和有盐湖、岩盐、井盐、土盐的地域内，古代先民都有可能品尝、发现和食用盐，但我们不可能明确区分孰先孰后。可以确定的一点是：有史籍记载的中国最早的盐业是海盐业，宿沙氏是中国海盐业的创始人。盐是中国古代最稳定、最重要的专卖商品，在国家财政收入中没有任何一种商品能与之相提并论，而且盐业与国家的经济、政治、军事、文化等也有着密切的关系。井盐的出现虽然相对较晚，但井盐开采技术的发展和井盐契约制度的丰富，极大地促进了盐业经济的繁荣。

---

① 蒋大鸣：《中国盐业起源与早期盐政管理》，中国经济史论坛，2003（7）。
② [晋]常璩：《华阳国志·蜀志》。
③、④ 李根蟠：《中国盐业史研究的新突破——〈盐业史研究〉2003年专辑读后感》，中国经济史论坛，2003（2）。

因盐而生之盐业，与国家的经济、政治、军事、文化有着密切关系，为历朝历代之统治者高度重视的产业。在盐业的生产经营中，盐业向来由官府掌管，实行严格的专卖政策。据文献资料研究，最早可推溯到西周末期。① 但是在盐业专卖政策中，在盐的生产经营方面，在不同时期不同阶段又存在着差异。西周时期，周厉王为抑制庶家经济的增长，从生产到流通领域全面实行垄断，收归官制。② 春秋时期管仲相实行专卖之制，在盐业方面是实行民制、官运官销、按户配盐，而商鞅推行的专卖是官府控制生产，批发给商人销售，征收专卖税。汉武帝时期，在专卖方式上，学者中有两种观点：一是认为民制官购官销，只是流通过程中的垄断；③ 二是认为对盐的产、运、销"完全专卖"④（刘拂丁等亦持此种观点）。到了东汉魏晋南北朝时期，王莽盐政除官制之外还有民制，是征税与专卖的混合制。⑤ 在唐代的盐政制中，实现了从征税向直接专卖和间接专卖的演变，推行榷盐制。⑥ 因海、池、井盐的生产特点、政府控制程度、专卖价格不尽一致，乾隆元年分别实行民制官收官销、官制官销、民制官收官销等不同的专卖办法。⑦ 在宋代的盐政制中，盐户的身份地位十分低下，但就整个盐业来看，由于经营方式的不同，盐户的身份也存在着封建国家的工奴、小生产者和封建性的雇工等三种不同的情况。⑧ 郭正忠在其论著《宋盐管窥》和《宋代盐业经济史》中，详细而全面地分析了宋盐的生产和流通。在生产方面，探讨了宋盐生产技术、生产体制及盐民的社会身份、组织管理、税役负担等问题，认为

---

① 刘拂丁等著：《中华文化通志·工商制度志》，上海人民出版社1998年版。
② 至于盐业专卖始于何时，学界讨论尤烈。刘拂丁等著《中华文化通志工商制度志》认为专卖始于西周末期，日本加藤认为始于汉武帝只狩年间，郝树声认为始于商鞅。认为始于春秋齐国管仲时的学者较多，但对具体的专卖方式，学者们又有不同的看法。
③ 胡寄窗著：《中国经济思想史》，上海人民出版社1978年版。
④ 吴慧著：《桑弘羊研究》，齐鲁书社1981年版。
⑤ 曾仰丰著：《中国盐政史》，商务印书馆1937年版。
⑥ 吉成名：《论唐代盐业政策与王朝兴衰》，河北学刊，1996(3)。
⑦ 陈衍德、杨权著：《唐代盐政》，三秦出版社1990年版。
⑧ 周炸绍：《略谈宋代盐户的身份问题》，山东大学文科论文集刊，1980(2)。

宋盐生产中至少曾出现过三种所有制形态和五种生产体制：即制盐资料的国家官有制、私有制和官民综合所有制；劳役制、盐民自煎制、盐场催煎制、租佃制和雇佣制。① 元代盐户的身份与宋代并无二致。在明代盐政制中，虽然仍秉承国家对盐业生产的严密控制，但日益突现出了灶户人身解放的历史过程。② 灶户生产得到较快发展，灶户逐渐由雇工性质向个体独立生产性质转变，出现了生产者之间平等地位的萌芽，契约性纽带成为盐户生产的紧密联系方式。这种变化，是从宋代资本主义萌芽到明代对盐业生产领域的一个重大推动。到了清代，盐业生产中出现了资本主义萌芽，四川井盐以工场手工业生产为形式③，从生产资料所有制来看，雍正时期已是有资本主义萌芽的性质，到乾隆时四川井盐业中的生产力和生产关系得到进一步发展。④《自贡盐业契约档案选辑》收集了契约785件，文书65件，类型复杂，计有凿井、买卖、租佃、借贷、合伙、分关、诉讼等多种，生动地再现了清雍正（1732年）到1949年这一历史时段的社会经济活动各个环节的面貌。

中国封建统治者主要靠建立在自然经济基础之上的森严的身份等级制度来维系其统治，实行强硬的经济干预政策，其视商品经济为天敌。然而，商品经济诞生的气候和土壤还是在自然经济的缝隙中慢慢地滋生、发展起来。至唐宋及其以后，要求打破身份等级差别、在平等主体之间自由生产交易、凸显只受双方依法签订的契约约束的商品经济的本性呼声日涨，加之"西体"文化的助推，以致在盐业这一向来由国家严格控制的领域也出现了新型的盐业关系。

专制主义与民商事法律制度的发展并非格格不入。土地所有者对土地的经营方式逐渐由庄园农奴制向租佃制转变，出现了土

---

① 郭正忠著：《宋代盐业经济史》，人民出版社1990年版。
② 薛宗正：《明代灶户在盐业生产中的地位》，中国历史博物馆馆刊，1983（5）。
③ 简锐：《清代中期中国盐业的资本主义萌芽》，盐业史研究，1992（1）。
④ 彭泽益：《清代四川井盐工场手工业的兴起和发展》，中国经济史研究，1986（3）。

地买卖、典当、租佃等形式,手工业和商业迅速发展起来,传统的重农抑商政策逐渐弱化。正如马克思所言:"只有毫无历史知识的人才不知道君主们在任何时候都不得不服从经济条件,并且从来不能向经济条件发号施令。无论是政治的立法或市民的立法,都只是表明和记载经济关系的要求而已。"[①] "中世纪前期勃兴的中国传统民商事法律制度的主要内容就是契约法律制度。在这一时期,传统的身份关系受到人们普遍地怀疑和否定,崭新的以契约确定的平等关系日益普遍,使传统的主仆关系和主佃关系的变化更是前所未有,商事契约的种类以及制度规范更加完善。"[②] 李显冬教授认为,"中国古代在汉代即已有'民有私约如律令'的法律观念。只不过在奴隶社会和封建社会中,人们在生活中的社会地位与参加民事活动的能力都受到了当时家国一体的各种法律形式的约束,人与人在身份上的不平等极大地限制着人们充分自主地进行商业交往的自由罢了。"[③] 张晋藩教授指出,"中国古代的契约关系是较为发达的,形式多样,内容详备。""民事法律文书的约束力,对于中国古代社会财产关系的保护和经济秩序的维持,起了一定的积极作用。"[④] 因此,从前述盐业发展的历程分析来看,盐业契约的应时而生势在必行,也是"所有社会进步的运动,到此为止,是一个'从身份到契约'的运动"[⑤] 这一句至理名言的最好印证。

---

① 《马克思恩格斯全集》第 4 卷,人民出版社 1951 年版。
② 季怀银著:《中国传统民商法兴衰之鉴》,中国民主法制出版社 2003 年版。
③ 李显冬著:从《大清律例》到《民国民法典》的转型,中国人民公安大学出版社 2003 年版。
④ 张晋藩:《论中国古代民法研究中的几个问题》,政法论坛,1985(5)。
⑤ 梅因著,沈景一译:《古代法》,商务印书馆 1984 年版。

第二章 盐业凿井契约论

中国盐业生产具有悠久的历史，盐业自古以来就是国民经济的重要命脉。自贡是著名盐都，因盐设市，因盐而兴，因而自贡盐业的发展历史在中国盐业史上堪称首屈一指。记载自贡井盐开采、生产、运输、销售等经济活动的盐业契约，内容涵盖开凿盐业井契约、井灶租佃契约、日份与火圈买卖契约、合伙契约、置笕契约以及借贷抵押契约、析产契约等，反映了明清至民国直至1949年这一历史时期自贡井盐业的生产经营各方面的关系和特点。本文拟从开凿盐业井契约入手分析盐业契约在生产领域中盐业投资经营买卖制、租佃制、合伙制、股份制等盐业凿井投资模式以及盐业凿井契约的主要内容和主要特点。

一、盐业凿井投资经营模式

盐业投资经营是一项投资大、风险大的工程。四川各地通过采用不同的方式从地表深处汲取盐卤、岩盐烧煎提炼而成的井盐，由于各盐场盐井深浅不一，"煎锅多少不齐，水性厚薄不一，缴本轻重不等，办理难易悬殊"[1]，"井有盐井、火井之分，盐井出卤而卤之浓淡不一，火井出瓦斯而瓦斯之强弱亦殊"[2]，由于生产技术参差不齐，生产规模悬殊较大，制盐成本差异极大，因而投资者与土地所有者开凿盐井的结合方式也比较复杂，就连熟悉盐

---

[1] 乐山市档案馆藏，69-7-7484-44号卷，犍为县朱体训堂1918年分关文约。
[2] 曾仰丰著：《中国盐政史》，商务印书馆1936年版。

业掌故的人们也说不清楚,"这样复杂的关系,在我们前辈中知道的就是如此。也许向更远的时代推上去,那时的井浅得多,凿办不需要大量资金,关系可能要简单一些"①。

现存的自贡市档案馆、自贡市盐业历史博物馆馆藏的大量盐业契约文书,记载了漫长历史中投资开凿盐井的经济活动,已是在商品经济相当发达,凿井技术日益提高,民间私开盐井频繁,而土地所有者虽有蕴藏盐资源的土地却无开凿经营的资本的条件下出现的。土地所有者与投资者究竟如何结合经营盐井,只能从相关的盐业契约中进行探究。从所立之凿井契约和合伙契约来看,有开凿年限井约、开凿子孙井约、集资凿井约、上中下节约、复淘旧井约、起班分班约和租佃灶房基址约等,因而也揭示出盐业投资经营方式的复杂性。

(一)盐业投资凿井买卖制

这里所说的买卖,主要有两种情形:

一是投资者开凿盐井、建立盐灶所需要的"井灶基址,均于事前向地主买定,成为己业,然后开始凿办,无租佃之事,亦无'地主'之名"②。一般情况下,投资者往往以高出一般土地的价格,通过支付现金的方式一次性支付给土地所有者,买断其土地所有权,从而获得开凿盐井的井基地址。投资者通过买卖土地获得井基地址后,则可单独或邀众伙投资开凿盐井,从事盐井的开凿、生产、经营事宜,与原土地所有者亦无瓜葛。他日"井见功投产",原土地所有者亦不得言及利润分红。这种投资经营买卖制,主要流行于乐山、绵阳、乐至、简阳盐场的局部地域,在自贡盐业契约中至今没有见到这方面的专门契约,但从有关商会文案中,我们可以略知一二,如自贡市商会复函查询出卖土地与地脉井份一案由指出,"查两场出卖土地,连同地脉井份并卖者颇多,并无

---

① 政协四川省自贡市委员会文史资料委员会编:《自贡文史资料选辑》(1988年7月)合刊本第1~5辑。
② 《四川盐政史》卷三,第十章《职业》第一节《地主》。

只卖土地而其地脉井份除外之习惯。"①

二是因为原井灶经营者无力凿办等诸多因素，新的投资者直接买得已开凿出来的盐井基址，继续进行凿办经营，原井灶经营者不得言及红利。如李天锡、蒋吉人于嘉庆己巳年正月十八日立合伙文约：

"立合伙人李天锡、蒋吉人，于嘉庆丙寅年二人平出工本，顶得王三元兄弟叔侄名下邱家垱双福井，除地脉外每月昼夜水火份五天（笔者注：天，指依投资多少而享有盐、气井收益的股份计算单位，将盐井总股份分为三十份，称三十班、三十天、三十日份或三十水份，主要流行于自流井地区。某人在某井所占天数或日份，即为在该井资本总额中所占的股份比例）净，又买王三元兄弟等双福井地脉昼夜水火份每月一天二分半，共成六天二分半净。其井份李天锡名下并地脉昼夜水火三天一分二厘半，蒋吉人名下并地脉昼夜水火三天一分二厘半。俟井出（笔者注：井出，指出卤水、天然气或石油）大水（笔者注：大水，原则上应是井日产水足四口，约八十担）、火之日，煎烧十二年为率。其井上使用工本，二人平出，不得推诿。"②

又如，王李氏于道光二十三年立出杜卖井份文约：

"立出杜卖井份文约人王李氏，同子王德宽，今因日食难度，请凭中证，将祖遗受分桐梓垱添花井每月昼夜水火地脉井份三十天存留一天半内摘出半天，出卖与李四友名下，子孙永远管业。比日三面议定：卖价铜钱三十一串（笔者注：串，铜钱计量单位，一串为一千文，字或作"钏"、"锊"，均统一为"串"）文整，其钱即日亲收，并无少欠分文。其界前后左右俱以周围墙垣基址为界，均照三十班日份（笔者注：日份，即股份，地主出地基所得股份，名"地脉日份"，客伙出锉井费用所得股份，名"客日份"，或称"工本日份"、"开锅日份"）照算管受，其有财门外界至抵达路心为界，其有天地二车、柜房、灶房、楻桶房、厨房，以及一

---

① 自贡市档案馆藏，17-1-682-17-18号卷，民国二十四年自贡市商会复查询出卖土地与地脉井份函。
② 自贡市档案馆藏，3-5-4019-9号卷，嘉庆己巳年正月立集资凿井约。

切廊厂（笔者注：廊厂，泛指井厂的土木建筑，如吴鼎立《自流井风物名实说》载："覆灶之屋曰灶房，覆井者曰碓房，统谓之廊厂"）等项一并在内。自卖之后，任随李姓子孙永远推煎管业，所有牛马出入、抬锅运炭，王姓子孙不得生端异说。如井见大功（笔者注：井见大功，即指"井见大水、火"），不得言及挂红等语。亲房画写，一并在内。"①

（二）盐业投资凿井租佃制

盐业投资凿井租佃，经过了由租佃制盐各道工序所需的小块土地、笕等单一的租佃逐渐发展到制盐生产全过程所需要的一揽子租佃，"凡对土地稍有关系的，甚至过路都要向地主缴租，如：由井输卤到灶的笕杆，要收'笕租'；安置楻桶，要收'楻租'；灶房外堆积炭渣，要收'渣租'；凡在沟、塘、池、田里取用白水，要收'水租'；井房推牛洗澡，要收'塘租'；骡马运输经过狭小山路，要收'路租'；过江簊从空中经过，还要向地主缴租"等，这些都表明了盐业租佃的烦琐细致。为了有利于盐井的开凿生产和经营，提高效率，烦琐的零散租佃方式又转向了综合租佃方式，包括凿井、建灶、安楻、挖泥、取水等一切有关制盐事宜所占用土地，在开凿之前都要预付地租，称为"红租"，开凿后缴纳年租，但计租方式在不同时期、不同盐场各不相同，也经历了由按工序、时间等方式分别计租向统一计租方式转变的过程，逐渐形成了规范的计租方法，订立盐业投资租佃契约日益规范和简洁明了。

盐业投资经营租佃，有两种情形：

一是无盐矿土地的投资者邀伙租佃土地所有者的土地，开凿盐井。如蔡灿若等于乾隆四十四年十月二十一日立佃井合约：

"立凿井合约（笔者注：合约，即所谓"出山约"，持有资本、购买劳动力、投资于开凿盐、气井者称"客伙"，拥有开办井厂基址者称"地主"，双方凭中证分签承、出二约，骑缝书写合同字样，

---

① 自贡市档案馆藏，42-1-1922-4 号卷，道光二十三年癸卯三月立杜卖井份约。

然后换约收执）人蔡灿若等，今凭中佃到王静庵名下已填如海井大路坎上地基（笔者注：地基，包括井眼、灶房、车房、井房及其他辅助性设施所占用的土地，通称"一井三基"）一埠，平地捣凿同盛井一眼。比日言定：王姓出地基，蔡姓出工本，井出之日，地主每月煎烧七天半昼夜，蔡姓等每月煎烧二十二天半昼夜。倘井出腰脉水（笔者注：腰脉水，达到卤源前的卤水显示。）一二口，以帮捣井人费用，如出一二口外，地主愿分班（笔者注：分班，又称进班、起班。盐井锉办成功，地主得以分享收益，同时也须承担相应费用，与投资者处于同一地位），同出工本，以捣下脉（笔者注：下脉，相对于"腰脉"而言的卤浓量丰的下层盐源。）。俟井出大水之日为始，蔡姓等煎烧十一年为率；倘若出火，亦照股均分。其有天地二车、灶房、廊厂，报开呈课（笔者注：报开呈课，亦称"报课使费"，指向官府登记所支出的款项），照股摊认。蔡姓煎满年份，天地二车、廊厂尽归地主；至于家具物用，验物作价。"①

又如谢光庭等人于"中华民国"十一年壬戌岁阴历十月十三日立佃井文约：

"梁传经堂经手梁鉴明、梁吉庆堂经手梁治方、王衡文堂经手王文陶等，今凭证将先年移植之业富厂新区地名石马山天心井车房后坎上基址一埠，锉开新井基址布足，故与先年所开之兴发废井商议，将兴发井全井基址，合并开挖新井二眼：一名海流井，经手谢光庭；一名盐珍井，经手邓祗耘。因地基窄小，两井在四围界内互相通挪，其界前抵大路心为界，后抵正海井坎子脚为界，左边抵裕隆井天心井滴心为界，右边抵正海井坎子脚为界。又，草房一间，均在界内。四界指明，窖石为界。凭证出佃与谢光庭伙等名下新挖盐井，更名海流井。比日三面议定：梁、王两姓主人取押山生银四百两正，当即亲收明白，并无少欠分厘。其井规模照厂规（笔者注：厂规，多为盐场约定俗成的不成文规程，如《桐、龙、新、长四垱井规》、《邱垱小溪井规》以及《井口坝规程》、

---

① 自贡市盐业历史博物馆藏，博-1号卷，乾隆四十四年十月立凿井合约。

《富荣东场笼规》等）三十天分派：梁、王两姓主人出一切地基，包足修造，占地脉水火油盐岩净日份一天；兴发井上、中、下节（笔者注：上、中、下节，自贡锉井，大多合资开采，如客伙凿至中途自愿出顶，另由他人集资接办，则原伙让出日份若干与接办者，自留日份若干，不再摊出资本，成功之后与地主日份同样进班分红，前者名为上节，后者名为中节，再后者名为下节）伙等梁吉堂提占水火油盐岩净日份一天；谢姓伙等出资锉办，占水火油盐岩净日份二十四天，共成日份三十天。自佃之后，任随客人兴工修造锉办，所有人牛吃水、牛滚水堰塘、牵扯风篾、人畜出入路径、抬锅运炭、放卤堆渣、取土取石、进出水火二笕、明暗沟渠、安置锅炉、修砌烟巷、烟筒往上修造，均在地主业内，概无阻滞。其地主业外，本井与邻井风篾往来，概归三十天承担。如井见微功，以作客人锉井用费；俟岩盐成功之日，除修竖廊厂、置买牛只、天车、家具、酬神演戏、挂红报课、门户应酬、修造一切用费之外，余有鸿息，地主始得进伙起班。如遇水、火，主人进班，水以六十大担、火以六十口为率。惟客人所占水火油盐岩净日份二十四天，自批字起限之日起算，推至三十八年为满；其起止何年，俟起限时再为批明。其年限内每年所余鸿息，各按所占日份均分均派，不得异说。年满之日，客人将所占日份及天地二车、廊厂一切，完全交还主人。或推火车该客人自办，年满之日，归客人自行趱去，与主人无涉。限内井老水枯，复行下锉，或刁下木竹一切用费，仍照三十天日份派逗。其中耽延日期，按照时间计算敷补，不得异说。其主人稍有交涉手续不清，应该地主人自行理处明白，不与客人相涉。"①

二是投资者租佃已经开凿的井眼来继续凿办经营。如罗利元等人于咸丰七年立承佃井约：

"今凭中佃到黄平安、黄靖忠、黄开中、黄现龙叔侄名下等，情因丘垱大沟祖父遗留业内，先年与王姓伙办平地开锉盐井一眼，

---

① 自贡市档案馆藏，5-4-52-19号卷，中华民国十一年壬戌岁阴历十月立出佃井基新挖盐井合约。

更名沟海井，全井三十天，并一井三基，捣锉下脉，更名亨通井，比日凭中议明：稳租铜钱一百串，其钱无还。井出水、火一、二、三口，以作锉井使费，除锉井有余钱，三十天照日份分派；至于水四口，与主人分班；出火八口，亦与主人分班。或井出油十股，主人占二股。其年限自分班日起，以四十年为满。三十天日份，主人每月推地脉昼夜水火[份]六天，上节每月推工本昼夜水火份三天，下节锉井人每月分推昼夜水火份二十一天。年限满日，全井天地二车、廊厂等项，将三十天日份交还二十天与地主，余十天分与下节承首人（笔者注：承首人：即现在所称之经理或经手人，既是合伙股本的筹集者，又是开凿盐井的组织者和指挥者。有两种情况，一是承首人不直接出资，而是由他承佃地主地基后再去组织投资者合伙凿井，二是承首人同时又是投资者）子孙管业。至于牛只、家具、验物作价；门户课银等项，随井办纳。如井先出水后出火，准全井起班。其有牛马出路、抬锅运炭、安笕（笔者注：安笕，安置笕杆，输送盐卤，以"所有井灶相隔者甚多，自不得不用竹笕过引盐水归灶煎烧"）、取石取土、堰塘、堆渣，概在业内，不得阻挡；倘有阻挡，一力有主人承担。自佃之后，逐日下锉，不得停工住锉；倘有停工住锉，主人将全井三十天接回，客人不得言及工本使费（笔者注：使费，主要指凿井费用支出，亦称缴井或作井使费，它在垫支资本占有极大比值）并日份等语。此系二家情愿，并无勉强。"①

（三）盐业投资凿井合伙制

合伙在现代民法中通常具有两方面含义：其一是共有，即两个以上主体共同对同一财产享有所有权；其二是合伙，即共同投资、共同经营，并且承担无限连带责任的一种财产制度。但是中国古代习惯法关于合伙的规范具有其自身的特点，尤其是存在于四川盐业生产中的合伙投资契约，它处于中国古代合伙制度发展

---

① 自贡市档案馆藏，3-5-4016-25号卷，咸丰七年丁卯七月立出承佃字约。

的更高阶段上,有关盐业投资经营合伙制契约所包含的权利义务关系经过较长的历史演变而成习惯,并且以"厂规"的形式成为成文惯例,从而使得盐业生产中的合伙关系表现出高度的稳定性和规范性,体现出一定的先进性和个性。

在四川盐业生产经营中,由于投资大且周期长、风险高,清代以降,即普遍采用合伙集资经营方式,"合众家之力,攒百两之金,经年累月而后成"[①]。"云阳场井户均属合资,一井分为若干架,大井有二十余架,小井少有一架者,每架又分股权,有二三十股者,有一二股者,至不齐一,由修井或改井时协议定之。"[②]

盐业投资经营合伙有两种形式:

一是合伙开凿盐井,由地主出土地与投资者出工本合伙开凿盐井。如刘坤伦等人于嘉庆元年岁次丙辰十二月立开凿子孙井约:

"立合约人刘坤伦、张仕瑛,情二人合伙承首同办,写得谢晋昭名下天井坝,平地开凿新井一眼,取名天元井。照厂规:二十四口开锅水份(笔者注:锅口,是指盐井股份的计算单位,将一井资本总额分为二十四口,即二十四股,口以下为分、厘等,均系十进位制,主要流行于贡井地区),谢姓出井基、车基、过江等地,得去地脉水份六口;余有开锅水份一十八口,交与承首二人管放。今凭中邀伙罗庭彪名下,认做开锅半口,子孙永远管业。议定:每半口当出底钱六千文整;吊锉(笔者注:吊锉,或作钓凿,即开凿)之日,每半口每月出使费钱八百文,一月一齐。如有一月不齐,将合约退还承首人,另行邀伙承办,不得言及先使工本;其使用来齐,或停工住锉,承受人得一还二。家伙滚子全水(笔者注:家伙滚子全水,又称家伙滚子水份,是归承首人所有的日份或锅份,不出工本费用,因承受人主持凿井工程,其生产工具有"家伙"、"滚子"等件,故名)归承受人管受,二十四口人等不得争占。修立天地二车,以及车房、车基等费,十八口均出,不与地脉六口相干。井出微水、微火,以帮做井使用,地

---

① 潘鉴:《奏减盐课疏》,见嘉靖《四川总志》卷十六,《盐法》。
② 《四川盐政史》卷三,第十章《职业》第二节《井户》。

主不得分班,至大水、大火,停工住锉起推,二十四口各出使费,并各立名承课注册,子孙永远管业。"①

二是合伙租佃经营盐井或烧煎盐灶。如乾隆四十四年立佃井合约人蔡灿若、万丹亭立佃井合约:"立凿井合约人蔡灿若等,今凭中佃到王静庵名下已填如海井大路坎上地基一埠,平地捣凿同盛井一眼。比日言定:王姓出地基,蔡姓出工本,井出之日,地主每月煎烧七天半昼夜,蔡姓等每月煎烧二十二天半昼夜。"②又如谢吉祥、胡子纯等于"中华民国"二年二月立合伙集资煎烧炭巴灶约:"立合伙集资煎烧炭巴灶人谢吉祥、胡子纯伙等,情因意气相投,合资建设炭巴锅份七口,地址大文堡周家冲袜子塘,牌名同荣灶。当经伙等共分一十二股:谢吉祥占三股,胡子纯占六股,杨伯谦占一股,杨仲卿占一股,谢九如占一股,股本照股派逗。对灶营业,概由经手人全权处理。阅账期间,定一年一次,如有赢余,照股派分。伙内中途意欲发展出顶者,先尽其内,后尽其外。此系合伙贸易,有福同享,有祸同当,如有赚折,照股权分派,并推谢吉祥担任经手。"③

在盐业投资合伙经营制度中,各方当事人首先要订立合伙约,将其在合伙开凿或经营盐业过程中的权利义务确定下来,此为盐业生产的第一个步骤,这些合伙约也展现出盐业投资合伙关系的基本内容的法秩序。

盐井开凿投资合伙关系中合伙人基于其所占份额而承担的义务却与现代合伙经营关系有很大的差别。在现代合伙经营中,份额是在合伙人出资以后根据其出资比例确定的,除非合伙人之间另有约定,其所拥有的份额并不产生其出资的义务;而在盐井开凿投资合伙关系中,客份合伙人的份额首先便意味着出资义务。由于盐井开凿所需要的时间和费用在立约时均无法确定,因而立

---

① 自贡市盐业历史博物馆藏,博-7号卷,嘉庆元年岁次丙辰十二月立开凿子孙井约。
② 自贡市盐业历史博物馆藏,博-1号卷,乾隆四十四年十月立凿井合约。
③ 自贡市档案馆藏,5-4-55-109号卷,中华民国二年二月立合伙集资煎烧炭巴灶约。

约者只能采取逐步追加出资的方式进行投资。盐井开凿投资合伙本身带有很大的风险性，任何一口井的开凿都会有见功或不见功、见大功或见小功的可能，而盐井开凿的总费用无法事先预见，又在这种自然风险的基础上增加了出资不能的风险，从而使盐井合伙的风险进一步加大。因此，客份合伙人在入伙时便应当清楚存在着完全不能收回投资的风险，并且在观念上能够接受这种结果。正是在这样的观念基础上，习惯法对于不能履行出资义务而规定的责任才有可能被接受，也才能转化为现实秩序而不会受到严重阻碍。当然，在盐井开凿合伙中，合伙人并非承担着同等的风险，由于地主以土地出资，在投入土地后便不再承担出资义务，且即使盐井不见功，其所投入的土地也可以收回，因而其投资风险较小；承首所承担的风险也仅限于其投入劳动的机会成本。但是立约人对于客份合伙人不能履行出资义务所应当承担的责任的认同表明风险意识已经普遍被接受，并且成为盐井合伙制度框架的重要基础。①

而在盐业生产的开始及进展过程中，合伙关系又极富变化性和复杂性。这主要表现在：其一，地主与投资者合办开井，属于合伙关系，但是，又非一开始即为合伙。当地主以土地使用权及其蕴藏的矿藏出资，在"进班"分润之前，只能算作是准合伙关系；在"进班"分润之后，则与投资者为合伙关系。其二，投资者之间的关系较为复杂。承首人与各股伙投资者以货币、实物等出资办井，属于投资者内部合伙关系，当投资者锉井不成功而将井转"顶"（笔者注：顶，有两种含义，一是"绝顶"，系指买卖行为、让渡行为，原主与卖出股份永无瓜葛，现称为"绝卖"；二是"顶井"，系指新投资者向原主付出一定数量的货币，作为对原主部分垫支资本的收益，从而取得相当比例股份的占有权，继续投资下锉；在凿井达到预定产量标准时，原主所提倡的另一部分股份进班分红；规定期限届满，新投资者将井交还原主）出去后，新的承顶人继续锉办，在未照约进班及照全井三十天分鸿之前，

---

① 李力：《清代民间契约中关于"伙"的观念和习惯》，法学家，2003（6）。

原投资者与新的承顶人属于"尚非完全合伙关系"[①];在照约进班及照全井三十天分鸿之后,原投资者与新的承顶人属于合伙关系;当原投资者锉井不成功而将井"绝顶"后,原投资者只能言及工本而不称说鸿息。这表明原投资者与绝顶人无合伙关系。

(四)盐业投资凿井股份制

众所周知,当今世界各国的多种公司制度中,股份制占据了主要地位,其优越性更为大家所认可。其实,在18世纪前期到20世纪中叶的四川自贡盐场,股份制就已经成为那里最主要的企业形成制度。可以说盐业投资经营股份制完全产生于中国,是中国人建构的一种股份制民族形式,具有其自身的突出特点,其具体表现在:股份所有权的成立及转让都用契约表现,并且通过契约全面展示股东关系和井史井章;股份意思强烈,集资方式巧妙,债务原则别致,股权转让便易,管理制度严密。

盐业投资经营股份制实行两种并行不悖的合资模式,即年限井与子孙井。年限井的投资者的开采经营具有时间限定,时限一到,地主会将全井分属于投资者的股份全部无偿收回,包括全井累进投资形成的井身工程、厂房以及全部生产设备。"限满之日,客人应将井灶一切建筑交还主人,不得拆毁。"[②] 地主收井后拥有全井产权,或自办或出租,可随意处置。投资者从此与合资井断绝一切经济关系,成为局外人,而具体年限则由地主和投资者在盐井开凿契约中商定书明。子孙井则与年限井相反,投资者开采经营没有时间限定,其股权可以永久享用,传及子孙。子孙井是投资者与井基地主一种长期合伙制度。在实际的投资合伙关系中是选择年限井还是子孙井,要受到若干因素的影响,如盐场总体经济的枯容度、资金和井基的供求度、井位的优劣度、见功的

[①] 自贡市档案馆藏,17-1-682-1~2号卷,17-1-682-6~7号卷,中华民国二十三年十月四川自贡地方法院致自贡市商会函,自贡市东场灶商同业工会致四川自贡地方法院复函。

[②] 自贡市档案馆藏,3-5-4024-68号卷,中华民国三十一年十一月立出佃淘锉办理下节水火油盐岩日份合约。

希望度乃至开凿的困难度等。

　　盐业投资经营股份制的股东分为地脉日份（锅口）持有者、承首日份（锅口）持有者和工本日份（锅口）持有者。所谓地脉日份（锅口），是地主由于提供了井基用地和凿井成功后的厂房及生产用地，从而取得的合资井若干股份。地脉日份（锅口）持有者除了承担提供盐井开凿用地外，在见功前的整个开凿期中，均不交付股金，不管开凿期如何耗日持久，累计投资如何巨额，甚至因终不见功而全部垫资资本化为乌有，都与他无关。他只需要在其井见功正式生产时进班分红，按照所占股份领取经济收益。承首日份（锅口）是为了酬报承首人的组织、经营、指挥劳动而设置的一种特别股。承首日份（锅口）持有人也无需出纳工本日份（锅口），只要在合资井一旦凿至目的层正式开工生产，随即进班分享收益。工本日份（锅口）是合资井中数量最大的一类股份，通常占全井股份数的 80% 左右。此类日份（锅口）的持有者，共同在地主提供的土地上投资牟利，习惯上被认为是地主的客人，其所占日份（锅口）被称为客日份。凿井见功前，客日份持有者用现金的形式提供全部凿办费用，保证凿井顺利进行。但一旦凿井见功正式生产，工本日份（锅口）持有者却只能按他所领股额在 30 天日份（或 24 锅口）中摊占的比例分享收益。可见，工本日份（锅口）持有者在合资井中承担了主要的投资义务。

　　盐业投资经营股份制的集资机制具有其自身的个性特点。其一是投资资本无定。也就是说在定约立井之际无需作出垫资资本的数额，也不存在首先筹足注册总资本方能开办的概念。只要全井工本股份持有者按股交出少量启动资金即可开始凿井工程。其二是敷缴资本。凿井开始后，合资井必须经常保有一定的维持资金，由工本股东按份提供。其三是流水资本。就是各股东按其收到的月结通知定期交付下期凿费，使整个合资井的维持资金如流水行渠，源源不断地得到补充。其四是接力资本。盐场合资办井有一条铁则，即凿井工程开始以后，不得中途停凿，如果中途停凿，地主有权无条件将井收回，投资人不得言及先前资本。于是，与此相应出现了资本接力——做节制度。当第一投资者感到无力筹措资金时，可以邀约第二投资者参加合资行列，提留若干股份归己，成为不出工本日份，称为上节，丢出若干股份与新投资者，由其承担全部凿费，称为下节。下节如又感到财力不济，则又可如法炮制，形成第三、第四投资者，出现全井上中下节，乃至下下节的格局。

随着盐业投资股份制的发展，逐渐形成了"井债井还"制度。所谓"井债井还"，就是合资井的债务一律由井上负责偿还，与股东个人无关。债权人不能向股东个人求偿。如果出现资不抵债，一般实行减额清偿，了结债务关系。此乃当今所言的投资者有限责任。

在盐业投资股份制中，所有权与经营权是分离的，即在合资井立约开凿之后，即成为经济实体而与股东个人财产相分离，独立运转。股东个人不能干预合资井凿办业务，更不能以合资井名义与第三者发生经济行为。股东只能作为一个整体，通过定期股东会议来对合资井进行控制。而日常凿井事务则由股东会议委派承首人或有组织管理能力的股东来执行。

"厂规"在盐业投资股份制中被广泛采用，它是在长期盐业生产经营实践中逐步形成的一整套原则和规则的总和，对当事人具有制约性。这种不成文的规则是股份经济存在和发展的必要条件，既有其优点又有其缺点，作为民间不成文股份规范，对于推进契约股份制起了积极作用，但因为它并非国家颁布的正式法规，又使这种积极作用难以充分发挥。①

二、盐业凿井契约的主要内容

开凿盐业井契约，是投资者与土地所有者之间签订的以凿井产盐并明确双方权利义务的契约。由于各盐场盐井"煎锅多少不

---

① 彭久松、陈然著：《中国契约股份制》，成都科技大学出版社1994年版。

齐，水性厚薄不一，缴本轻重不等，办理难易悬殊"①，因而投资者与土地所有者开凿盐井的结合方式也比较复杂，所立之契约有开凿年限井约、开凿子孙井约、集资凿井约、上中下节约、复淘旧井约、起班分班约和租佃灶房基址约。

（一）当事人的资格及其出资方式

开凿盐业井契约的当事人，一方是拥有土地所有权的地主，另一方是凿井投资者。由于在封建社会和半封建半殖民地社会中，土地所有制状态以私有为主，有的货币持有者欲凿井而无所需的地基，而土地所有者虽有蕴藏盐泉的土地却无资凿井。但在"山泽之利，莫过盐井"②，"利之所在，人无不知"③ 利益的诱引下，民间开凿私井大量涌现。

地主与投资者的结合方式通常有两种：一种是投资者将开凿盐井、建立盐灶所需的"井灶地基，均于事前向地主买定，成为己业，然后开始凿办，无租佃之事，亦无地主之名"。这是投资者通过买定方式而取得盐井基址，日后盐井见功，地主亦不得再分享盐业投资者所创造的利润。这种关系仅是土地所有权转让而非合资办井的契约关系。投资者购得土地后，亦邀众人合伙开凿盐井，另立合伙凿井契约。至于独资凿井，则属于极其个别的例外，如王三畏堂王问桃经营的春生井、煜生井则属于此。"此井实系自业自锉，并无地主上节日份，从此绝卖，永无回赎。"④ "现有春生井壹眼，为出卖人独资早年锉就，并无分毫外股。"⑤ 另一种是地主将其所有的蕴藏盐资源的土地进行出资，与投资者合作开凿盐井。这在自贡盐业开采史上居

---

①、② 自贡市档案馆等合编：《自贡盐业契约档案选辑》，中国社会科学出版社1985年版。
③ 苏轼：《苏文忠公全集·卷七十三之蜀盐说》。
④ 自贡市房管局藏，房4-5号卷，光绪十七年辛卯岁八月立出绝卖契约。
⑤ 自贡市档案馆藏，5-4-53-144号卷，中华民国三十六年三月立出卖杜顶水火油盐子孙业盐井地基约。

主流方式。从所见凿井约来看，均体现了这一结合方式："比日言定：王姓出地基，蔡姓出工本。"①

（二）地主的权利与义务

1．地主的权利

地主的权利具体包括以下几项：

（1）分班权

即井办成功，则分享井产收益。而具体的分享办法则因井约而异。如蔡灿若与王静庵经营的同盛井，"井出之日，地主每月煎烧柴天半昼夜"②。张玉宁、师起用与王云开经营的万丰井，"住凿起煎之日，井主每月分昼夜水火份五天"③。罗利元与黄平安经营的亨通井，"井出水、火一、二、三口，以作锉井使费，除锉井有余钱，三十天照日份分派。""三十天日份，主人每月推地脉昼夜水火（份）陆天"④。王泽洲等经营的镇隆井，"全井日份以叁拾天计算：主人出基址，占水火油盐岩日份拾天，不出锉费"⑤。"分班"以"天"为单位，是指按投资多少而享有盐、气、油井收益的股份计算单位，有三十份和二十四份两类，称三十天、三十班、三十日份、三十水份，或二十四锅份、二十四锅口。在井办成功所占天数或日份，即是在该井投资和收益总额中所占的比例。地主所占比例都较低，一般在十天以内。

（2）回收权

即办井均定有年限，年限届满，由地主收回。如"蔡姓煎满年份，天地二车、廊厂尽归地主"⑥。"无论水、火成功起限，以

---

①、② 自贡市盐业历史博物馆藏，博-1号卷，乾隆四十四年十月立凿井合约。
③ 自贡市档案馆藏，3-5-4016-10号卷，嘉庆十二年丁卯八月立佃约。
④ 自贡市档案馆藏，3-5-4016-25号卷，咸丰七年丁巳七月立承佃井约。
⑤ 自贡市房管局藏，房4-2号卷，中华民国二十二年国历十一月立出佃约。
⑥ 自贡市盐业历史博物馆藏，博-1号卷，乾隆四十四年十月立凿井合约。

贰拾柒年满后，客人将水火日份及所余灶、柜房一切廊厂，交还主人。"①"道光间，王朗云将所有扇子坝地基放'客井'二十余眼，见功十八年交还地主。……限满将井眼、灶圈及一切建筑设备，无条件交与地主。在将满限前之日，地主即派人搬住井上，严密监督，除牛只、家具概不移动，并得将饲牛的胡豆及生产需要的竹木等项，充分罗齐，以备限满移交。"地主收回盐井后，转为"子孙永远管业"，"其井每月昼夜水火油叁拾班：主人每月占地脉日份柒天，桂堂每月占净日份贰拾叁天，子孙为业，永远管理"②。至于停工住凿，自必有其原因，"除承、出佃井基之双方契约另有规定外，地主均不得无条件收回。如地主认为该井已有续办可能，而井方故意置障碍妨害权利，确能指出事实证明者，当为特例，但亦绝非无偿收回"。

（3）转节同意权

即锉办者若需将所锉之井转佃，需经井主同意，否则视为侵权，转佃无效。如李静修与王五桂经办的三江井，李静修承佃的三江井锉办下节，"凡井主将井出佃与人承办下脉，原期下节客人出资锉办，而下节客人之义务职责亦唯一在此；倘或锉办不能成功，实无财力及其他事故不能再锉，又须觅人承顶锉办时，必须与上节井主商得同意，会同签定契约"。"兹天德灶片面将井转佃他人，姑无论契约如何，然既未取得井主同意，按诸现行民法及厂规习惯，实有未合。兹据王五桂堂主张，依约接井。"③ 由于开凿井盐是一项异常艰巨的工程，需要经过漫长的时间和投入巨额的资金，为了解决在长期凿井过程中股伙垫支资本不足的困难，确立了独特的"做上下节"的办法，及时扩大资金来源，从而保证凿井工程的顺利进行。"或井久不见功，抑或仅见微功，尚需往

---

① 自贡市档案馆藏，17-1-688-6号卷，中华民国八年己未岁阴历十一月立承佃锉办下脉年限井约。
② 自贡市档案馆藏，17-1-688-6号卷，同治三年甲子岁十二月立承办子孙井业约。
③ 自贡市档案馆藏，17-1-688-8号卷，中华民国二十四年十二月自贡市商会仲裁股仲裁文书。

下捣锉,有力而不能逗钱者,即将所占日份、锅份出顶与人,即名为上节,承顶人即名为下节,以后做井工本归下节派出。"如井久不成功,下节力又不支,转顶与人接办,则前此之下节作为中节,现在出钱锉井人为下节;井成时,中节亦有归本若干者,或共分鸿息者。""其井若合伙人多则力每不齐,辗转出顶上、中、下节不一而足;兼之年久则人愈多而难清理。其已经出顶井份之合同,则为故纸,……"① 其基本含义是新投资者向原主付出一定数量的货币,作为对原主部分垫支资本的补偿,从而取得相当比例股份的占有权,继续投资下挫;在凿井达到预定产量标准时,原主所提留的另一股权进班分红;规定期限届满,新投资者将全井交还原主。出丢下节,意味着整个全井的经营管理权均由下节一手掌握,"本井见功,无论出水、出火,应由下节统一办理,以期便利"②。但并不意味着上节措置无方,而是服务于出丢下节的宗旨:"凡井主将井出佃与人承办下脉,原期下节客人出资锉办;而下节客人之义务职责,亦唯一在此。"③ 但是为了保护出节人之利益,在转佃下节时,一般需经得上节人同意。

(4) 出卖权

地主将其土地与他人锉井,有权在井停办之后将土地出卖,则视为将土地及其之上的地脉井份一并出卖。若地脉井份不同土地并卖,即应载明提留;倘无提留字样,则地脉井份,当然包括于卖契内一并出卖,不得以未经载明地脉井份出卖而另生枝节;至业已载明地脉井份一并出卖,虽未通知原承佃锉井人,其关于地脉井份部分亦应有效,盖地脉井份为地主之所有权,完全自由,不能受旁人牵制。④

---

① 《富顺县志》卷三十〈盐政新增〉,著录〈上中下节井规〉。
② 自贡市档案馆藏,8-1-723-90号卷,中华民国三十一年十月立出丢上节约。
③ 自贡市档案馆藏,17-1-688-8号卷,中华民国二十四年十二月自贡市商会仲裁股仲裁文书。
④ 自贡市档案馆藏,17-1-682-14~15号卷,中华民国二十四年十月四川自贡地方法院第1483号公函;17-1-682-17~18号卷,自贡市商会回复四川自贡地方法院函。

2. 地主的义务

地主的义务具体内容如下：

(1) 土地出资

即将其所有的凿井、建灶、安楻、过笕、挖泥、取水等占用土地进行出资，且没有妨碍。比如，"其有牛马出路、抬锅运炭、安笕、取石取土、堰塘、堆渣，概在业内，不得阻挡。"①"本井基址墙垣以内凡车房、牛棚、柜房、天地二车、牛马出路一切俱全"②，"车房、柜房、楻桶房、牛棚及牛吃水、滚水堰塘、人畜出入路径、堆渣放卤、抬锅运炭、取土取石、牵扯风篾，概在主人业内，并无阻滞。""其有四围地基，凡在主人业内，无论井见大小水、火，各灶修竖灶房、柜房、盐仓、楻桶、阴阳笕路、进水码头、安置水笕横安顺插、修砌车子，及人畜吃水、滚水堰塘，人畜出入路径、堆渣放卤、抬锅运炭、牵扯风篾、取土取石，及一切应用基址，凡在主人业内，均无阻滞。"③

(2) "分班"后同出工本

即在"井见成功"、"起班进班"分取利润之时起，负有与投资者一起的"出工本"以利续锉的义务。所谓起班进班，亦称分班，是指盐井锉办成功，地主得以分享井产收益，同时也须承担维修、保养、继续深淘及各项费用，与货币投资者处于一致的地位。如蔡灿若与王静庵经营的同盛井，"倘井出腰脉水壹、贰口，以帮捣井人用费；如出壹、贰口外，地主愿分班，同出工本，以捣下脉"④。张玉宁、师起用与王云开经营的万丰井，"自兹以后，井出水、火一二口，以作张姓捣锉使费；三口、四口即行分班，同出工本"⑤。

---

① 自贡市档案馆藏，3-5-4016-25 号卷，咸丰七年丁巳七月立承佃井约。
② 自贡市档案馆藏，7-1-1065-45 号卷，中华民国二年岁次壬子阴历全月立承佃锉办下脉年限井约。
③ 自贡市档案馆藏，17-1-688-6 号卷，中华民国八年己未岁阴历十一月立承佃锉办下脉年限井约。
④ 自贡市盐业历史博物馆藏，博-1 号卷，乾隆四十四年十月立凿井合约。
⑤ 自贡市档案馆藏，3-5-4016-10 号卷，嘉庆十二年丁卯八月立佃约。

（三）投资者的权利义务

投资者，亦称客人、客伙、股伙，是指本无办井之基址而运用其货币、实物进行出资，以合伙经营井灶的人。"凿井向系委之天命，成功与否，不能事前得知，投资既多而危险亦大，幸而成功，则发财致富，不幸失败则倾家荡产。"为了防范风险，便普遍采用合伙集资凿井之策，股伙少者二三人，一般为一二十人。股伙以当时的习惯法——"厂规"结成合伙关系。合伙之发起人，亦称承首人，既是合伙投资办井的筹集者，又是组织者和指挥者，其权利义务为：

1. 筹集资金，邀伙凿井

一来获取资金来源，二来聚集可靠的劳动力。这包括：支付"底钱"，即为开凿盐井准备物质条件而支出的各项费用。"开锅一口，每口派出底钱拾叁千五佰文正。"① 按月筹集"月费"，逐月缴纳，"每月凿井使费，照拾捌口均派；如有使费不楚，即将合约退还，不得言及工本，承首人另邀开户承做"②。"月费"一般以银钱缴纳，个别情况下也有用工具设备折价缴纳的，"其有月费，礼梁愿出煊凿大小铁火，以作办井月费——井上用铁每斤照肆拾文算，每年不得问及礼梁取月费"③。

2. 开工凿井，不得中途停锉，否则，井主收回，投资者不得言说工本

投资者出资"底钱"及相关"月费"后，便组织人力，开工下锉，以保证整个开凿工程的顺利开展。"倘见功水、火不足定数，客人仍然依脉锉办，不得停工，主人不得异说。如水、火毫无，客人不锉，主人将井接回，两无异言。"④ "殊成约之后，静修不

---

①、② 自贡市档案馆藏，3-5-4018-20 号卷，道光十八年岁次戊戌三月立出合约；3-5-4018-21 号卷，道光十八年岁次戊戌三月立出合约；3-5-4018-19 号卷，道光十八年岁次戊戌十一月立出合约。
③ 自贡市档案馆藏，3-5-4019-8 号卷，嘉庆二十年九月立合约。
④ 自贡市档案馆藏，17-1-688-6 号卷，中华民国八年己未岁阴历十一月立承佃约。

办不锉，累催累给。""敝堂是以束约各方及静修茇临大会，声明废约；而静修乃藐抗不来。"① 李静修承佃锉办王五桂堂三江井，长达十六年而不锉，是为悔约，依约载明，王五桂堂得收回此井，投资者不得索要开工垫支的资金。"自佃之后，倘有停工住凿，将原合约退回，开户人等不得称说工本。"② "半途挂凿，地主接回，承首以及开户人等不得言及工本。"③ "若客人停工住锉二三月，承首人将合约退还地主，凡开户人等不得称说工本。"④

3. 转佃下节，先内后外，需经井主同意

投资者承佃凿井，因其股伙出资不力或退伙、资金拮据等诸种因素而不能继续开凿，需转佃者，应依合约而行，先在股伙内转佃，若伙内均不受，则邀伙外人承受，但需经伙内同意，且需经井主同意。比如，何寿萱邀伙集资锉办李怡经堂名下业内荥通井，"倘股伙等在中途不愿伙办，或欲仰将己下所占日份股权出顶承佃，必须依照厂规，先尽伙内三十班，照时市价值公议承顶；如股伙内无人承首顶佃，乃许向外觅主接首；顶佃亦需经凭伙内在证，以便共井同业，办理一致"⑤。"如有不能逗工本者，或出顶，或分上、中、下节锉办，先尽伙内；无人承顶，方准顶与外人。"⑥ 李静修承佃王五桂堂三江井是也，"该静修转佃此井，并未取得敝堂同意；且对此井于兹十六年当中丝毫未动，则无义务可言，何有取押头提日份之权利？""该静修向敝堂佃井，并非实行锉办此井之人，实借佃井之名，而行侵占敝堂井业之事。"⑦ 自

---

① 自贡市档案馆藏，17-1-688-4 号卷，中华民国二十四年国历十二月王五桂堂代表王汉江、王锡鹏诉讼文书。
② 自贡市博物馆藏，博-9 号卷，嘉庆八年癸亥十一月立承佃合约。
③ 自贡市博物馆藏，博-10 号卷，嘉庆九年甲子三月立合佃井基约。
④ 自贡市档案馆藏，3-5-4018-8 号卷，咸丰九年己未岁十一月立承首佃办井文约；3-5-4018-5 号卷，同治三年八月立承佃井文约；3-5-4016-22 号卷，同治三年十二月立承办子孙井业文约。
⑤ 川南盐务管理局自贡分局藏，36-3 号卷，中华民国三十二年国历八月立合伙锉办荥通井文约。
⑥ 自贡市档案馆藏，3-5-4019-2 号卷，光绪元年乙亥岁四月立出三生井合约。
⑦ 自贡市档案馆藏，17-1-688-4 号卷，中华民国二十四年国历十二月王五桂堂代表王汉江、王锡鹏诉讼文书。

贡市商会作出仲裁："兹天德灶（指李静修，作者注）片面将井转佃他人，姑无论契约如何，然既未取得井主同意，按诸现行民法及厂规习惯，实有未合。"①

4．"月费"不济，另寻股伙，不得言及月利鸿息

"大凡做井必须先逗月费，故承首人于月结票（笔者注：月结票，亦称"结票"，木版蓝色印刷，长25.7 cm，宽15.8 cm，是承首人于每月底分别向各股伙发出的有关收缴月费和凿井深度的书面通知）内注明，预派下月用费钱若干串，务恳按数逗楚，限期一月，务要照数清款。过期不清，承首人将伊所占锅份，觅人承顶出资锉办；俟井见大功，始能照工本补还，不得言及月利鸿息。"②

5．见功投产，分享鸿息

投资者办井成功，所营有值，则可进行利润分享，获取报酬。如何寿萱邀伙集资锉办李怡经堂名下业内荧通井，"至井见功推煎所余鸿息，应除修造天地二车、柜房、灶房、车房、牛棚、楻桶、牛马出入路径、堆渣放卤、添灶安笕、向外佃租培修等项，以及门户课税、酬神挂红一切用费之外，余有纯利，始行约集三十天日份股份阅账均分。""按照厂规，以每月三十天日份计算：主人出地基，得地脉昼夜水火油盐岩日份五天；客人出资锉办，得开锅昼夜水火油盐岩日份贰拾五天。"客伙所占二十五股份，又细分为：何寿萱占4.8股，张荣村、张绍甫、李润祥各占2.4股，李善苏、张毅敷各占3股，张敬胜、宋席九各占2股，李鹤蕃、何世钦、张灵昭各占1股。③ 若所办之井转佃，出现上中下节者，其红润分配有两种方式：一是绝顶转节的，上节不得分息，概由

---

① 自贡市档案馆藏，17-1-688-8号卷，中华民国二十四年十二月四川自贡市商会仲裁股文。
② 自贡市档案馆藏，45-1-96号卷，中华民国七年全月月结票。
③ 川南盐务管理局自贡分局藏，36-3号卷，中华民国三十二年国历八月立合伙锉办荧通井文约。

下节收受；二是未绝顶转节的，在上节工本未经收回的情况下，又有两种形式：其一，上节仅仅收回工本，不得分息；其二，与下节人分享鸿息，但所占比例殊异，有各分一半的，有上节仅分二三成，下节多分至七八成的。（注意：盖上节捣井浅、费本无多，即少分鸿息；下节捣井深，费本甚巨，即多分鸿息。）若井久不成功，下节力又不支，转顶与人接办，则前此之下节作为中节，现在出钱锉井人为下节。井成时，中节亦有仅收回工本者，也有与下节共分鸿息①。至于上下节所分鸿息应考虑的基本因素，主要是上节垫支资本及其发挥的经济效益，如垫支资本的数额、井位选择、凿井深度与口径以及井深是否正直、有无未明确告知的隐患等。当然这些因素不仅仅限于作为分息依据的股份分摊比例，还要考虑产量、质量、下节的现金补偿、盐价、销路等因素来综合估量，进行井办成功之日后分息股份的划分。② 这是以投入资本所占股份进行红润分配的。当然，若经营有挫，亦按此比例进行分摊，承担相应的责任。如经营年限内"井老水枯、火微，复行下锉，应按所占日份派逗锉费"③。又如，"因战祸频年，生活倍长，又因各伙锉费先后不一，春廷即亦无力再办，爰约各伙商议，始交与井伙曾泽民经手锉办，甫数月井即成功，跟即增修廊厂，添置牛只。殊井深推毫无余息，近年来，约负债万余金。又由泽民约集各伙，将井出佃抵还债款。"④ 若承首人当股金筹齐而凿井仍未动之时，亦应承担相应的责任。"其使用钱来齐，或停工住凿，承首人得一还二。"⑤ "倘工本来齐，停工住锉，承首之

---

①、② 自贡市档案馆等合编：《自贡盐业契约档案选辑》，中国社会科学出版社1985年版。
③ 川南盐务管理局自贡分局藏，25-9号卷，中华民国十一年壬戌阴历冬月立天咸井文约；自贡市房管局藏，房3-16号卷，中华民国十二年癸亥岁旧历七月立富盛井约。
④ 自贡市档案馆藏，8-1-764-85号卷，中华民国十八年己巳阴历十月立全福井约。
⑤ 自贡市盐业历史博物馆藏，博-7号卷，嘉庆元年岁次丙辰十二月立开凿子孙井约。
⑥ 自贡市盐业历史博物馆藏，博-8号卷，嘉庆元年岁次丙辰十二月立开凿子孙井约。

人得过钱乙吊还两吊。"⑥"承首不得停工住凿,将承首地脉水火锅份二口,交与众开户承办,承首不得异说。"①

三、盐业凿井契约的特点

从前面对盐业凿井契约内容的分析可知,盐业凿井契约主要有如下特点:

(一)盐业凿井契约的合伙性

盐业凿井契约的合伙性主要表现在:其一,地主与投资者合办开井,属于合伙关系,但是,又非一开始即为合伙。当地主以土地使用权及其蕴藏的矿藏出资,在"进班"分润之前,只能算作是准合伙关系;在"进班"分润之后,则与投资者为合伙关系。其二,投资者之间的关系较为复杂:承首人与各股伙投资者以货币、实物等出资办井,属于投资者内部合伙关系,当投资者锉井不成功而将井转顶出去后,新的承顶人继续锉办,在未照约进班及照全井三十天分鸿之前,原投资者与新的承顶人属于"尚非完全合伙关系"②;在照约进班及照全井三十天分鸿之后,原投资者与新的承顶人属于合伙关系;当投资者锉井不成功而将井"绝顶"后,原投资者只能言及工本而不称说鸿息。这表明原投资者与绝顶人无合伙关系。

(二)合伙人出资方式的多样性

地主以土地使用权及其蕴藏之矿藏出资,但不折价计算,待办井成功"进班"分润之时,若复井下锉,则与投资者同出工本。

---

① 自贡市盐业历史博物馆藏,博-10号卷,嘉庆九年甲子三月立开凿子孙井约。
② 自贡市档案馆藏,17-1-682-1~2号卷,中华民国二十三年十月二十二日四川自贡地方法院致自贡市商会第409号公函;17-1-682-6~7号卷,中华民国二十三年十二月一日自贡市商会致四川自贡地方法院函。

投资者（股伙）以货币、实物、劳动力和凿井技术出资，但"承首邀伙之人"不出工本锉捣，但享有分润份额。

（三）合伙人对利润的共享性

地主以土地出资，但不直接参加捣锉，待井成功之日，取得一定比例股份，按照股份分割井灶收益，具体股份比例呈有殊异，最低的一般为五股左右，最高一般为十股左右。投资者除承首人不出工本而享有较高股份比例外，其余合伙人均以出资之实而占取相应股份，以股份比例分割鸿息。

（四）责任承担的复杂性

一是股伙未按期足额缴纳"月费"，将被退伙，"不得言及工本"；二是承首人邀齐本金而未开工下锉，则应向股东返还双倍之"月费"；三是承首人开工后停凿，或将其股份交与股伙分占，或因故意妨碍地主续办之权利，由地主将井接回；四是地主"分班"后，与股伙同出工本，同样承受井办不成功或利润微薄或负债之责；五是地主所出之井基等一切应备之土地，不得有阻滞，否则应承担消除妨碍之责。至于凿井所负之外债，合伙人不负有连带责任，如杨德安、张玉成承佃凿办的洪海井，所费支出，张玉成缴清应交份额，"至于井内德安经手一切外欠账目，以后不得问及玉成"。

（五）转伙之严格性

股伙因资金不足、力不从心等需要将其所占股份转让，应先尽伙内，伙内人享有优先转让权；若伙内均无人受让，则可向伙外之人转让，但有限制，一是须经得伙内人同意，以便共同凿办；二是须经得井主同意。若甲锉井不成功，转顶与乙继续锉办，乙锉办井。如未至相当深度与未费用巨大款项，不能擅自将井转佃丙（第117号文），甲有阻止之权；若乙锉办至超过临近各井之深度，或已耗去与甲资金比较略等之用费，人事已尽，不得已而出佃，仍需征得甲的同意，甲享有优先承佃权①。

（六）井灶经营之年限性

自办井成功之日起，计算井灶经营年限，短的达十余年，长的达三十余年。一旦年限届满，由井主接回，其不动产概由井主接管，动产之物及牲口由股伙分占。

（七）契约订立的规范性

开凿盐井契约以书面形式订立，首先书明出佃人和承佃人姓名、井址及拟开凿的井名。其次具体规定地主、承首人、股伙的权利、义务，以及彼此所占股份额度。再次确定地主"进班"分润的条件。第四，尾部上书"烈延长荧"、"咸泉上涌，水火既济"、"一锉成功，源远流长"等类吉祥语。下书中证、族证姓名及代笔人画押盖章。再下书立约之年月日。契约一式两份，投资者立承佃文约，地主立出佃文约，分别于约上签字画押。代笔人将两约约尾相并，于骑缝处大书"合同为据"、"承出二约各执为据"之类文字，最后交由各自保存。

---

① 自贡市档案馆藏，17-1-682-1~2号卷，中华民国二十三年十月二十二日四川自贡地方法院致自贡市商会第409号公函；17-1-682-6~7号卷，中华民国二十三年十二月一日自贡市商会致四川自贡地方法院函。

第三章 盐业合伙契约论

按照现代法学观点,所谓合伙,是指两个或两个以上的人共同出资、共负盈亏、共同负担无限责任的民事法律行为,这是一种在中国和西方民商事领域均源远流长的资本组织方式。盐业合伙则是在盐业生产经营活动中,若干股伙共同集资凿井,或租佃、购买现成井灶及设备,或者租佃、购买废井试办新厂的一系列经营活动,它是一种独具我国民族特色的资本组织形式。从传统习惯法和当代法律关系来讲,尊重本土传统习俗对当代中国民商法现代化有着重要启示。因此,从法律的角度去探寻合伙制度的渊源,分析盐业合伙契约的内容、特点及影响,有助于理解适宜的经济法律制度对于社会发展的积极作用,理解遵从民间习惯,树立契约意识,依靠社会协商和合意,按照契约思想制定法律的重要性,进而认识契约法律制度本土化发展和在外来文化的冲击下出现的有中国特色的契约法律文化,进一步理解我国契约的民族化及社会化,促进我国民商事立法的不断完善。

一、合伙概述

中国古代民商事经营中的"合伙"在史料中常称"合本"、"连财"等,这种经营形式在中国至少可上溯至两千多年前的春秋战国时期。几千年来,我国一直传颂着管仲和鲍叔牙合伙经营,鲍让利于管的佳话。《史记·管晏列传》司马贞"索隐"引《吕氏春秋》:"管仲与鲍叔同贾南阳,及分财利,而管仲尝欺鲍叔,多自取。鲍叔知其有母而贫,不以为贪也。"中国古代商业中的合伙经营发展到汉代已显完备，其主要标志是：合伙者之间开始订有专门契约来规范合伙各方行为。建国后在湖北凤凰山十号汉墓出土的简牍中，有"中版共侍约"牍，这是迄今所见的最早的合伙契约。隋唐以后，合伙经营更为流行。据现存史料看，中国商业中明确指明"合本"的最早出现在唐代。反映唐初及其以前情况的《算经》中，已有下述例题："今有甲持钱二十，乙持钱五十，丙持钱四十，丁持钱三十，戊持钱六十，凡五人，合本治生，得利钱二万五千六百三十五，欲以本钱多少分之，问：各人得几何？"合本经营利润分成写进了应用数学例题，可见其是一种常见的社会经济现象。到了明代以后，商事中的合伙经营更为发达，涉及行业更广，也更加流行和规范化，合伙经营开始见诸商用民间杂书，如《直指法统宗》卷二《差分》便有大量合伙经营中利润分配问题的算术题。在明代，不仅民间日用杂书中已有"合伙"经营例题出现，而且合伙契约的使用也进入社会规范化阶段。明万历以后刊刻的民间日用杂书中，出现了统一的合伙契约格式，从它载明当事人的权利和义务看，合伙契约主要包括当事人约定共同经营，每年共同分配商业利润等内容。如明代《士民便读通考·合约格式》所载的标准合伙契约中记载，山西商人出身的扬州盐商王、尉二家的主人并不亲自担任业务，而是将之委托给熟悉盐务的柴宜琴、柴宾臣去办理。① 类似于当今股份公司的资本所有权与经营权相分离的情况。

西方的合伙商业经济最早出现于两千多年前的罗马帝国时期，当时的般夫行会就类似于公司的合伙经济组织。美国经济史学家汤普逊认为："现在我们还可看到有些流传下来的关于第三和第四世纪般夫行会的重要文献，当时这些团体在帝国的大部分沿海城市中都可找到。它们主要被雇佣于运输粮食，它们的经营和资本雄厚的商社相勾结，而那些被禁止经商的罗马元老往往是这些公司的匿名股东。"② 在这里，"股东"实为合伙出资人。罗

---

① 张传玺：《中国历代契约会编考释》，北京大学出版社 1995 年版。
② [美]汤普逊著：《中世纪社会经济史》（上册），商务印书馆 1961 年版。

马法中还有关于合伙的规定，就是把合伙看成是两人以上互约出资经营事业，以共同分配其利润为目的的契约。中世纪初期，意大利地中海沿岸是欧洲与近东之间贸易的中心，海上贸易兴旺。然而从事海上贸易虽然可以获得较高利润，但由于当时海上交通不发达，从事海上贸易具有极大的风险，如可能遇到风浪的袭击和海盗的骚扰、抢劫。同时，从事海上贸易需要巨额资本购置船舶和购买商品，这笔巨额资本在当时也非个人容易承担。这样，资本所有者既想得利，又不愿单独承担风险，于是就产生了合伙组织。当时意大利地中海沿岸海运业中的合伙组织最典型的就是"康曼达"和"索塞特"。在康曼达组织中，资本或财物所有者以分享企业利润为条件，将资本或购物预付委托给船舶所有者、独立商人或其他人。受托方用集中起来的资本或连同自有资本从事经营，所得利润根据契约规定由出资者分配。一般每次航行募集一次资本，每次航行结束后，资本退还原主。可见，这种形式的合伙具有投资的短期性和组织的不稳定性特点。"索塞特"组织与康曼达类似，合伙各方共同经营，经营风险由合伙方共同承担，并以其全部财产对债务负无限责任。所不同的是，企业的存续期由契约规定，契约期内合伙人的资本不能随便抽回。契约期满，企业自行解散，合伙各方取回各自本利。15世纪以后，由于地理大发现，欧洲的商业中心慢慢由地中海地区推移到大西洋沿岸。地理大发现使贸易的区域由地中海一隅波及全球，它不仅使贸易总量成倍增长，而且使贸易距离大大延伸。为了适应远距离贸易的需要，贸易公司必须长期占用大量资金。显然，这种中世纪地中海沿岸海运中出现的短期的、松散的合伙组织已不适应世界贸易发展的需要，永久性的股份公司在此背景下产生了。1602年，荷兰东印度公司成立。该公司第一个协定只是一次船行有效，返航后瓜分利润。后来东印度公司逐渐向远东扩张，这一机构也逐渐变得紧密。1613年，该公司等集42.9万英镑，作为4次航行的费用；1617年，筹集170万英镑，供7次航行之用。1720年该公司由政府颁给永久特许状，成立永久性公司。这样，传统的合伙经营完成了向近代股份公司制的演变。①

19世纪上半叶,当中国商业领域合伙经营仍沿着千年故道前行时,西方商业领域发端的合伙制已发展成为比较完备的近代股份公司制。鸦片战争的隆隆炮声彻底打破了中西方之间的分隔状态,具有两千多年历史的中国合伙经营迎来了西方股份公司制的挑战。从此,具有悠久历史的多数中国合伙制逐渐被从西方舶来的股份制所取代。然而只有像盐业合伙契约这种在西方股份制强烈冲击下还能"独善其身"、保留其民族传统契约特点的少数资本组织形式,才得以在近现代我国特定环境下得到了较好发展,成为契约法律制度民族化和社会化的典型代表之一。

就行为角度而言,合伙是指两个以上的民事主体共同出资、共同经营、共负盈亏的协议;就组织角度而言,合伙是指两个以上的民事主体共同出资、共同经营、共负盈亏的企业组织形态。合伙与公司在民商法中是两个法律地位不同的主体,二者两相比较可知合伙所具有的特征。

(一) 合伙的契约性

合伙与具有法人资格的公司截然不同,公司是以公司章程为成立基础的,公司章程是公司组织和行为的基本准则,是公司的"宪法",具有公开的对外效力,其功能主要是约束作为法人组织的公司本身;而合伙协议是处理合伙人相互之间的权利义务关系的内部法律文件,仅具有对内的效力,即只约束合伙人,合伙人之外的人如欲入伙,须经全体合伙人同意,并在合伙协议上签字。所以,合伙协议是调整合伙关系、规范合伙人相互间的权利义务、处理合伙纠纷的基本法律依据,也是合伙得以成立的法律基础,此即合伙的契约性。

---

① 邹进文:《近代中西制度变迁比评》,经济与管理论丛,1998 (2)。

（二）合伙出资的多样性

与公司不同的是，合伙出资的形式丰富多样，且更具灵活性。公司股东一般只能以现金、实物、土地使用权和知识产权等四种方式出资，而合伙人除了可以上述四种方式出资外，还可以劳务、技术、管理经验、商誉甚至不作为的方式出资，只要其他合伙人同意即可，从而体现了合伙出资的多样性。

（三）合伙经营的共同性

合伙人共同经营是合伙不同于公司的又一特征。具体来说，公司的股东不一定都参与公司经营管理，甚至不从事公司的任何营业行为，而合伙人必须共同从事经营活动，以合伙为职业和谋生之本。有限合伙和隐名合伙就是其典型的较高级表现形式，是建立在有限合伙责任或者与出名合伙人契约关系基础上的共同合伙经营形态。

（四）合伙责任的连带性

公司股东按其出资比例所持股份分离公司利润，当公司资不抵债时，股东只以其出资额为限对公司债务承担责任。合伙人则既可按合伙的出资比例获取合伙盈利，也可按合伙人约定的其他办法来分配合伙盈利，当合伙财产不足以清偿合伙债务时，合伙人还需以其个人财产来清偿债务，即承担无限责任，而且任何一个合伙人都有义务清偿全部合伙债务，即承担连带责任。[①]

二、盐业合伙契约例析

盐业合伙契约是围绕盐业生产经营等经济活动而进行股份

---

① 徐景和，刘淑强：《合伙企业法释义》，人民法院出版社1997年版。

合作所设立的早期法律文书,它的内容较为丰富,具有许多不同于其他契约的特点。根据盐业开发、生产和经营的不同阶段,我们可以把盐业合伙契约划分为凿井类盐业合伙契约和井灶经营类盐业合伙契约,前者为若干股伙共同集资凿办新井所订立的一类契约;后者则为若干股伙围绕租佃、购买生产现成井灶及设备,或者租佃、购买废井试办新厂等一系列经营活动所订立的一类契约,本文试以这两类盐业合伙契约中的四例进行探讨和分析。

据有关盐业契约文书所记载的内容表明,在清代我国四川自贡盐业生产中存在着一种特殊的合伙制度,它虽然在性质上与清代其他地区的合伙关系保持着同质的关系,但是却是清代社会中最为发达的合伙制度。盐业合伙契约中所包含的权利义务关系经过漫长的历史演变已经形成习惯,并且以所谓"厂规"的形式成为成文惯例,因而自贡地区有关合伙的民间契约的内容大体上都差异不大,从而使得盐业生产中的合伙关系表现出高度的稳定性和规范性,这充分说明在清代自贡地区的盐业生产中存在着一种由习惯法加以调整的法律秩序。自贡井盐生产以开凿盐井为必经过程,而开凿一井须"合众家之力,攒百两之金,经历累月而后成"①,因此在清代,合伙集资开凿盐井成为自贡地区盐业生产活动的基本形式,各方当事人订立合伙约,将其在合伙开凿盐井过程中的权利义务确定下来,成为盐业生产的第一个步骤,这些合伙约也展现出盐井合伙关系的基本内容。清道光十四年邹朝璋出立的一个合伙约②是一个较为典型的例子:

例一:立合伙约人邹明璋,今凭中佃明堁垱小溪沟夏洞寺天灯会地基壹段,新开凿盐井壹眼,取名天顺井。照小溪坝厂规贰拾肆口分派:地主出……一概等地基,地主得押头钱叁拾贰千文正,无还,地主得地脉水火锅份四口;承首得地脉水火锅份贰口;另有拾捌口,任凭承首邀伙出资凿捣,贰拾肆口不得争占。今凭中邀到罗廷珍名下做开锅壹口。自动土安圈,报开淘一切费用,

---

① 潘鉴:《奏减盐课疏》,见嘉靖《四川总志》卷十六,《盐法》。
② 自贡市盐业历史博物馆藏,博-14号卷,清道光十四年邹朝璋立出合伙约。

吊凿之后，凭众伙清算，交与承首人经管，每月清算，如有一月使费不清，即将原合约退还承首，另邀开户，不得言及以前用过工本，亦不得私顶外人。承首不得停工住凿；如有停工住凿，将承首地脉水火锅份贰口，交与众开户承办，承首不得异说。其有天地二车、下大小木竹、柜房、廊厂、官前使费，拾捌口均派。以后井成大功，报试推煎，注册呈课，俱照贰拾肆口均派。其井或出水火二、三口，以作凿井使费；倘有肆口，贰拾肆口分班。恐口无凭，立合约一纸，子孙永远存据。

  合伙人邹朝璋壹口刘鸿盛壹口杨永章贰口罗廷禄壹口
  罗廷祥壹口罗汉臣壹口林文万壹口魏开扬壹口赖元宽壹口
  余道恒壹口黄德廷壹口邹庆五伍口
  道光十四年岁次甲午十一月初四日立出合约人邹明璋

  合伙契约涉及三方当事人：地主，即小溪沟夏洞寺天灯会，该会以地基一段入伙；承首人，即以经营管理活动入伙的人，其主要义务一是邀伙，即召集投资人，二是组织凿井，三是根据凿井的进度和开支向投资人收取资金，此例为立出合约人邹明璋，他并不出资，而仅以其经营管理活动入伙；其他合伙人以投资入伙。土地、资金和人力三种资源形成了一个完美的组合，体现了与现代市场经济条件下生产活动惊人相似的基本特征，这大概不会仅仅是巧合吧。

  地主尽管是以土地入伙，但在合伙约中却表达为"佃"，这种表达与例一合伙约所形成的合伙关系具有时间性有关。在当时的民间习惯中，合伙开凿的盐井分为两种类型，即"客井"和"子孙井"，"客井"经营议有年限，限满全井交还地主，故又称年限井；"子孙井"则没有经营期限的限制，由地主和投资人"子孙永远管业"。例一约中虽然没有明确约定年限，但是记载地主得到了"押头钱叁拾贰千文正"，且"无还"，立约人将土地使用权的获得方式称为"佃"，而且约中没有出现子孙井通常都会写入的"子孙永远管业"表述，因此笔者推断天顺井当属客井，其合伙关系是有期限的。例一约中没有约定年限，可能与当事人之间有口头约定，或是立约人与地主之间另订有佃田约有关。（至于客井的具体期限，当时常见的有十二年、十四年、十六年等不同情况，在现存的契约中也有约定十三年为期的。）例如清嘉庆十二年张玉宁、师起用等所立佃约中便约定："年份拾叁年为准"，但是在例一约中，由于土地的投入带有风险性，如果盐井不"见功"（所谓"见功"，是指盐井开始出卤水或天然气（火），有少量水、火时称为"小功"，水、火产量达到一定数量时即水达四口，火至二十圈时称见"大功"），地主可能得不到收益，因此，从性质上说当属合伙中的入伙而不是租佃。

例一约中的一个值得注意的地方是它援引"小溪坝厂规"来确定合伙人之间的份额关系。现在能够见到的成文厂规有《桐、龙、新、长四垱井规》、《地主与客人所做客井、子孙井三十班井规》、《垱垱小溪地主与客人二十四口子孙井规》和《上中下节井规》几种。另有一些厂规没有文字遗传。例一约所援用的当是第二种，即《垱垱小溪地主与客人二十四口子孙井规》，该厂规名称虽为子孙井厂规，但立约人所援用的仅是其关于合伙人份额的规定，而不涉及盐井的类型。这些厂规成为清代自贡盐业生产中众多合伙者结成合伙关系、处理各类纠纷的主要依据。可见，习惯法在当地盐业生产中已经发展到了较为成熟的阶段，对现实生活中的合伙关系起着有效的调整作用。根据上述厂规的规定，盐井合伙份额的确定有两种方式，其一是例一约中所采用的所谓二十四口锅份制，其二是所谓三十班日份制。前者是将所有份额分为二十四锅份，后者则是将所有份额分为三十日份，地主、承首和其他合伙人各占一定份额。（按当地习惯，地主分得的份额称为"地脉日（锅）份"，承首分得的称为"乾日（锅）份"，投资人分得的称为"客日（锅）份"。）可见，所谓"锅份"、"日份"所表达的意义就是股。在例一中，二十四口锅份中地主占四口地脉锅份，承首占两口乾锅份和一口客锅份，其他投资人共占拾柒口客锅份，与前述合伙经营关系一样，份额构成了合伙关系的基础。

然而，盐井合伙关系中合伙人基于其所占份额而承担的义务却与合伙经营关系有很大的差别。在合伙经营中，份额是在合伙人出资以后根据其出资比例确定的，除非合伙人之间另有约定，其所拥有的份额并不产生其出资的义务；而在盐井合伙中，客份合伙人的份额首先便意味着出资义务。由于盐井的开凿所需要的时间和费用在立约时均无法确定，因而立约者只能采取逐步追加出资的方式进行投资。从例一的内容看，立约时只有罗廷珍实际出了资，用于凿井的启动费用，而其他人只是认了股，并未实际出资。在实际动工（动土安圈）后，所有费用开支（使费）由合伙人每月结算一次，根据结算情况由客份合伙人按份额出资以供继续开凿之用，直至见功。因此，在凿井过程中客份合伙人始终承担着继续出资的义务。例一约中为此种出资义务的履行规定了相应的责任，即"如有一月使费不清，即将原合同退还承首，另邀开户，不得言及已前用过工本，亦不得私顶外人"，也就是说，客份合伙人只要有一个月不能履行其出资义务，便不仅丧失了其在合伙中的份额，而且不能请求返还其已经投入的资金。对客份合伙人的出资义务规定如此严重的责任，一方面反映出习惯法已经具有相当大的强制性，另一方面也表明在当时的契约观念中已经出现了风险意识。盐井合伙本身带有很大的风险性，任何一口井的开凿都会有见功或不见功、见大功或见小功的可能，而盐井开凿的总费用无法事先预见又在这种自然风险的基础上加入了出资不能的风险，从而使盐井合伙的风险进一步加大。因此，客份合伙人在入伙时便应当明白存在着完全不能收回投资的风险，从而在观念上已经能够接受这种结果。正是在这样的观念基础上，习惯法对于不能履行出资义务而规定的责任才有可能被接受，也才能转化为现实秩序而不会受到严重的阻碍。当然，在盐井合伙中，合伙人并非承担着同等的风险，由于地主以土地出资，在投入土地后便不再承担出资义务，且即使盐井不见功，其所投入的土地也可以收回，因而其投资风险较小；承首所承担的风险也仅限于其投入劳动的机会成本。但是立约人对于客份合伙人不能履行出资义务所应当承担的责任的认同表明风险意识已经普遍被接受，并且成为盐井合伙制度框架的重要基础。在通过出丢下节方式而完成的合伙份额重组等制度中，这种风险观念也得到体现。

清代四川盐井合伙中经常出现所谓"出丢下节"的合伙份额

重组现象,目前国内研究古代四川盐业生产制度的学者们普遍把出丢下节看做是合伙份额的转让形式,有的学者认为"丢节也是在提留一定数量基础上的分割式转让",① 但是下文的分析表明出丢下节所包含的权利义务关系远远超出份额转让的范围,因而笔者认为这是一种份额重组,并且已形成习惯法。光绪十五年颜桂馨所立的一份出丢下节约文②可视为一个典型:

例二:立出丢下节子孙井份文约人承首颜桂馨占锅份十二口,姚寅甫二口,张富成二口,余成章一口,汤洪有一口,王梧岗一口,李鼎元一口,林万选一口等。先年在小溪垱张爷庙会业内,地名石板田复淘盐井一眼,更名海生井。依小溪厂规,照二十四口分派:主人占地脉三口;客人占开锅二十一口,出资锉井。因众伙乏力,齐伙等商议,愿将二十一口请凭中丢与严积厚晋丰灶名下出资搗锉,二十一口上节不出锉费。俟井见功之日,上节颜桂馨伙等占水火油锅份十口半,下节严积厚等占水火油锅份十口半。如井出微火、微水等,除缴有余,即该二十一口分派。倘见大功开班以后,如井老水枯,复行下锉,仍照二十一班派逗工本。其有天地二车、碓房、车房、牛棚、楻桶房屋一概俱全。凭证议明:下节当补还上节廊厂银二百两、押底银二百两正,均九七平漂色交兑;井见大功开班之日,上节还下节押底银二百两正,廊厂银不还。自丢之后,锉搗下脉,不得上开停工住锉;如停工住锉三个月,任随上节接回,或自办、外丢,下节不得言及锉费、廊厂押底等语。至于上节恐有帐各情,不与下节相涉,上节自行理落。今恐人心不古,特立承、出二纸,各执一纸存据。

契中称"立承、出二纸,各执一纸存据",但本契仍仅由立约人和中证人签字,当为出约,笔者推断接手人当另外立有承约,互相交换收执。此种契约形式兼具单契和合同契的特征,似并不多见。出丢下节的原因通常是客份持有者遇到资金困难,无法继

---

① 彭久松,陈然:《中国盐业契约股份制》,成都科技大学出版社1994年版。
② 自贡市档案馆藏,42-3-88-85号卷,光绪十五年颜桂馨立出丢下节约文。

续开凿盐井，又不能停止开凿，不得已而另找出资者继续出资开凿。出丢下节的结果则是出丢人（上节）免除了继续出资的责任，而由下节承担。在这一过程中，除地脉份以外的所有客份和乾份持有者构成出丢主体，与下节订立出丢下节约。在例三原有合伙份额中，承首颜桂馨占有锅份十二口，当包括乾锅份和客锅份，加上其他合伙人占有的客锅份，共计二十一口，包括了除地主所占三口地脉锅份以外的全部份额，出丢以后，上节和下节作为两个整体，平均享有上节所出丢的份额，即上、下节各占十一口半份额。就一般的合伙观念而言，数量相同的份额意味着等量的出资和等量的收益，体现着资本平等的原则，在本文前面所讨论的清代乡村合伙和合伙经营中这一原则均得到体现。然而在例二所体现的合伙份额重组关系中，上节已经投入的资金是确定的，因而每一口所代表的出资额也是确定的，但是下节将要投入的资金却是不确定的，在订立出丢下节契约时，无论是上节还是下节，都无法确切地知道下节还需要投入多少资金。上节久锉不见功，而下节接手很快就见功的现象并不少见，更重要的是，无论下节是否很快见功，其实际投入的资金恰好与上节所投入的资金相同的可能性几乎是不存在的。有学者认为，"在同一见功生产合资井中，同额股份所代表的产权完全相等，所承担的义务和享受的权利也完全相等"[1]，然而笔者认为在出丢下节的情况下相同份额所承担的出资义务却几乎不可能是完全相等的。事实上，出丢下节约中都是按照上、下节平均分配合伙份额的，立约人根本就不去考虑下节可能需要投入多少资金的问题，也不会根据其估算来协商其出丢的份额，上节出丢其所占份额的一半给下节已经成为一种习惯法规范而得到普遍的认同。显然，在出丢下节这样的习惯法背后一定隐含着与资本平等原则不同的观念。一般而言，我们可以从两个方面来考虑支撑着出丢下节制度的观念基础：其一是资本贬值的观念，即由于上节所投入的资金没有产生实际的效益，因而已经贬值；其二是风险观念，由于丢节后上节已经不再

---

[1] 彭久松，陈然：《中国盐业契约股份制》，成都科技大学出版社1994年版。

承担资金投入的义务,其所承担的风险便仅限于已经投入的资金,因而已经是确定的;而下节所需要投入的资金却是不确定的,因而其风险也是不确定的,出丢下节实际上意味着风险转移。实际上,以资本贬值的观念来支撑出丢下节制度仍然不能解释合伙人不加评估便在上、下节之间均分份额的现象,因为资本贬值仍然存在一个量的问题,因此,构成出丢下节制度的观念基础的很可能是风险意识。

  盐井合伙涉及较多的物的关系:地主以土地出资;生产需要购置一些大型的工具;需要修建房屋等固定资产;需要牛等大型牲畜提供动力,甚至还会因为运输及人员的进出而涉及与相邻土地的关系。因此,在盐井合伙份额的买卖中,合伙份额与物的关系凸现出来。清光绪二十六年谢陈氏率子显连出立的杜顶即绝卖契[1],向我们展示了清人在这一问题上所持有的观念:

  例三:立出杜顶子孙业昼夜水火油盐日份文约人谢陈氏,率子显连,情因已下先父谢仁山,与吴裕通伙佃得林锡宠承首,在富邑新垱地名王笋坝王仕宽业内,复淘锉办盐井一眼,原名金源井,后更名入海井。先父名下应占净日份六天,及顶明吴复初一天、吴敬轩一天、吴殿卿一天半,共成九天半,并应占天地二车、碓房、车房、踩架、楻桶,及四围基址、抬锅运炭、堆渣放卤、移水安笕、吃水、滚水堰塘,牵扯风篾一切路径,主人业内概无阻滞。兹因基业窎远,难以经办,母子商议,甘愿将先父遗留已下应占日份共九天半,先向伙内,无人承顶;然后请凭中证,一并出顶与王宏德堂名下,子孙推煎承办。比日三面议定,时值顶价丝银四十两正,其银九七平九八色,当即亲收入手,……其井界上至坎子,左连蔡九江井,前至坎下,右至路边与主人合界。自顶之后,任随顶主推煎锉办下脉,出大水、火、油,谢姓伙内子孙不得言及挂红、赎取等语。其井有上、中、下三节日份不明,井事、水价、外欠、押借、押当等事不清,一力有谢显连母子理

---

[1] 自贡市档案馆藏,42-1-1933-7号卷,清光绪二十六年谢陈氏率子显连立杜顶文约。

明归款抵偿,不与顶主相涉。

上述例三契在说明了立约人用"并应占"三个字将主人业内,即地主作为出资的井基内的所有房屋、生产用具,以及通行权都作为其杜顶约的标的物来表示,显示出在立约人的观念中,对份额的占有也对应地使其产生了对物的权利,然而,或许我们也可以从"概无阻滞"的表达中将立约人的意思理解为声明上述房屋及物品的使用权均无妨碍存在。显然,这里的表达是十分含糊的。由于几乎所有买卖盐井份额的契约都会作出类似的声明,因而我们可以把份额交易完成以后出卖方便放弃了对盐业合伙中形成的一切物的权利看做是当时习惯的通例,从而在制度的层面上,合伙份额已经获得了独立的表达;但是在观念形态上,合伙份额的独立却不是在合伙份额与合伙财产的分离这一层面上展开,而是基于对份额买受方所获得的业权完整性的保护而发生的。

嘉庆十三年赵振九等人所立顶井约①在约定卖井的同时,又约定了附着在井基生产范围内的一些物的买卖关系:

例四:立顶井字约人赵振九,弟用章、济隆,今将自置黄桷坪地基捣锉兴海井壹眼,情愿出顶与王名下推煎下锉,现有水、火。同中议明:租银壹千肆百伍拾两整,当即银、井两交明白,从中并无货物准折等情。其做井如停工住锉,许主接回。蒙神天赐福,出水、火之日,足有四口,主人地脉九天分班煎烧。照依厂规拾贰年为率,许主人原井接回。临时再无他说,至见功应修灶房、柜房,亦以厂例,不得推托。恐后无凭,立约为据。本井所有牛只、家具,同中照物作以时价,银物两家照数收清。此批。

从例四的内容看,赵振九等人所卖的并非合伙井,而是其兄弟共有的,出顶以后成为上节;"现有水、火"表明该井已经见功,但仍需继续下锉;由此推断井基上应当有天地二车、廊厂等为盐业生产所必需的设施和器具。但是立约人并未提及上述设施和器具,却将牛只、家具等专门列出另卖,表现出在其观念上有些物

---

① 自贡市盐业历史博物馆藏,博-11号卷,嘉庆十三年赵振九等人立顶井文约。

被包含在井业中，不需要、也不可以单独卖，另一些则相反，是可以另卖的，但不知其加以区别的标准是什么，因为这里所说的牛只显然是为井盐生产提供动力的生产资料而非家庭畜养，其财产性质当与天地二车等并无区别，那么，清人对此加以区分的标准是什么呢？然而无论如何，即使这种区分仅仅是例四契的立约人与买受人的特别约定，也反映出清代的业权观念与现代民法中的财产权观念的差异。盐井合伙也以份额作为确定合伙人之间分配关系的标准；份额既可以以投资形成（土地也是一种投资），也可以以人力投入形成；合伙份额在子孙井中是永久性的业，而在客井中也在一定时期内成为业。

总之，任何类型的法律制度都是特定的法律关系的产物，民商法制度的创制，如果不能基于广泛深入地吸取本土民族习俗、习惯资源，那么，创设的民商法规范势必很难真实有限地反映一个国家特有的法律文化。遵从习惯是一种理性思维方式，习惯法权对于民商事立法具有先在性价值。通过研究和吸收习惯而防范"法律殖民主义"，我国的民商事立法应当通过分析和研究，认同和确认生长于社会生活中丰富的习惯资源，同时，又不至于走向把它视为移植西方法律的对立物的反面极端。① 中国法制现代化的特殊历史逻辑表明，尊重优良习惯是中国法律发展的重要途径，对制度法的推崇并不意味着遏止主体的习惯权利要求；中国传统的习惯蕴涵着有助于法律实现的人文精神；在当代全球化历史条件下，尊重民商事习惯，创制更切合国情的民商法律制度，保持民商法律之本土资源和其间生成的民族性品格，是防范"法律殖民主义"的有效途径之一。合伙这种在中外都可谓古老的经营方式和资本组织形式，在世界范围内均未因法人制度的兴起而衰落，反而都在以各种不同的方式向前发展。从契约关系到组织关系，从民事合伙到商事合伙，合伙制度设计正在日益实现其团体性、稳定性、安全性和多样性的价值追求。盐业合伙契约这种在近现代西方股份制强烈冲击下保留其民族传统契约特点的契约形式，

---

① 眭鸿明：《清末民初民商事调查之研究》，法律出版社2005年版。

可谓是中外合伙制度中的一支绚丽的奇葩，它在特定的环境下得到一定的生长，也极大地促进了当时盐业经济的发展。在我国民商立法进程日益加快的今天，我们既要坚持洋为中用，也应注意古为今用，让优秀民族传统中的法制精华在今天的法治进程中发扬光大，注重遵从民间习惯，树立契约意识，依靠社会协商和合意，在立法中渗透契约思想，从而更好地促进我国经济和社会平稳有序地向前发展。

三、盐业合伙契约的主要内容

盐业合伙契约是围绕盐业生产经营等经济活动而进行股份合作所设立的早期法律文书，它的内容较为丰富，具有许多不同于其他契约的特点。根据盐业开发、生产和经营的不同阶段，又可以把盐业合伙契约划分为凿井类盐业合伙契约和井灶经营类盐业合伙契约，前者为若干股伙共同集资凿办新井所订立的一类契约；后者则为若干股伙围绕租佃、购买现成井灶及设备，或者租佃、购买废井试办新厂等一系列经营活动所订立的一类契约，本节仅以井灶经营类盐业合伙契约为例进行分析。

在我国近现代的四川盐场，由于井灶投资数额庞大，合伙经营形式特别活跃，其内容呈现出复杂多样的经营合伙类型。

（一）合伙租佃，购买日份

这是数量最多、也是最常见的形式。如张可凤等伙佃神涌井日份十五天，杨慎旉等伙佃同海井锅份二十四口，王鹤年等伙佃源蒸井日份三十天、集富灶火圈五口等。相互订立的合伙约的要点是：首先，明确各人所占日份数目，如王鹤年日份七天，王汝贤七天，王鹤群五天，王婉华五天，王莲村四天，王仲安两天。有的则是分为若干股，如曾德华等合伙租佃海旺井伙圈十口，佃价银五千五百两，以十股计算，每股五百五十两，然后以投资多少决定股数。其中曾德华三股,陈勤初二股,廖树卿二股,陈耀南等各一股。其次,生产费用承担及分红办法。习惯多称:"推办用度,均照日份派逗"。井上账目满一年算,余有红息,亦照日份派用"。第三,关于退伙规定甚详;如有中途顶让者,先由同伙内承接(即所谓先买权限制),始得外让,但需先向伙内声明,批明合伙簿,始能生效。"① 参加投资者,要受到伙众的一定约束,以保证经营的稳定,这是合伙投资的特点。既系多人合伙经办,必得有人总理其责,并因此而产生相应的组织管理形式,约内多载:"其井交杨慎旃承办";"推谢吉祥担任经手……对于营业,概由经手人全权处理"。实际上,随投资数量的不等,具体条件的不同,组织形式亦多样灵活。例如,杨树琪、张绍鑫共佃双福井二十四锅口,经费平均分派,权利、义务亦完全相同:"对内对外一切事项,由二人共同负责协商办理;如因本人事物纷繁不能亲督,各派人代表负责。"门牌由张姓保管,佃约则由杨姓保存,以为权力之根据。② 又如王仲荣、陈志华、李镒朝合伙佃得同昌井、天福井日份各三十天,三人作了具体分工:"王仲荣担任经理外交事务,陈志华担任收支银钱事务,李镒朝担任管帐座灶事务。"如,"遇有特殊事件,必须股伙同意解决时,则由股伙三人会同商决办理。"③ 这比较由经手一人全权承办、经营,更为周到、稳妥。

(二) 日份、锅口占有者与货币持有者间的合伙

有的井灶日份、锅份占有者,在经营中遇到困难,而部分货币持有者又欲投资盐业,于是双方发生合作关系。如李子章有火圈四口,为谋发展,邀李子华入伙,交无息押金十万元,作为"合作信用金",时效两年。开办时,所需之修造、设置费用,双方平均摊派;利益共享,亏折同认。至于内外事务,亦由二人出面办

---

① 自贡市档案馆藏,8-1-744-109-111 号卷,中华民国二十七年订合伙约。
② 自贡市档案馆藏,8-1-717-38 号卷,中华民国三十二年十一月十六日立合伙约。
③ 自贡市档案馆藏,7-1-1321-68 号卷,中华民国三十五年阴历六月二十五日立合伙约。

理。满限拆伙，火圈及设备归李子章，押金无息退还李子华。又有东源井股伙张星华，因"开办一切费用，急需孔急，一时难于筹备，故约崔雨脂出资入伙合办"①。规定张姓等出圈七口，崔姓出资五万元，共同作为基金；所获利润，张姓等分享六成，崔姓四成，每六月结算一次。崔姓之款不得言及利息，但如在五万元外的新投资则认利息。张姓等所获赢利，以一半偿还其本身所欠债务，另一半则支付合伙以来的货款及崔姓垫出的基金。关于生产管理，对外经手人为崔姓，并负责"银钱收支及灶司事人员"工作；张姓等则管理"账目"及其他监督权利。但卖盐买水等重大业务问题，由双方筹商行之。合伙约有效期为三年。这是一种以不同内容的投资，来实现原则上是平等的联合经营形式。但这种双方平等经营的地位，必将随着实际资本额的不同而发生变化，即实际占有股伙较多的合伙人比较少的合伙人，在对内对外关系中拥有更大的权力。

这种形式既非共同集聚资金经营井灶，亦非井灶日份所有者之间的联合，而是井灶所有者与非所有者间的合伙，不仅促使合伙范畴的扩大，而且产生一种更现实、简单的合伙方式——合伙前、中及解体后，双方固有的资本形式不发生变化，日份归日份，现金归现金；减少了一般按日份或投资分成的纷繁核算；合伙期不长，既有利于克服一时经营中出现的困难，也不致引起更多的因合伙而产生的新矛盾。

（三）股伙间的进一步合作

从现有合伙契约来看，同一井灶股伙间的合作约有两种形式：一种是比较低级的、暂时性的联合经济活动。如东源井李文生灶、李三荣堂、林德枢堂，为了"添补零尾，以便推煎"，将李文生灶买得的本井李子才占锅份一口二分五厘加以共同分配：李文生灶得五分，李三荣堂四分一厘八，林德枢堂三分三厘二。分

---

① 自贡市档案馆藏，8-1-716-40 号卷，中华民国三十一年十月二十四日立合伙约。

拨完毕，各自煎烧，不再发生其他经济联系。(外批：所有在顶价内之半边惶桶议价壹百贰拾元，照壹口贰分五厘算，每分该洋九元六角正。文生灶独占惶桶，除本灶五分外，该出洋七拾贰元，付三荣堂四拾元另壹角贰仙贰星正，德枢堂三十壹元八角七仙贰星正。如遇洪水天，永福灶无水煎烧，即在文生灶接济。此批。刘俊才代笔。)① 另一种是比较高级的、永久性的经济共同体。部分股伙，或者为应付严峻经营局面，或者为集零为整、扩大资本，以提高竞争力，于是在由个人、或数人或数十人的股伙之上，出现了更大规模的合作。如炭灶廖积炜等人，或"自办井灶，或盐亘应派之圈子，多寡不一，又多畸零，单独煎烧既不便于集中管理，零星设备亦不合于经济原则。彼此共商，实有合作之必要"。于是决定合伙经营，共议牌名"大发灶"；每口圈子出洋一百元，共集资四千三百元；公推刘瀛洲经理惩办；每月结算一次，分报各股东；将利润盈余的十分之一，作"经理酬金及办事人奖金"②。又如，洪福井现煎火圈四十八口，因地皮火问题与地主发生矛盾，决定与双洪井合并。为使火力一致，要整理火膛，其费用按所占火圈数量摊派，并共举经手人具体承办。富生灶佃涌福井火圈一口半，租期十年；积庆灶亦佃有火圈二口九分九厘，租期仍为十年；两灶见火圈畸零分数不便煎烧，遂相互合并，共计三口五分九厘九毫。在限期内，由积庆灶主持业务，有关费用、盈亏均照火圈分派。(外批：并火淘井并整置火堂与外交等，另举经手办事人袁白川、侯策民、宋吉临、大关缪润安经手。)③

（四）尚有少数灶户与井户间达成供应合约

如刘济周占有天宝井火圈七十九口，由裕海井每日供卤官咸

---

① 自贡市档案馆藏，8-1-716-29号卷，民国十八年己巳岁阴历四月二十一日立推煎合同文约。
② 自贡市档案馆藏，8-1-744-109~111号卷，中华民国二十七年四月订合伙煎烧炭灶文约。
③ 自贡市档案馆藏，17-1-546-12号卷，民国十七年古历二月订合伙煎烧炭灶文约。

四百七十担，按其实际所需，可增可减，而价格按照时市计算。这虽然只是一种购销协定，也不失为一种跨行业的合伙形式。这些合伙方式中，人数不等，多者数十人，少则仅两人；资金数额亦相差悬殊，或者四百万元，或者三十万元。不论金额多少，都有投资机会，这就会吸引更多的人参与盐业经营行列。同时，投资者互相比较了解，因为"意气相投"才决定合伙。约内书明："愿同德同心，协谋进展，永远发达，利益均沾。"[①] 可以说，这样组合而成的投资集团，较之以买卖关系或租佃关系而结成的同一井灶的各股份占有者，更能团结合作，具有新的奋进精神。应该强调指出的是，在合伙方式不断多样化的扩展过程中，它本身的建设——各种组织和经营条规也愈加健全、完整，并通过加强股伙集团稳定的措施、附属性的股伙团体的建立，以及新型工矿企业的产生等方面表现出来。

四、盐业合伙契约的特点

从上述盐业合伙契约的内容，可以粗略地归纳出以下几个显著特点：

（一）风险责任承担方式多为有限责任

盐业合伙契约中常有"如有赢余，照股分红；尚或亏蚀，亦照股负担，以期权利、义务悉得其平……""全部建设购置需用资金，依照全灶叁股各按股份平均逗缴，以后增减依此类推。每壹股按股份派逗资本，今后照股份分红，所有一切权利、义务，按拾股分担盈亏，……"等条款，说明盐业合伙之合伙人多为建立在契约基础上的有限责任，即合伙事业有损失时，合伙人仅按出资比例分担损失，这种方式为新入股伙者提供有限责任保护，无疑为大量盐业投资者提供了良好的投资渠道，也为投资巨大的盐

---

① 自贡市房管局藏，房2-44号卷，公元壹玖五贰年捌月贰拾柒日立约。

业生产、经营提供了强有力的资金支持。

(二)合伙主体享有内部优先权

对于股伙的变化,在盐业合伙契约中常规定先内后外原则,如"伙内中途意欲发展出顶者,先尽其内,后尽其外","本合伙营业所占股份,如有中途顶让者,先由同伙内承接;如伙内无人承接,始得外让,但须先向伙内声明,批明合伙簿,始能生效"等条款[1],明确规定了合伙主体享有内部优先权。

(三)家族色彩淡化,合伙规模呈扩大趋势

中国传统的商业经营方式往往以家庭或家族为依托,即使是合伙经营也往往建立在亲族或同乡的基础之上,具有人格性和家长式的封建特征。虽然这种经营方式能够适应传统不发达经济形式的需要,但在瞬息万变的近代社会,却暴露出其弊端。又由于盐业生产经营往往投资巨大,且周期长、风险高,为顺应时变,淡化家族色彩,才普遍采取了分股合伙集资的经营方式。因而在盐业合伙中,更多的是异姓合伙,因为异姓主体间的合伙经营可以更大限度地募集资金,同时有利于分散风险,每个灵活的合伙主体可以投资多个盐井,而每个盐井均有若干合伙主体,少则3~5人,多则10~20人。这样,"以井养井"、"以井盘井",即使有某个盐井开凿或经营失败,尚有其他的盐井可以弥补损失、减小风险。正是因为这种合伙方式的改变,使得盐商们的经济实力不断增强,规律不断扩大。

(四)合伙契约内容日益规范与成熟

盐业合伙契约是关于盐业合伙主体之间关系的契约,合伙主体各自的自然状况直接影响着合伙关系的稳定;伴随着合伙的始

---

[1] 彭久松,陈然:《中国盐业契约股份制》,成都科技大学出版社1994年版。

终，必然会出现合伙关系的变更问题，如退伙、股权转让、新入伙等；同时，合伙人内部也会发生经营权、监督权等问题。因此，合伙契约的内容完备与否，对合伙关系的稳定具有至关重要的意义。对于规模较大的合伙，关系较为复杂，不可能所有的人都参与经营和决策，而应选出相应的合伙代表或经理人，如约载"对灶营业，概由经手人全权处理……""本灶赚项，以十分之五作为经手人及司事等之奖金。……经手人对于本灶如有不利之事情发生，得开股东会议另选之。"盐业合伙契约所确立的是一种长期存在的权利义务关系，即契约不仅是合伙主体间就盐业生产经营事业达成一致意思表示的证明，同时也是确定合伙主体权利义务关系的重要规则，这使得盐业合伙契约的内容日益规范与成熟。

在20世纪二三十年代，僻处一隅的这批自由组合的投资者，清醒地认识到盐业生产是"实业工艺"，应当"切实工作"，为此，特别看重管理机构的使命：它必须要富有顽强竞争的勇气和能力，要"切商应兴革"之事，要"研究将来"，要"随即指导"，以达到"兴利除弊"，这是难能可贵的。合伙是改善经营管理的手段，这种手段使零星日份相对集中，便于合理使用；合伙扩大了生产规模，减少了非生产环节，从而节省了开支、降低了成本。但更为重要的是，合伙经营创造了盐业生产完成企业化所必要的思想和物质条件，只有这种生产关系的产生，四川井盐业才可能跃进新的历史繁荣时期，这也充分说明机制对生产力发展的重要影响。我们在注意对西方法律进行移植的同时，一定不能忽视蕴涵着有助于法律实现人文精神的我国自身传统习惯的继承。[1] 我国近现代盐业契约作为重要的传统习惯之一，为当时的盐业经济发展起到了强有力的推动作用，我们观察分析盐业合伙契约的内容、特点及其历史意义，目的在于进一步完善我国的合伙法律制度，通过不断完善我国民商法中的合伙制度，最终减除对现实社会经济发展的法律阻碍。

---

[1] 支果，吴斌，曾凡英：《盐业契约论（四）——盐业合伙契约例析》，四川理工学院学报（社会科学版），2006（4）。

五、民间法意义上的盐业合伙契约

民间法问题是法学研究特别是法理学研究的一项基本课题，它涉及诸如民间法界定、民间法产生源泉以及民间法与国家法关系等诸多十分复杂但却具有实践意义的问题。各国在以本国宪法为依据通过国家法规范对社会事务进行管理的同时，势必会发生国家法规范与民间法规范的现实对接和激烈碰撞。这一过程将伴随着对法律含义之多种形式的理解，还有对法治的理解，以及实践法治的模式选择等问题的解决。特别是我国提出"依法治国，建设社会主义法治国家"的治国方略之后，概念法学法观念曾一度被学者们大量触及，于行为不合理但合法或行为合理却不合法的判决方式层出不穷。似乎只要执行了国家制定的法律才能使中国走向法制现代化而实现法治。这固然有一定道理，然而其认识片面性和结论独断性的弱点亦同时凸现出来，其根源是对民间法的认识、理解不够深入。因此，研究民间法，特别是通过一些具体的民间契约的内容和作用的分析去进一步理解民间法，对于确立民间法在法律秩序建构中的地位进而推演出权力机关对民间法应具有的基本态度，消除对民间法认识上的误区，是具有十分重要的理论和实践意义的课题。

什么是民间法？学术界至今没有一个严谨系统的权威概念。有学者认为，"民间法"（Folk Law）是在社会中衍生的、为社会所接受的规则；也有学者认为，只要它们没有官方直接或间接的正式认可，都可以被划为民间法。还有学者认为，民间法生于民间，出于习惯，产生并流行于各种社会组织和社会亚团体，表现为各种"法谚"、"法语"的行为规范。[①] 伴随着概念的多样化，国内外的社会学家、人类学家和法学家也给民间法以各种各样的称呼。当关注其权威渊源或管辖范围时，它被称作非国家法、非官方法、人民的法、地方性法、部落法等；

---

① 苏力：《送法下乡——中国基层司法制度研究》，中国政法大学出版社2000年版。

当关注其文化起源时，它被称作习惯法、传统法、固有法、民间法、初民法、本地法等。考察中国传统语汇，与"官府"相对的是"民间"，因而在国家法之外，可用"民间法"的概念来做区别。国家法"可以被一般地理解为由特定国家机构制定、颁布、采行和自上而下予以实施的法律"，而民间法主要是指："这样一种知识传统，它生于民间，出于习惯乃由乡民长期生活、劳作、交往和利益冲突中显现，因而具有自发性和丰富的地方色彩。"① 他指出国家法在任何社会里都不是唯一的和全部的法律，无论其作用多么重要，它们只是整个法律秩序中的一部分，在国家法之外、之下，还有各种各样其他类型的法律，它们不但填补了国家法遗留的空隙，甚至构成国家法的基础。人们一旦有逾越行为，就会受到来自族长为代表的宗族势力和来自本村社会共同体的谴责、蔑视和惩戒，其方式有的是加以贬抑，使其名望下降，在乡邻中抬不起头；有的是加以制裁，使其利益受到损失，如重罚和多出劳役等，更严厉的惩戒甚至还包括处死。这些人情、礼俗、宗法、习惯或有明文规定或由相应约俗而成，它具有多样的形态，"它们可以是家族的，也可以是民族的；可能形诸文字，也可能口耳相传；它们或是人为创造，或是自然生成，相沿成习；或者有明确的规则，或者更多地表现为富有弹性的规范；其实施可能由特定的一些人负责，也可能依靠公众舆论和某种微妙的心理机制"。② 乡民们在对待和处理公共生活的冲突和纠纷时，宁愿求助于区域内的人情和礼俗，而不愿求助于国家的"王法"。可见，民间法是独立于国家法之外的，是人们在社会中根据事实和经验，依据某种社会权威和组织确立的具有一定社会强制性的人们共信共行的行为规范；或指独立于国家制定法之外，在社会中衍生，为社会所接受的，在社会中实际起到维护社会秩序的作用，潜在的指导人们行为的民间社会规范的总称。③

---

①、②、③ 王青林：《民间法基本概念问题探析》，上海师范大学学报，2005（11）。

从我国的传统立法上看，一向是重刑轻民的。而且，大多数民事关系的规范也体现在刑事处罚上，即国家法只注重公法领域，而如民事关系这样的"私法"领域，国家法很少涉及。但值得注意的是，在古代的民事关系中并非是无秩序的，而是以民间习惯或宗族法等民间法来调整的。在清末民初，我国曾经进行过一次大规模的民间民事习惯调查活动。其调查结果表明。民间习惯的调整范围涉及物权、债权、侵权、婚姻等几乎全部民法领域。而且民事习惯的存在数量之大和范围之广也相当惊人。同时，以成文形式出现的宗族法，更是作为"封建国家法律的重要补充形式"。① 宗族法直接调整宗法性财产关系、婚姻家庭和继承关系，确认、维护封建身份等级制度，维护封建社会秩序。由此我们可以看出，在我国相当长的一段历史时期内，正是由于民间法与国家法的共同作用，从而造就了世界上最稳定的封建社会秩序。我国的乡土社会保持了上千年之久，至今也不能说完全改变。民间法在中国社会中是有着相当深远的历史传统的。在现代法治社会中，国家法具有普遍性和权威性的特征，因为"法律的对象永远是普遍性的……法律只考虑臣民的共同体及抽象的行为，而绝不考虑个别的人以及个别的行为"②。现代的国家法对社会生活的覆盖面是非常广的，即便在偏远的农村也要接受国家法的调控。从逻辑上讲，民间法似乎应被国家法所取代，然而时至今日，国家法还不能做到"包罗万象"。但由于乡土社会具有一定的分散性和封闭性，使其仍处于国家权力的边缘地带。同时，因为国家法自身存在的缺陷和供给不足，使得民间法在这样的社会中发挥着法律替代作用。民间法的存在，代表或满足了一定区域、一定人员的法律需求，有其合理的价值和生存的时间、空间基础。在法律还不健全、不完善的法治社会初级阶段，应当允许民间法或其精神的存在。正如 R·塞登所说："这些规则尽管从来没有被设计过，但保留它

---

① 佚名：《论民间法对国家法的排斥及其前途》，兴华网 http://www.1911.cn，2005-11-20。
② 梁治平：《中国法律史上的民间法——兼论中国古代法律的多元格局》，文史知识，1997（2）。

对每个人都有利。"① 由此可见，就民间法的价值而言，具体又主要体现在以下"三性"上：

（一）弥补性

通过对权利义务的界定，法律调整、控制和引导人们的行为，是社会控制的一种手段。法律越系统、完备和充分，对社会的控制也越有力、有效。但是由于地区之间社会经济、文化发展的不平衡，任何法律都不可能作"一刀切"的简单规范，再精细的法律也不可能做到对社会的完全覆盖，对市场化过程中的种种交易或交换活动给以精确规定。② 法律不可能做到事无巨细的概括无余、包罗万象，因为法律毕竟只是为社会生活提供一个模式和框架，其控制功能总是有限的。因此，法律规范在社会结构中存在着真空区域是很难避免的。从社会学观点看，法律依据于客观现实，来源于实际需要，是对社会关系中的权利义务进行明确、肯定和具体的调整，即使再健全的法制也无法像习惯一样渗透到人们的衣食住行中去，表现在日常生活的各个领域。因此法律的"真空"就必然为民间法留下生存的空间，民间法的存在也正弥补了国家法留下的"真空"，完善了社会控制体系。

（二）转化性

民间法深深根植于人们的社会生活之中，对现实生活的变化反映相当灵敏。一些起初作为规避国家法的民间法，后来常常作为一种制度创新被国家法所接受，比如当年的包产到户，后来发展成为家庭联产承包责任制并为国家法所认可。这种经过国家立法机关认可、吸收、转换为国家法的民间法，对于法治社会的建设和我国人民法律信仰的形成有着巨大的推动作用。如我国台湾地区民法典第一条规定"民事法律所未规定者，依习惯、无习惯

---

① [法]托克维尔：《论美国民主》（上卷），商务印书馆1988年版。
② 李传：《民间法与法律文化方法》，山东大学学报，2005（6）。

者依法理。"这里人民生活习惯的效力，是优先于法学家的法理的。

(三) 便利性

国家法体现出复杂的程序性。国家法的适用总要通过复杂的司法程序，这就给纠纷的解决增加了成本。而民间法是根据习惯行为，通过一代又一代的传承沿袭而创立的，它们通过人们反复适用，逐渐被人们认同为特定主体所选择、接纳、共享的资源并经过长时间的积累选择，它凝聚着人们的心理智力与情感。它在社会的特定领域中有着普遍的认同感，这种高度的认同感，使得纠纷解决变得便利。①

当然，民间法也不是十全十美的制度，相反它也存在着许多局限：

1. 民间法的适用范围是有限的，有边界的

民间法更多的是在相对封闭和相对熟悉的熟人社会里或者特殊的人际关系时采用，其出自特定的社会区域，只对该地区的成员（并不一定是所有成员）有效，作用范围有限。在一定的边界范围内民间法是一套节约交易成本的有效装置，但超出一定的边界，民间法的作用就不大了，或者就得适用另一套民间法了。可见，民间法更多只能在特殊类型的社会关系中，如地缘关系、行业内部、亲缘关系、熟人社会、民间组织网络时起作用，超出了这个边界，民间法也就失效了。

2. 民间法多数本身是不成文的、非正式的

如本书所述盐业合伙契约，就是在井盐开发和生产经营的历史中，在生活实践中逐步自发形成的，其产生主要是通过契约、

---

① 佚名：《论民间法对国家法的排斥及其前途》，兴华网 http://www.1911.cn，2005-11-20。

口头、行为、心理进行传播,它的实施主要靠俗成行规、情感良心的认同和社会舆论的保障。民间法不像国家法那样具有严格的制定程序和文字表现形式,因此,这种非正式的表现形式在一定程度上影响了民间法的稳定性和权威性。

3. 民间法具有地域性、特定性,不适应现代市场经济的发展需要和人与人交往复杂、频繁的现实

现代市场经济的发展,客观上要求形成统一的市场,各市场主体需要在统一的市场中有一套能够普遍适用的行为规范进行交易。而民间法却有明显的地域局限性,这样在客观上容易形成地区与地区之间的隔阂。市场主体只能在一地用一地的民间法,到另一地又学习另一套民间法,增加了交易的成本。① 由于民间法自身的地域性、局限性等缺陷,决定了其不可能取代国家立法地位。特别是市场经济的飞速发展,客观上要求形成统一的市场,各市场主体需要在统一的市场中有一套能够普遍适用的行为规范进行交易。法律的公开性、普遍性以及行为的可预见性都是必不可少的,而这一切只有国家法才能做到,民间法代替国家法是不可能的。② 同时,我们又要避免另一种极端,即认为中国的民间法无论形式、内容、结构功能都是"落后"的,与现代国家的要求相去甚远,应该从根本上对民间法予以否定、摒弃,并完全用国家法取而代之。持这种观点的人是将法律的现代化,简单地看作是一种立法和法律组织机构的变革,一旦变革就以为旧的制度已经消失,还有他们在对中国民间法传统的批判中不自觉地采用了一种法律虚无主义的态度,他们用西方现代国家法的模式和标准否认传统文化传承下来的民间法。③ 在此基础上,他们认为只要严格执法,同时进行教育,就可以建成现代法制。因此,他们

---

① 王学晖:《国家法与民间法对话和思考》,现代法学,1999(1)。
② 刘作翔:《具体的"民间法"——一个法律社会学视野的考察》,浙江社会科学,2003(4)。
③ 王洪丽,桂梁:《民间法:一种法的社会学视角》,东方论坛,2004(4)。

看不到中国社会中民间法的巨大力量，以及在此基础上建立现代化统一法制的艰巨性和长期性。基于这种认识，对中国法制现代化的期望自然偏高，而失望之余他们变得格外激进，责备民众的愚昧无知。然而这种观点显然是错误的，那种认为中国传统法律已随着逝去时代而废弃无效的论点是天真的，而那种认为适用民间法排斥国家法的人民群众是愚昧无知的保守顽固的看法是所谓精英的贵族思想的反映。列宁曾经教导我们"假使我们以为写上几百个法令就可以改变农村的全部生活，那我们就会是十足的傻瓜①。"而且"我们既是民主政府，就不能漠视下层人民的决定，即使我们不同意②"。在笔者看来，国家制定法和民间法之间必须尽力沟通、理解，在此基础上相互妥协、合作，这样才可以避免更大的伤害，获得更大的收益，而不是按照一种单一的法制模式来构建当代中国法制。

法律既是整个社会的结构和习惯，自下而上发展，又是在社会统治者们的政策和价值中自上而下地移动，国家法的制定就必须以人民的需要和社会的要求为标准。而民间法正是由社会衍生，为社会接受的行为规范，对民间法的整理和吸收正是了解人民社会需要的一条捷径。国家法吸收民间法并不是指国家法对民间法的单纯改造，而是两者互动的、相互理解、相互沟通，最后达成一种整合的状态。必须指出，在这两者之间，国家制定法做出妥协也许更为重要。因为国家制定法往往由系统化、理论化的现代化法制和国家强制力为后盾，居于强势地位，因此往往忽视这种交流和沟通，不愿妥协和合作，而试图将所谓的现代化法制强加于民间，而民间法没有国家强制力和系统化形式支撑，往往更为灵活，易于妥协。因此，强调国家法理解民间法并在实践中努力寻求沟通就更具重要性。我国近现代的法律制度可以说是官方成文法与民间习惯法并存，其成文法的主体继承了中华法系发展的历史传统，而在习惯法的层面上，也呈现出中国古代法律发展的

---

① 杨仁寿著：《法学方法论》，中国政法大学出版社1999年版。
② 朱苏力：《法律规避和法律多元》，中外法学，1993（6）。

充分延续状态。作为一种"普遍性判断标准",我们也可以在广义上将习惯称之为"法律渊源",从这个意义上讲,习惯也构成习惯法,而民间契约则成为习惯法的重要表达方式。习惯法又由成文习惯法和不成文习惯法所构成。从总体上看,成文习惯法的适用范围非常有限,而不成文习惯法却具有普遍适用的价值,许多不同地区的民间契约都具有共同的习惯表达更清楚地表明了这一点。不成文习惯法的内容已经远远超过家庭和宗族事务的范围,而涉及民事、商事活动的各个领域,并且有着自己独特的运作机制,这种宗法社会和乡村自治为习惯法的运行又提供了制度性基础。然而,大多数习惯法一方面以社会的主流意识形态作为其规范的基础,另一方面也借助官方的司法系统来维系自身的存在。官方的司法制度对宗族的或行会、商会的习惯法予以承认,并且通过正式的审判使其得到强化,从而表现出官方制定法体系与民间习惯法体系在多个层面上的融合。在这一制度框架下,中国古代民事法律制度经过历代的发展,至近现代已经具备了自己独特的体系构架,并且已经形成了基本的民事权利概念体系。[①] 在清代和民国的民间契约中,这一概念体系主要包括"业"、"卖"、"伙"、"保"等基本内容,以及与此相关的其他权利概念,盐业合伙契约作为其中"伙"的典型代表之一,属于一种以民间特色为基础的契约制度,为当时业权的享有和流动提供了具有强有力的保障,这种保障又因为官方制度法在一定阶段上的介入而得到强化,在这一权利体系框架下,民间社会发挥了充分的创造性,将对业权的利用发挥到了极致。

六、完善我国民商法合伙制度的思考

(一) 合伙企业法修改的必要性

1997年2月我国合伙企业法出台时,因处于社会主义市场经

[①] 杨仁寿著:《法学方法论》,中国政法大学出版社1999年版。

济体制建立初期，受当时的条件和认识局限，立法只对普通合伙，即所有投资者都对企业债务承担无限连带责任的合伙作了规范。尽管如此，合伙企业法的实施，对于确立合伙企业法律地位，规范其设立与经营，保护合伙企业及其合伙人的合法权益，鼓励民间投资，促进经济发展，都发挥了积极作用。该法实施以来，新设合伙企业近6万家，连同此前设立的合计有12万家，解决了近200万人的就业，并在一定程度上方便了人民群众的生活。[①] 与此同时，由于合伙企业法限定的调整范围过窄，也影响到作用的充分发挥，而且随着社会主义市场经济体制的逐步完善，经济社会生活中出现了一些新的情况和问题，加之民间投资、风险投资以及专业服务机构发展对合伙组织形式的不同需要，使其难以适应当时经济与社会的发展要求，伴随着我国经济与社会生活的发展和市场经济体制的逐步完善，迫切需要对合伙企业法进行修改。十届全国人大常委会第二十三次会议于2006年8月27日表决通过了修订后的《中华人民共和国合伙企业法》，这部将于2007年6月1日起施行的新合伙企业法，可以说是我国民商立法中的一件大事，它的修订是非常及时和必要的。

第一，它是促进民间投资的需要。随着市场经济体制的建立，政府投资正在逐步退出竞争性投资领域，客观上需要大力发展民间投资。民间投资的投资人因投资形式、经营理念、资本额度等条件限制，需要法律提供多种不同的组织形式，包括合伙中的有限合伙、有限责任合伙、法人合伙等供其选择。

第二，它是发展风险投资的需要。建立创新型国家，需要大力鼓励自主创新的企业组织形式。国内外经验表明，吸引民间投资、鼓励技术创新的有效方式之一是风险投资。风险投资是20世纪60年代快速发展起来的一种股权投资方式，它主要投资处于创业阶段且具有快速成长可能的科技型中小企业，对促进其技术开发、创业发展和资金融通发挥着重要作用。风险投资常用的组织形式是有限合伙，但由于合伙企业法未规定有限合伙，而且有的条文对有限合

[①] 杨仁寿：《法学方法论》，中国政法大学出版社1999年版。

伙形成直接限制，使我国风险投资难以采用这一制度。

第三，它是有关专业服务机构发展的迫切需要。在市场经济体制建立中，我国出现了大量会计师、资产评估师事务所等专业服务机构。它们以其掌握的专业知识和信息为客户提供服务，既满足不同客户的服务要求，又促进其自身的发展。这类机构在我国第三产业中具有越来越重要的地位，迫切要求或者已经采用了合伙制。一方面，虽然我国注册会计师法等专门法律规定这类机构可以采用合伙制，但却未对其设立、事务执行、入伙退伙、解散清算等具体内容作出规定。另一方面，一般合伙要求所有合伙人都承担无限连带责任。但由于各种专业服务机构没有多少资本，仅以其专业知识与信息为客户提供专业服务，要求每一个人都对合伙债务承担无限连带责任，导致了许多无过错合伙人承担因其他合伙人过错所带来的连带责任，特别还要求全体合伙人对异地分支机构合伙人独立开展业务所引起的债务也负连带无限责任，从而限制了这类机构的发展。而且，大量国外会计师事务所、律师事务所等专业服务机构相继进入我国开展业务，他们绝大多数采用有限责任合伙制度。由于我国立法没有相应制度规定，既不利于他们在我国的商事登记，又因登记为有限责任公司而降低了对我国客户的风险承担能力。[①] 为此，迫切需要修改合伙企业法，增加有限责任合伙规定，以适应明确采用合伙制的专业服务机构对合伙企业法的需要。

(二) 合伙企业法应修改的主要内容

1. 增加有限合伙制度

有限合伙是承担无限责任的合伙人与承担有限责任的合伙人共同组成的合伙。这种合伙在至少有一名合伙人承担无限责任的基础上，允许其他合伙人承担有限责任，它将具有投资管理经验或技术研发能力的机构和个人，与具有资金实力的投资者有效结

---

① 朱苏力：《法律规避和法律多元》，中外法学，1993（6）。

合，既激励管理者全力创业和创新，降低决策与管理成本，提高投资效益，又使资金投入者在承担与公司制企业同样责任的前提下，获取更高收益。① 有限合伙主要适用于风险投资，它使承担无限连带责任的合伙人在企业中行使事务执行权，负责企业的经营管理，并规定有限合伙人依据合伙协议享受投资收益，对企业债务只承担有限责任，但不能对外代表合伙，也不直接参与经营。

2. 增加有限责任合伙制度

有限责任合伙是普通合伙的一种特殊形式，在这种合伙中各合伙人仍对合伙债务承担无限连带责任，但这种责任仅局限于合伙人本人业务范围及过错，即对企业形成的债务属于本人职责范围且由本人的过错所导致的方承担无限责任，对于其他合伙人职责范围或过错所导致的债务不负连带责任。这种制度使有关专业服务机构的合伙人避免承担过度风险，有利于其发展壮大和异地发展业务。根据有关专业服务机构发展和国外相关机构进入我国开展业务的情况，有必要增加"有限责任合伙的特殊规定"，就有限责任合伙的定义、专业服务机构合伙人的责任等内容作出规定。由于有限责任合伙限定了合伙人对合伙企业债务承担无限责任的范围，客观上需要增加对客户和第三人的补充保护制度。为此，应要求有限责任合伙机构从业务收入中提取一定比例资金，建立执业风险基金，用于偿付由执业责任形成的债务。

3. 明确法人可以参与合伙

法人合伙即由法人机构参与合伙投资，成为有限或者无限合伙人。现行合伙企业法对法人合伙的规定不够明确。根据对该法人合伙人必须是无限责任者的要求②，在现实生活中并无法人企业参与合伙。由于合伙企业是一种比较方便的投资形式，法人参与合伙可以使公司等企业法人利用合伙企业形式灵活、合作简

---

① 杨仁寿：《法学方法论》，中国政法大学出版社 1999 年版。
② 王洪丽，桂梁：《民间法：一种法的社会学视角》，东方论坛，2004 (4)。

便、成本较低等优势实现特定目的,也有利于大型企业在开发新产品、新技术中与创新型中小企业进行合作。

4. 确认隐名合伙形式

隐名合伙是指隐名合伙人依其与出名营业人所订立的协议,以其财产出资,不参与经营,但以其出资的财产承担有限责任的合伙。① 新合伙企业法增加的有限合伙和有限责任合伙制度,实际已为隐名合伙奠定了基础,但条文并未明确承认隐名合伙形式。笔者认为,增加隐名合伙会以更加灵活的形式让民间各种财源充分地涌流,特别是为民营经济提供了更加强大的资金支持。当今世界许多国家、地区在其法律中也规定了隐名合伙制度,尤其在市场经济发达和成熟的国家、地区,隐名合伙存在的合理性和好处早已被证实,我国在这方面的立法却大大滞后了。隐名合伙同已经确认的有限合伙一样都是合伙发展到一定阶段的产物,是合伙的高级形态,故将其纳入到合伙制度当中,更符合合伙的特征及其发展规律。② 反对者认为不应将隐名合伙纳入到合伙制度当中的理由,主要在于隐名合伙未作登记而从法律特征上更多地表现为一种债的关系,实践中很难防止国家公务员的经商行为,从而不利于我们反腐倡廉的国策的施行。其实,即使有国家公务员或以其家属的名义参与隐名合伙,他也只是以民事主体的身份享有合同规定的权利和履行合同所规定的义务,只要其财产来源合法、正当,在合伙中作为隐名合伙人而不直接或者间接地参加合伙事业的经营,法律就不应当禁止国家公务员作为职务外一名普通民事主体参加隐名合伙③,这与国家公务员以权经商、以权谋私不可同一而论。这些特殊主体的违法行为应由公务员法等公法来调整,而不应当混淆两类完全不同的法律关系。在市场经济条件下,确立隐名合伙制度主要具备以下几个优点:

---

① 蒋慧:《关于隐名合伙的法律思考》,广西大学学报,2001(6)。
② 陆国庆,邢炜军:《我国建立隐名合伙制度可行性初探》,中国社会科学院研究生院学报,1996(1)。
③ 陈华彬:《隐名合伙的性质、特征及立法建议》,法律科学,1993(2)。

第一，确立隐名合伙制度有利于将一部分闲散资金吸引到一个新的投资领域。一般来说，普通合伙一方面要求合伙人应当具备一定的经营管理能力，另一方面要求合伙人亲力亲为，亲自投入精力和时间。而许多人由于主客观条件的限制或工作环境的影响，不能或不愿亲自参与投入精力和时间，也就不能入伙。因此，隐名合伙可为一些愿意直接投资的人提供方便并消除顾虑。

第二，确立隐名合伙制度有利于规范投资行为，保护投资者和经营者的合法权益，同时也保护第三人。同时，可以理清混淆的法律关系，避免或减少投资纠纷，维护交易安全。

第三，隐名合伙制度有利于解决司法中的疑难问题。在司法实践中，隐名合伙实际存在且纠纷日益增多，而我国没有确立隐名合伙制度，导致纠纷的司法解决无法可依，随意性大。若建立起隐名合伙制度，应当可以克服当前这种就同一性质之纠纷产生两种不同判决结果（不合法理）的不正常现象，切实保护作为隐名合伙人的投资者的合法权利。①

此外，新合伙企业法虽然确定了一个基本的责任形式，但一些技术问题却尚未涉及，需要进一步出台相关司法解释和行政法规加以规范，就目前的初步思考来看，除以上增加隐名合伙建议外，笔者特提出以下一些问题请教于同行并留待以后进一步深入探究：

① 企业明示"特殊的普通合伙"这个名称能不能对顾客起到足够的提示作用。这个特殊且奇怪的名称没有明确地表明合伙的责任形式，顾客的知情权可能因此受到损害。

② 合伙的合并与分立问题。普通合伙分立成特殊普通合伙与普通合伙，或者特殊普通合伙分立成特殊普通合伙与普通合伙，以及特殊普通合伙与普通合伙合并成普通合伙或特殊普通合伙等，其中产生的一些问题该如何处理目前并无规范。

③ 合伙人对他监督的人是否承担责任，新合伙企业法里完

---

① 蒋慧：《关于隐名合伙的法律思考》，广西大学学报，2001（6）。

全没有涉及，这就给合伙人提供了一个可能逃避和转嫁责任的途径。

④ 普通合伙转化为有限责任合伙的问题。理论上说，既然采取新的组织形态，合伙协议必须修改，这样只好解散原来的合伙，成立新的合伙。由此引发的其他问题，如收益确认、税务处理等是否已经有特殊规定，这些都还存在空白。而解散原合伙成立新合伙的成本相当大，直接转换是否可以，以及如何直接转换、直接转换中的具体问题怎么处理，这些都是需要进一步深入研究的问题。

总之，作为独具民族特色的重要习惯法的盐业合伙契约，以其灵活多样的盐业合伙模式极大地促进了当时盐业经济的发展。而今，我国的合伙制度也应随着社会和经济环境的发展变化而与时俱进，为经济社会的发展提供良好的法制环境。只要社会存在符合社会发展的需要，在其需要制度认定的情况下，法律就必须适应其需要，而不应人为地设置阻碍。"法律原本是社会结构的一部分，每一项法律制度都应该积极发现和承认合理的社会存在而不是人为设线控制之。"① "民法的准则只是以法律的形式表现了社会的经济生活条件。"② 因此，为适应市场经济的需要，有必要进一步补充完善新合伙企业法，相信通过中外法律文化理论研究的推动，我国的民商法及其合伙制度一定会更加完善，必将极大地促进我国经济社会持续、健康、快速地向前发展。

---

① 黄名述，张玉敏主编：《罗马契约制度与现代合同法研究》，中国检察出版社2006年版。
② 江平，龙卫球：《合伙的多种形式和合伙立法》，中国法学，1996（3）。

第四章 盐业借贷契约论

一、盐业借贷契约的主要内容

盐业借贷契约无疑属于契约法的范畴，早期契约法通常就被看做是合同法的前身。在合同法占据主导地位的今天，有人认为契约法正在死亡，一般合同条款立法对定式合同的限制和其他的国家立法与商业惯例等对契约条款的一般限制，使得19世纪奠定的契约法的至高无上的原则——契约自由变得有名无实或日趋衰落。① 20世纪以来商业发展的广泛性与复杂性，使交易的连续性代替了19世纪相对封闭与简单的自由经济基础上的交易封闭性与独立性，成为契约法新的经济基础。资金的供需一直是经济社会的重要课题，盐业经济同样离不开借贷等资金流转活动，借贷通常是由借方向贷方借用资金的行为，借贷契约从法律意义上讲，是借贷双方针对这种借钱行为所约定的、以双方的权利义务为主要内容并具有法律效力的文书。盐业借贷契约是围绕盐业生产经营等经济活动而进行借贷的早期法律文书。体现于川南特别是自贡盐业合资经营的盐业契约，自18世纪前期至20世纪中叶，两百年间经过反复运作，获得了充分发展，契约类型呈现出多样性，包括借贷契约在内的我国近现代盐业契约，可以说基本属于成于民间、行于民间的不成文法。在当时国家并无完整立法的时期，盐业经营者们达成共识、约定俗成，因此，对当事人具有约束力，尽管这种民间的不成文法不可避免地带有粗疏性，但盐业借贷契约作为一种

---

① 傅静坤：《二十世纪契约法》，法律出版社1997年版。

具有民族特色的契约，无论在基本内容还是在担保措施方面，都具有较为周全的考究。

二、我国盐业借贷契约与借款合同的比较

在法律意义上，借贷是指由贷方与借方成立一项借贷契约，即贷方将金钱所有权转移给借方，到期时由借方返还同额的钱等。盐业借贷契约反映了民间显性和隐性的这种金钱借贷关系，其因金钱借贷所发生的纷争乃至盐业诉讼时有发生，在投资风险较大的井盐开采和生产过程中更是如此，有关盐业借贷文书的内容条款往往成为事后解决该类纠纷或盐业诉讼的重要凭据。所以，为了确保贷方权益，使钱贷放出去不致平白损失，一般而言，债权人在盐业借贷契约中通常要反映以下基本内容：

（一）立借据或书面契约

虽然当时法律上并未要求金钱借贷契约必须立字据，盐业契约只要双方当事人对借贷有关事项达成合意就已成立。但是，为了杜绝事后纷争，盐业资本家之间在借贷时习惯于立好书面凭据，以免口说无凭，徒增困扰。如盐业借贷契约中常有"恐口无凭，立借约一纸。"；"……此系双方合议，恐口无凭，立预佃火圈合约二纸分执为据。"字句。

（二）盐业借贷契约记载比较详明

盐业借贷契约往往在书面上清楚载明下列事项：

借贷双方当事人的名称；借款的全额及利息；立据日期；凭（见）证人以及借款人的亲自签名等。如"立借押约人王卓如，今凭证借到曾沛霖、钟荣三名下生角洋陆百元正，当即亲收入手，并无少欠角仙。比日三面议定：每月每百元行息洋叁元照算，如头利不清，愿将己下所有井业抵押——即成海井，一概请黄敬安

负责付还，不得异说。恐口无凭，立借押约一纸为据。凭证黄引之、郭选青同在；经手负责人黄敬安；立借约人王卓如"。① 寥寥半文半白数语，可谓将借贷契约应具基本条款具言。

（三）金钱交付有凭据

金钱借贷契约，必须有金钱的实际交付才会发生效力。贷款人将借贷款项交付借款人时，往往以可记载的方式为之，并书明以借款人为接受款项的人。

（四）约定借款担保

盐业借贷契约常以抵押和保证人等方式来体现，如上文有"如头利不清，愿将己下所有井业抵押——即成海井，一概请黄敬安负责付还，不得异说"。许多文约末常有"凭证某某某或见证某某某"等字样。

1. 盐业借贷契约的基本内容

再举两个相对完整的盐业借贷契约为例说明其基本内容：

盐业借贷契约例1：立押借字约人毛德三、毛绍文，因事需款，取得弟兄叔侄内容同意，今凭中证借到李清吉堂名下所收刘李瑞珍所约十三太保会洋实足生角洋壹千元，钟荣三名下生角洋陆百元正，当即亲收入手，并无少欠角仙。还洋之日，洋币如有变更，亦须逗凑实足成交。凭证议定：每月共行息角洋叁拾元正，其洋定借壹年，其利按月支付。当将德三、绍文置买之盐锅老刀红锅九口，现在自井新叉团裕源井鼎发灶煎烧，提作此项债务单纯抵押品；凡属德三、绍文前此今后税捐、债账，其他一切交涉，概不与所押此项红锅九口相染。其利即由锅租按月现付；如锅租

---

① 自贡市档案馆藏，42-3-696-50号卷，民国十五年阴历新正月二十四日立借押约。

不足，仍由德三、绍文补足。以后本利不清，任随债权李姓将锅移卖归收。本利有余，德三、绍文归回，不足毛姓补足。恐口无凭，立押借字约为据。

凭证庄首 李庶咸 陈致君……等
立押借字约人 毛德三 毛少文

（注释：民国十九年九月二十八日，毛德三、毛少文因家庭公共讼事，需款孔急，特托李容光转央李清吉堂于原借壹千元之外，再加借现款角洋贰百元，每月仍以三分行息，连前共计每月行息叁拾陆元，概以原押盐锅九口作抵押，每月仍据锅租叁拾陆元恰付利息。恐口无凭，批原字为据。毛德三有押。毛少文本笔批。同在。）①

盐业借贷契约例2：立押借文约人众荣灶经手周金和，今凭证借得刘焕诗名下银洋贰千玖百元正。比日三面议明：每百元每月行息洋叁元照算，其洋系借作多福井开班日份三天之欠款——缘由金和所占多福井三十班内日份贰天半，邓治勤所占半天，共计昼夜日份三天，共欠三十班洋贰千玖百元。兹由金和负责此贰千玖百元，将三十班欠款还清，将日份开出三天交与刘信押借承管；每月所赚红息除应付利息而外，所余者准作借款，金和不能支用分厘，其头利限期明年九月内结明补楚，将日份三天赎回。倘若井有耽延，应派缴用概由金和负责，不与刘姓相涉。恐口无凭，特立押借文约一纸为据。

见证 陈紫春 赵卓然……等 同在蔡稚阶 笔
立押借文约人 众荣灶经手周金和

（注释：民国十七年戊辰岁正月二十二日批明：邓治勤半天欠洋四百元，如将此款还清，日份该邓姓收回。其余贰千五百元，该金和负责还清，不与邓姓相涉。此批。周金和、邓治勤、邓仕成笔同在。）②

---

① 自贡市档案馆藏，42-3-987-2号卷，中华民国十六年丁卯古历十月二十八日立借押约。
② 自贡市档案馆藏，17-1-531-2号卷，中华民国十六年丁卯岁全月十五日立借押约。

从上可知，盐业借贷契约虽然从内容上看较为简单，但其基本要素却通过简明的语句予以表达。相比较而言，现代借款合同的内容则相对完整和系统，这是法治年代立法日趋严密性的具体体现。借款合同是贷款人向借款人提供借款，借款人到期返还借款，并向贷款人支付利息的合同。除了亲戚、朋友、同事相互之间的借款合同之外，现今大部分借款合同的贷款人（出借人）是银行或信用合作社。借款合同的相对完整和系统从以下内容即可体现：

① 种类。主要是指金融机构作为贷款人的情况下，针对不同种类的借款实行不同的政策，根据借款人的所有制性质、产业属性、借款的用途以及资金的来源和运用来确定借款的种类。比如，根据借款的期限可以划分为长期借款和短期借款；从贷款用途上划分为工业借款、农业借款等。

② 币种。主要是指借款是人民币还是某种外币。

③ 用途。主要是指借款使用的目的。根据我国现行的金融政策，向金融机构的借款应当专款专用，以保证借款在金融机构的监督下及时收回。

④ 数额。是指借款数量的多少。应当包括借款的总金额以及在分批支付借款时，每一次支付借款的金额。

⑤ 利率。是指借款人和贷款人约定的应当收取的利息数额与所借出资金的比率。

⑥ 期限。是指借款人在合同中约定能使用借款的时间。当事人一般根据借款人的生产经营周期、还款能力和贷款人的资金供给能力等，约定借款期限。根据中国人民银行1996年颁布的《贷款通则》的规定，自营贷款期限最长一般不超过10年，超过10年的应当报中国人民银行备案。票据贴现期限最长不得超过6个月，贴现期限为从贴现之日起到票据到期日止。公民之间借款的期限由当事人自行约定。

⑦ 还款方式。是指贷款人和借款人约定以什么结算方式偿还借款给贷款人。以上所列举的合同内容仅是一些具有借款合同特点的条款，除了以上七项内容外，借款合同的当事人还可以对其他需要约定的内容作出约定。

2. 盐业借贷契约和借款合同在基本内容上的相同点

通过对盐业借贷契约和借款合同的粗略比较可以看出，两者在基本内容上具有一些相同点：

① 两者均为诺成合同。传统民法学认为，消费借贷款属于要物合同，即合同的成立，不仅要双方达成合意，还必须以标的物的交付作为合同的成立要件。民法学界通常认为，我国的借款合同应理解为诺成合同而不是要物合同，即只要双方当事人就借款合同的主要条款达成合意，借款合同即告成立。盐业借贷契约和借款合同一样，其标的物都是金钱并且具有诺成性。

② 两者都是双务有偿合同。双方当事人互享权利、互负义务。贷款人负有按合同约定拨付款项给借款人的义务，借款人负有按期还本付息的义务。

③ 两者都讲求借款利息回报。借款人和贷款人通常都有寻求利息回报的相关约定，只不过借款合同常以利率反映，而不像盐业借贷契约那样常以绝对利息额或相关实物偿还（即所谓"井债井还"）的形式体现。

3. 盐业借贷契约和借款合同在内容上的不同点

通过比较还可以看出，盐业借贷契约和借款合同在内容上还存在着一些不同：

① 当事人范围不同。在借款合同中，贷款方只能是金融机构或者自然人，涉及借款的主体具有多样性，并规定一级企业之间不能相互借款，盐业借贷契约则无此限制，其通常发生在自然人与自然人之间。

② 计划性差异。金融机构订立借款合同时必须严格执行国家的金融政策，以保证国家的信贷平衡和资金管理。借贷契约更反映出民间性的特征，谈不上所谓计划性问题。

③ 表现形式要求不同。借款是一项重要的民事活动，采用

何种形式订立合同，对于明确双方当事人的权利和义务，减少纠纷的发生有着重要的作用。借款合同涉及的法律关系往往较为复杂，因此一般为要式合同，即除自然人之间借款另有约定外，借款合同应当采用书面形式。对于金融机构的借款，我国法律、行政法规都规定应当采用书面形式，其目的是明确金融机构与借款人的权利和义务，保障金融机构信贷资金的安全。订立借款合同已成为金融机构贷款业务的必经程序。明确除自然人之间借款合同可以约定合同形式外，金融机构与借款人的借款采用书面形式。金融机构应当依据该规定与借款人订立书面借款合同。自然人之间借款既可以采用书面形式也可以采用口头形式，当事人可以根据合同是否有偿等具体情况选择订立合同的形式。① 盐业借贷契约尽管多以书面形式体现，但当时并无明文规定必须采用书面形式。

④ 利息偿还方式有所不同。根据传统民法理论，借贷合同一般分为使用借贷和消费借贷，其中使用借贷是指无偿将物品或者金钱借给一方使用的合同，又可称为借用合同。消费借贷是指有偿地将物品或者金钱交给一方使用的合同。借款合同是沿用了我国合同法的概念，仅指消费借贷中借钱的内容，利息偿还通常也以金钱形式体现。以传统民法理论的观点看，盐业借贷契约既属使用借贷也属消费借贷，从债务清偿的井债井还制度可以说明这一点。所谓井债井还，是指合资井业的债务一律由井业以其全部资金担保并负责偿还，如出现资不抵债的情况，除拖付外，一般用高估井业存留资产的办法来抵冲债务，则债权人所得偿资只是一种折偿资，但无论拖延付也好，折付也好，总之与其井日份或锅口持有人即股东无干，股东没有义务在他的既有投资之外，再以他的其他财产来偿付包括借贷本金和利息在内的井业债务，而井业的债权人也没有权利直接向单个股东索付偿金。②

---

① 谢怀栻：《合同法原理》，法律出版社2004年版。
② 彭久松、陈然：《中国盐业契约股份制》，成都科技大学出版社1994年版。

另外，盐业借贷契约和借款合同还存在着其他一些不同点，如前者属于不成文法，而后者属于成文法；前者不仅涉及借贷关系，而且还与复杂的盐业股份变化交错使用，而后者则仅涉及单一的借款问题；前者书面条款较为粗疏并无稳定的格式，而后者条款较为严密，具有比较统一的格式等。

三、我国盐业借贷契约与借款合同的担保制度比较

担保制度是指为了确保债权的实现而设定的促使债务人履行其债务，保障债权人的债权得以实现的一系列法律保证措施。盐业借贷契约作为早期合同竟然具有和现代合同法几乎一致的担保方式，虽然其具体内容不如借款合同完整和严密，但作为具有中国本土特色的担保制度，却与多属拿来之合同担保制度有着惊人的相似之处，这从一定程度上表明中国——这个未经历资本主义发达商品经济社会的民族，竟然没有过具有自身特色的、人类所共有的商品经济的精华，而这正是我们从法律的角度研究盐业契约问题时应当努力发掘的价值之一。

（一）盐业借贷契约的担保方式

盐业借贷契约在担保方式上一般有抵押、取得质权和确定连带保证人三种：

第一种是取得抵押权。由借款人提供不动产，为贷款人设定优先受偿的物权的方式。

第二种是取得质权。由借款人拿动产或其他权利给贷款人作担保。

第三种是寻找连带保证人。在契约上常常注明"连带保证人连带保证借款人某某某切实履行贷款契约各条款之约定"，并由连带保证人在契约上亲自签名盖章。

(二) 盐业契约的借贷关系

从盐业契约的记载来看，在富荣场，除货币外，日份、锅口、火圈、盐锅、机车、廊厂及其他设备都是借贷关系的重要对象，并因此而影响到它们的固有性质及井灶经营形式，成为盐业经济活动中的重要组成部分。此类借贷契约名称甚多，有押借、借押、押业、信借、押约等，总体上大致又可以分为两类：

1. 用作借债的抵押品

常见的是把日份等作为押借的凭信。如：王德信借王子良银一百两，每月行息二分二厘，遂将流海井日份十五天，"出押与王子良以作信借凭证，随要随还"。又如：颜义生以日份一天及柜房、车房等凭证信借银六十两，"每月每两行息二分照算，其利按月付给"。

除井灶外，盐锅也可抵押。如：毛德三等借刘李瑞珍洋一千元，定借一年，每月锅租偿付利息，不足得由毛补足；如后本利不清，盐锅归债权人出卖抵偿。机车和其他设备亦可抵押。如：春生井出租同福厂垫款淘推，因"井运不济，费时甚久"，无力偿付，遂将本井建筑物及车炉等作价还债，此后，"听其使用或拆卸"。

除这种"信用"式的抵押外，还有将日份等直接押借若干款额。如：王德君将所占泗荣井日份五天，押借法币一百五十元，限期七年。约内规定，王姓在限内不能取回，亦不得外佃、外押、外卖；限满时将洋如数还清以收回日份。债权人可以自煎，或转佃，或淘办，或转租他人淘办，亦可停办；其井基及熟土可自由招佃。这属定期典当的性质。值得注意的是，泗荣井现仅煎火圈一口，王德君五天日份，按比例只占六分之一火圈，收益甚少，七年之间，债权人甚多只能获得一百五十元的应有利息。但是，他具有淘办之权，如果投资下挫获得成功，则五天日份的新收入，远比本息可观；自然，如果债权人索性停办，则连原有的五天日份的收益也付诸东流。债权人所掌握的这种机动权力，当然不是一般典当关系所能包含的内容。①

2．用以偿还债务

这类又有两种做法：一是债务人把日份等直接交与债权人经营，待偿清欠款后收回，名之曰"抵佃"；二是债务人把日份等出租第三者，债权人按月提走租金，到偿清欠款为止。从盐业借贷契约来看，似乎前者更为普遍。

例如，众荣灶借刘姓洋二千九百元，每百元行息三元，遂将所占多福井三天交刘姓承管。约内规定："每月所赚红息除应付利息而外，所余者准作借款"，众荣灶不得支用分厘。但应注意的是，债权人只享收益，并不是直接取代所有权，除收入盈余外，不发生其他经济关系。凡井有耽延及大关缴用，仍归众荣灶负责。已经负债难偿的众荣灶，在失去固定收入后，显然没有余力支付大关等项费用，此点又必然造成与多福井井伙间关系的紧张，以致后者也向众荣灶施加压力，要求将其所欠本利定期结算，赎回三天日份，不允过久拖延，以期尽快结束押借局面。②这种抵佃，有人用转佃的方式来替代。如荣善灶将承佃雄旺井日份三天所余年限二十三载零一月，及随灶家具，全部"转抵佃"王慎三名下，以顶还六千元之债务。但是井况变化无常，水火消涨不定，六千元之债能否完全收回没有把握，因此约内特别规定：如限内火力增加，荣善灶不得要求续延；火力减少，债权人亦不得还灶索债。由此可见，当日份、锅口成为借贷的重要对象之后，借贷关系的获取本利的一般规律，亦不得不受到影响：盐业经营的必不可免的波动，不能够保证如同货币借贷那样按照月息而得到稳定收入。借贷关系所受到的这种冲击，对于寄生的、牢固的高利贷资本的分解是不无意义的。

从借款合同的担保制度来看，为了维护贷款人的利益，保证借款人按期还本付息，《合同法》第198条规定：订立借款合同，

---

① 自贡档案馆，北京经济学院，四川大学合编：《自贡盐业契约档案选辑》（1732—1949），中国社会科学出版社1985年版。
② 自贡档案馆，北京经济学院，四川大学合编：《自贡盐业契约档案选辑》（1732—1949），中国社会科学出版社1985年版。

贷款人可以要求借款人提供担保。担保的形式和内容依照《中华人民共和国担保法》的规定办理。另外，订立借款合同，借款人应当按照贷款人的要求提供与借款有关的业务活动和财务状况的真实情况。

（三）几种常见的担保方式

担保是随着商品经济发展而产生的一项重要的民事法律制度。我国在总结担保制度实践经验和借鉴国外通行做法的基础上制定了担保法。根据中华人民共和国担保法的规定，在借款合同中贷款人可以要求借款人采取以下担保方式：

1. 保 证

保证是指保证人与贷款人约定，当借款人不履行债务时，保证人按照约定履行债务、承担责任的行为。保证的方式主要有两种，一是连带责任保证，即贷款人和保证人约定，借款人在借款期限届满没有履行债务的，贷款人可以要求借款人履行债务，也可以要求保证人在其保证范围内承担连带责任。二是一般保证，即贷款人和保证人约定，在借款人经审判或者仲裁，并就借款人财产强制执行仍不能履行债务时，保证人承担连带责任。

2. 抵 押

抵押是指借款人或者第三人不转移法律规定的对财产的占有权，将该财产作为债权的担保。在借款人不履行债务时，贷款人有权依法将该财产折价或者以拍卖、变卖该财产的价款优先受偿。抵押物的范围应当是依法可以转让的财产，抵押合同应当办理登记，抵押合同自登记之日起生效。

3. 质 押

质押包括动产质押和权利质押。动产质押是指借款人或者第三人将其动产移交贷款人占有，以该财产作为债权的担保，借款人不履行债务时,贷款人有权以该动产折价或者以拍卖、变卖的价款优先受偿。权利质押是指转让所有权以外的财产权作为质押的担保方式。以下权利可以设定质押:汇票、支票、本票、债券、存款单、仓单、提单;依法可以转让的股份、股票;依法可以转让的商标专用权、专利权、著作权中的财产权等。

  贷款人将借款支付给借款人后,其风险都是由贷款人承担。为了保证债权的实现,减少借款的风险,近些年来,我国金融机构在信贷业务中越来越多地采用担保的方式。根据商业银行法的有关规定,商业银行贷款,借款人应当提供担保。商业银行应当对保证人的偿还能力进行全面审查,确定保证人是否真实地提供保证;对抵押物、质押物的权属和价值进行认定、核实,查明其产权证明并对实现抵押权、质押权的可能性进行严格审查。只有经商业银行审查、评估,确认借款人资信良好,确能偿还贷款的,才可以不提供担保。因此,金融机构借款的,当事人应当按照有关规定确定担保的方式。自然人之间借款的,当事人可以依据实际情况对担保问题作出约定。

  从盐业借贷契约与借款合同之间的担保制度的比较上看,二者之间既有相同点,又有不同点。相同点是:两者都具有三种名称和性质上相近的担保方式;都具有保证债权实现的各种保证措施。不同点是:前者无具体担保成文法而依靠约定俗成的习惯,后者则有专门的担保法予以规范;前者的抵押担保一般无需专门机构进行登记,后者的抵押合同应当办理登记,抵押合同登记后才能生效;前者提供的担保往往直接与借贷资金投向的经营权有关,如把盐业生产的日份或锅份作为抵押或质押的对象,而后者提供的担保物则一般为不动产或动产,不一定与借款投向物有关。

  进入21世纪,伴随着经济的高速增长,其合同制度的适用遍及于全部与契约有关的社会生活,我国合同法的起草着眼于21世纪,广泛借鉴发达国家的立法经验,使新的合同立法较之过去在主体、行为、责任上表现出高度规范化。尽管如此,我们与其他发达市场经济国家的契约法的发展还是存在差距。在法律现实主义及其批判法学的影响下,现代契约法与政治、经济和社会政策之间的关系日趋紧密,将社会的乃至于政治的要求纳入到契约法的体系当中是一个普遍的趋势。在这种趋势下,规则的相对性一再得到强调,契约体系走向开放是历史发展的必然。但是,在中国合同法发展的现阶段与目前发达市场经济国家契约法的发展趋势之间又产生了一种反差。由于中国市场经济发展的历史特殊性,在世界其他国家的契约法出现反自由主义倾向的同时,我国的合同立法却体现出相反的趋势。当然,这种反差并不是说目前其他国家契约法对我国的合同立法没有丝毫的影响,相反,正是由于我国处于历史发展的特殊阶段,当前民商法领域中的一些重大修改,如诚实信用和公序良俗原则的重新确立、缔约过失责任和合同中的第三人规则等对我国合同立法已产生了影响,只不过我们在注意洋为中用的同时,不能忘记了古为今用,特别应加强我国早期契约包括在内的具有自身民族特色的传统文化的扬弃。我国早期盐业借贷契约与现行借款合同两相比较,既有相同之处,又有个性差异。相同之处在于商品经济的发展需要具有聪明才智的人们找寻科学的手段、措施和制度。而个性特点则恰恰反映了不同社会环境条件下商品经济发展的不同差异程度。契约是合同之基础,合同是契约之发展,包括借贷契约在内的所有盐业契约类型,不仅包含了现代合同的基本内容,而且包含了包括担保措施在内的所有风险控制机制,不仅涉及单纯的借贷关系,而且与盐业生产过程的资本变化、股份调整密切相关,这是中国人创新智慧的体现。从法律的角度分析、研究盐业契约问题,不仅在于启迪未来,更在于通过学术研究,增强民族自信心和自豪感,促进哲学和人文社会科学的进一步繁荣与发展。

第五章 盐业租佃契约论

一、租佃及租佃契约

租佃，初看起来是一个十分专业的问题，但它同我们通常所讲的租赁基本上属同义词，它的牵涉面是相当广泛的。租佃契约相当于我们今天《合同法》中的租赁合同，即出租人将租赁物交付承租人使用、收益，而承租人支付租金的法律文书，只不过两者在称谓和涉及的双方权利义务内容上存在差异而已。从盐业租佃契约来看，其类型纷繁、形式多样、内容各异。本章主要通过对井盐中的井基租佃、井灶租佃、火井租佃以及卤水租佃这四类契约的粗浅解析，使我们更加全面地理解盐业契约的内容，希望对进一步理解和完善我国现代合同制度有所启示。

二、井基租佃契约

井基租佃契约顾名思义即以井基为租赁对象而签订的契约。

（一）井基租佃契约的租赁物

早期（清代以前）的井基租佃范围和对象，似乎是由分别租佃各道制盐工序所需的小块地段，逐步扩大为囊括制盐生产全过程所占地坪的一揽子式综合租赁方式。由于制盐生产的不断发展，经营管理经验也随之逐步丰富，才有可能在各井开凿时垫支资本互异、见功投产后单位时间产值不同、各个井灶所占地基宽窄有别的复杂情况下，逐步摸索出一个近乎平均值的租金额标准。同时，分别计租手续也过于繁琐，于是，在发展较好的井盐产区，囊括各道工序的统一计租方式应运而生，并且普遍流行开来。在这种一揽子式的租赁井基契约上，昔日五花八门的各种单独缔结的契约名称，往往凝固化为一连串的"套语"，出现在文约的字里行间。[①] 可见，盐业契约的井基租佃的标的物经历了一个由繁杂到简化的过程。

（二）井基租佃价款（租金额）的支付方式

《合同法》所指的价款是标的的价金，是合同当事人一方取得标的应向对方支付的货币或代价，它体现了订立合同的等价有偿原则。价款是如租佃契约这类有偿合同必须具备的条款，在各种盐业契约中的确也反映了这一合同的法律特点。具体来看，井基租佃契约中的价款，即租佃井基地租数额的确定，无外乎定租制和分成制两种。其中尤以定租制最为普遍，具体做法花样繁多：

1．单纯缴纳实物而按年计租者

如 1947 年南部县杜为翰等四人，租到汪芝保等四人名下玉岩、玉金两眼井基，契约载明："年限二十载，以上水（簧）（楻）"计算日期，每年食盐乙百斤，以井禄六、腊两月交付清楚。"

2．押金支付货币、按月缴纳实物租者

如井仁盐场光绪二十五年约载："立写出佃井灶车座基址文约人雷恒泰，今来凭证，甘愿将己名下分授业内熟土一坪，随采盐井地基一眼，……出佃与潘长寿名下凿办井一眼。比日三家面议：每一眼押租铜钱五串文足，每眼月称食盐一斤，二十两秤为准。其年限井老枯干，永远煎烧；如佃户不愿，将地基付还主家。"

[①] 自贡档案馆、北京经济学院、四川大学合编：《自贡盐业契约档案选辑》（1732—1949），中国社会科学出版社 1985 年版。

契约中"每一眼押租铜钱五串文足,每眼月称食盐一斤,二十两秤为准"即为押金支付货币、按月缴纳实物的方式。(注释:只要未到"井老枯干",灶户可以长期煎烧,中途灶户可以将地基交还地主,地主却不能夺佃收回;当时食盐零售价,每斤约四十五文,铜钱五串可购盐百斤左右。)

3. 名为"出卖"实系出租者

这类契约虽名为"出卖",但从契约中常常加批"井老枯干,归还原主",或"其年限以井老枯干之时,灶主不愿煎烧,所安押租毫无退还;愿将地基、房屋、车亘、篾筒、灶房、柜房砖石瓦块,概归地主拆回,灶主不得阻滞。灶主所执牛只、锅口、捞杠、铲子、卤边镘子动用器具等项,灶主领回。"虽表达有异,但意思接近。对规模较小的井场契约中标明的所谓井基、灶基的"价值银",实际是到期不再退还的押金的代名词,这类契约一般也明文规定:除押金或基价外,仍要纳盐租。押金一般不予退还;井、灶分别计算,并不合为一体;井灶的副产物草渣、牛粪亦归地主;地主对井灶生产无权支配,但井老水枯后动产归客即承租方,不动产归主即出租方。最后,按年缴纳货币地租者。如井仁场宣统二年约载:"实立出佃熟土修立井灶基址文约人曾吉平,愿将己下所分授曾朝洪之业,地名栗子园黄桷树坳熟土三团,一并出佃与曾光成名下修立车、井、灶房。实安押租铜钱肆十串文正,每年称地租钱肆串文正。"①

在租金的缴纳方式上由实物形态发展到货币形态,应该说是商品经济发展而出现的一种历史进步。但是,当通货贬值严重,物价增长指数超过货币租金的增长指数时,在盐业契约中则出现了出方地主要求增加租金额,或者要求由货币改为实物租方式,即"比照原有租价,折合盐斤称纳"。这也符合等价有偿、公平、诚实信用的《合同法》基本原则的。至于分成制也叫分成租,实

---

① 自贡档案馆,北京经济学院,四川大学合编:《自贡盐业契约档案选辑》(1732—1949),中国社会科学出版社1985年版。

际上是前述定租制的一种重要补充方式。从根本上说,即使同一地区的不同盐井,在经营规模、垫支资本、见功期限、产量质量也呈天渊之别的情况下,采用定额租的租佃井基方式,无论是实物形态抑或货币形态,都已经很难适应生产管理的要求。租金偏高,则投资方(承租方)裹足不前;租金偏低,则占有盐井地基的地主(出租方)不愿出佃。于是,便有了分成租方式的出现,这种风险共担、利益同享的办法,有利于契约双方的紧密合作,也促进了经济的发展。①

三、井灶租佃契约

井灶租佃契约相比前述井基租佃契约反映的内容要复杂一些。

(一)井灶租佃契约的租赁形式的复杂性

井灶租佃契约中反映的租赁形式通常有"以灶统井"和"以井统灶"两种。"以灶统井",常指那些卓筒小井、深度有限、产卤欠丰、煎灶较多,一灶兼煎数井,煎盐灶户同时兼营吸卤之业;而"以井统灶"则刚好相反,指卤丰且汁浓的深井,一井可供数十灶煎盐之需,因而一井兼统数灶。

(二)"以灶统井"形式契约从内容到形式都不太规范、严密

例如,从租期来看,长者有的达二十余年,短者有的仅两年,或者干脆不定年限,这类契约不乏"井枯无法煎烧"之时才取消契约的;也有不载租期,而是按月计算佃金的情况。这些不太规范、严密的契约内容,使得主佃关系、权利、义务等方面的因素处于不定状态,有的也为以后发生纠纷甚至诉讼埋下了祸根。我

---

① 彭久松,陈然:《中国盐业契约股份制》,成都科技大学出版社 1994 年版。

国《合同法》则明确规定了租赁期限为必备条款，且租赁期限不得超过二十年，超过二十年的，超过部分无效。租赁期届满，当事人可以续订租赁合同，但约定的租赁期限自续订之日起不得超过二十年。这些法律条款的确立不能说与早期契约制度毫无关联。

"以井统灶"租佃方式通常出现在盐卤较丰的川南地区，得天独厚的地域环境，造就这里卤丰而汁浓，一井可供数十灶煎盐之需。兼之井深壁固，不易坍塌，井灶关系形成"以井统灶"，所产卤水也需化整为零，才便于分配、销售。井灶租佃因计算卤水产量方法不同，分别以日份或锅口及其附属设备作为单位，全井一次性出租的并不多见。不论日份或锅份，租佃数量都比较小。究其原因，主要是当初凿办盐井时，绝大部分是合伙投资，股份本来就较零散，井成功后，各自占有锅口或日份又不多。如果有出丢下节情事，则原有股份又削减一半。随着经济的波动，以及多子继承制的不断分割，必然是更加畸零，能够用以租佃的日份或锅口，数量自然不会太大。"以井统灶"的租佃契约中，往往以工本日份或锅口最为普遍，而地主的地脉日份或锅口，承首人的浮锅或乾日份，以及有上、下节关系的日份或锅口却相对减少。现有契约中，见有出租地脉日份七天、五天、三天，二时零九分五秒二，浮锅一天，上节地脉一天，上节日份七天六时，下节锅份一口等。此外，也有全井日份或锅口一次出佃的。如：自成灶佃天海井三十日份，租期十六年；双盛灶佃龙云井锅份二十四口，租期十二年；荣庆灶佃全盛井三日份，租期十年；以及三兴灶佃金涌井，顺昌灶佃福禄井，曾兰熏堂佃开源井等；不论地脉、浮锅或客日份，均包括在内。①

(三) 井灶租佃契约的价款（租金额）及其支付方式的复杂性

租佃井灶与租佃土地在支付价款（租金）的内容和方式上

---

① 自贡档案馆，北京经济学院，四川大学合编：《自贡盐业契约档案选辑》（1732—1949），中国社会科学出版社1985年版。

相比，显然要复杂得多。有的存在"租洋"即押金，每年除佃洋外还要纳食盐；有的每月得交佃钱及食盐；有的每月有佃钱，却要"按日支付"。有的称押金为"随租"，外有"推价"及"年佃盐"；有的除有押金，外有"月水租"及"地脉盐"；有的租佃契约更规定，除月水租（交纳食盐）外，还得负担烧炭若干斤。总的来说，租佃井灶必须交押金、佃金（货币）、佃盐（实物）及承担其他种种负担。押金在订立契约时缴纳，租期满后，绝大多数地区都要退还客人（投资方或承租方）。至于"佃盐"，有的契约直称为"租盐"、"水租盐"。这实际上相当于现代合同法中的担保条款，即合同当事人的一方或第三人，通过设置一定的附加义务，以确保合同能够得到履行。合同的担保是促使合同关系中的债务方履行其债务，保障合同债权人得以实现的法律措施。在井灶租佃中，关于井灶及其设备的要求、自然造成的损失的补偿、井厂建筑物的接收，以及双方的解约等，都包含有比较复杂的内容。

四、火井租佃契约

火租契约即租赁火井——天然气的"火圈"煎盐而产生的契约。"火圈"则是把火井的天然气分散于各灶煎烧的形式单位，凡一灶则称一火圈，一火圈又称"一火口"，或简称为"一口"。以天然气煎盐之灶名"火灶"，以煤煎盐之灶名"煤灶"或"炭灶"。

火租契约多为有名合同。在四川，天然气产区颇广，特别在川南的开采和使用较多，火井数量多而集中，火力猛且其价较之烧煤更廉，人们纷纷用其以煎盐，不仅煤的垄断地位告终，尤其成为盐业生产和经营的新的推动力量。现代合同制度中，根据法律上是否规定一定的名称，合同可分为有名合同与无名合同。有名合同又称典型合同，是指法律上已经确定的特定名称及规则的合同。火井租佃契约同其盐业契约一样，虽然当时无明确的法律规定，但多为类似有名合同一样有其名但名称甚多，如："出佃文约"、"立出佃火锅文约"、"立出佃火灶文约"、"立出佃火圈文约"等。由于火圈或来源于纯火井,或来源于水火井,加之其名称有所不同,因此反映在租约称呼上也有细微差别。

火圈计租方式前后经历了较大变化。所谓火圈是把火井的天然气分散于各灶煎烧的形式和单位,一灶则为一火圈。第一种计租方式在早期常采用,通常以每口火租为单位计算,分期收取定额租金。这种笼统以火圈口数固定租额的做法,实难适应各井天然气气量不同、火力大小不等的状况,无法使出租方和承租方均感到公平。第二种方式就以火圈烧卤数量之多寡,确定火圈租额。虽然有量的限制,可是每担卤水的重量,因东西场量卤容器的大小不同及卤质不等又有很大差距。一担卤水成盐所耗火力又往往不同,这种不分卤质定租的方式,同样对租佃双方不公。第三种方式则以火圈所产盐量定租。这种方式虽有所发展,但根据产一包盐定租,或产一百斤盐定租,如果不分卤质,与第二种并无二致。因此,租佃双方才逐渐认识到:必须以一方面定产量,一方面定卤质为条件,这样确定的火租额才相对合理。可见,火圈租佃规则也是不断完善、日趋严密的,合同制度需要将双方的权利、义务尽量具体、明确。正是火圈租佃在计租方式等方面具有的特殊性和复杂性,才决定了它不同于其他租佃关系的个性特征。

五、卤水租佃契约

卤水租佃契约的具体内容包括:

① 卤水租佃又称"租水"或"卤租",这种租佃以产卤多少确定租额,契约名称也较多,如井推合约、包推合约、租推合约、包推淘办约以及承推约等。所谓"推",即推水——吸卤、采卤,有牛推(以牛为动力)、机推(以机器作为动力)之分。[①] 机推

[①] 自贡档案馆、北京经济学院、四川大学合编:《自贡盐业契约档案选辑》(1732—1949),中国社会科学出版社1985年版。

相对于牛推来讲无疑具有较高的生产效益,于是,在20世纪初出现了专营机车包推卤水的业务,随着包推的广泛流行,推约也在投资范畴、合作方式、垫支资本之回收、利润分割等方面日趋成熟。

② 从卤水租佃契约在租水的价款支付与利润分配方面来说,井推双方是为追逐利润才构成为租赁关系的,而利润即租水额的分配取决于许多因素,如盐井的具体生产关系、垫支资本的多少、双方的现实处境、市面行情的变化等。合同本身就是平等主体在平等自愿基础上意思表示相一致的协议,而意思表示一致正是合同构成的基础,可以说卤水租佃契约就明显地反映了合同的这一特点。围绕廊厂设备的投资,以及生产过程中各种自然事故的补偿等问题的处理,是双方立约时争论、协商的主要内容,也是决定利润分割的重要环节。如若推方包推的是具有完整设备的正常生产井,原则上不存在抽取租水前的费用。这种利用井方现存设备和正常井不负淘办之责的包推,有契约称为"纯属租推性质"。因此,广义的租推,是泛指租佃正常井和废井的推约;狭义则是指正常井的租佃。从契约的分类来看,大致可分为三种方式:一是廊厂建置费用,原则上由井方负担。二是有极少数是井方只承担一半费用。三是有的井主则根本不承担任何建置费用。

③ 卤水租佃通常是双务的合同,且折租较实物租更为普遍。现代合同制度中的双务合同,是指双方当事人均享有权利和承担义务的合同。区分单务合同与双务合同具有一定的现实意义:双务合同所产生的当事人间相互的债权,具有相互依赖性,可以适用同时履行抗辩权规则,而单务合同则不适用此规则。合同制度中的双务合同的特点明显体现在卤水租佃契约中,如当垫支资本及其他各项费用扣除之后,才能实现对利润——租水的分配就是一例。租水征收有实物与折纳货币两种形式:一是井主直接提取卤水,由推方抽出后交井方。二是把租水折合为货币。如有的契约称:"其水以售出者计算,并无增减,佚水价收入时,则按数送交主人"。"起推后按推吸水担百分之二十,照官厅核定价作价交付井方,作为租价。"

④ 卤水租佃契约担保采用交纳押金的方式。卤水租佃契约中押金的用途多是作为淘井、建置廊厂的经费来源,从这个角度讲,卤水租佃契约中的押金除了担保作用外,还具有一定的投资色彩,这是它与其他租佃契约不同之处。按现代合同制度的观点,合同担保是指合同当事人的一方或第三人,通过设置一定的附加义务,以确保合同能够得到履行的法律制度。合同的担保是促使合同关系中的债务方履行其债务,保障合同债权人得以实现的法律措施。它具有自愿性、从属性、可变性、补充性、债权实现性以及相对独立性等特征。卤水租佃契约采用的交纳押金方式实际就是一种抵押担保。

综上所述,盐和铁一样,一直是中国历史上国家控制的重要资源,盐业经济的发展与盐业契约这种调整平等交换关系的规范是密不可分的。以现代法律制度的眼光去解析盐业租佃契约,可以看出,在上述四种租佃契约中体现出的合同制度的原则和内容是比较丰富的,说明早期中国盐业经济的发展已具有一定市场经济的雏形。随着当今人们契约意识的提高和契约观念的扩充,必然对市场经济发展的环境和条件提出更高的要求。因此,我们需要以继承和发展的态度,从理论与实践上对包括盐业契约在内的传统制度进行不断努力研究和探索,让传统契约制度中的精华与现代合同制度的最新发展成果有机融合,以共同促进我国的合同法律制度的不断完善和我国社会主义市场经济的健康发展。

第六章 盐业买卖契约论

签订买卖契约是四川盐业经营的普遍形式。盐业买卖契约是盐业经济发展的产物,又是促进盐业经济发展的手段。在一定意义上,盐业买卖契约是自给自足的自然经济向市场交易的商品经济转变的重要标志,它在促进盐业发展,提高经济效益,满足社会和人民生活需要方面起着重要作用。

一、盐业买卖契约的种类

由于盐业经营复杂,往往涉及井基地址、井灶、盐井、卤水以及股份问题,盐业买卖契约的内容也就十分庞杂。在分类上,盐业买卖契约的种类主要是从盐业买卖契约的内容和形式来进行划分的。

(一)以盐业买卖契约的内容为标准进行的分类

从自贡盐业买卖契约的内容来看有三类:

1."井灶全业"买卖契约

"井灶全业"买卖契约,是将盐井、天地二车、柜房、灶房、楻桶房、一切廊厂等悉数出卖,是自贡盐业买卖契约中的主要形式。如道光二十二年壬寅冬月二十九日扫卖桐梓垱天宝井契约:

"立出扫卖井份地脉文约人堂叔王明信,今将祖遗桐梓垱石塔上天宝井,每年每月水火昼夜日份二十七天四时,一并扫卖;天地二车、廊厂、柜房、财门、灶房、牛棚、车房、大楻桶。界

第六章　盐业买卖契约论

前抵财门外大路,与买主连界,后抵高坎石岩为界,左抵钟姓海洋井石墙为界,右抵天全井石恒墙直下财门,与买主合界。四址踩踏分明,并无紊乱。荒废井眼、牛马出路、抬锅运炭,寸土寸石寸木寸竹片瓦一并扫卖,并无提留。今因无力世守,情愿请凭垱首中证,出卖与堂侄王三盛伙等名下管业。比日凭中三面议定:买价纹银八百两正整,九七平兑,即日清收入手,并无少欠分厘,亦无货物准折。自卖之后,任凭买主子孙永远管业推煎,卖主子孙亲房人等不得生端异说;如有生端异说,一力有卖主承认,不与卖主相染。其有书写茶果,一并在买价内。日后井见大功,卖主子孙不得言及挂红等语。恐口无凭,立出卖井份地脉契约永远存据。"①

又如同治六年岁次丁卯三月二十四日立出绝顶子孙业井份并廊厂牛只家具契约:

"立出绝顶子孙业井份并廊厂牛只家具约人曾义顺,情因先年出名,佃得垱狮子山郑铨康、郑仕康、郑绍雍业内复淘子孙业盐井一眼,更名源涌井。每月除地脉日份四天、曾义顺占乾日份二天,不出工本;下余日份二十四天,派逗工本锉办。邀得桂磬乾做日份十六天,曹德扬做日份二天,刘荣村做日份二天,曾义顺己下做日份四天。迄今义顺无力煎办,愿将项下每月做得昼夜水火油井份四天、每月应占昼夜水火油乾日份二天,并照日份应占天地二车、简索、廊厂、牛只、家具、铁器、货物等件股份,毫无提留,概行绝顶与桂馨乾名下承顶锉办推煎。比日凭中议定:顶价铜钱三百八十五吊一百三十八文,其钱即日交兑一百二十吊,下余俟井每日出水二十担始行兑楚,不得短少。自顶之后,此井早迟见功,义顺不得言及挂红、赎取等语。至井帐上存欠银钱货物,归桂磬乾按日份收偿,义顺不得沾染。此系自愿,并无免强。恐口无凭,立出绝顶约一纸,付与桂磬乾子孙永远管业为据。"②

---

① 自贡市档案馆藏,8-1-714-17号卷,道光二十二年壬寅冬月二十九日立出卖杜顶约。
② 自贡市档案馆藏,3-5-4020-10号卷,同治六年岁次丁卯三月二十四日立出卖杜顶约。

2. "田井合并"买卖契约

"田井合并"买卖契约,是将井灶和土地合为一体所立之买卖契约,是自贡盐业买卖契约中的普遍形式。如道光二十四年甲辰七月二十四日立出扫卖地脉井份契约:

"立出扫卖井份文约人王培性、王培慎弟兄等,今将祖遗桐梓塪石塔上天宝井一眼,每月昼夜水火三十班,王培性、王培慎弟兄名下分受地脉日份七时半,天地二车、灶房、柜房、车房、财门、牛棚、大楻桶一个,盐房与井基,前抵大海井墙垣外滴水为界,后抵高石坎岩弦,左抵石墙外滴水抵海洋井为界,右抵石墙外滴水天皇井为界,四址分明,卖主王培性、王培慎弟兄分受一并在内。因负债难偿,情愿请凭中证,一并扫卖与王三盛名下承管。三家议定:买价纹银五十两正,即亲手入手明白,并无少欠分厘,亦无货物准折。自卖之后,任凭买主王三盛名下子孙永远管业,卖主叔侄弟兄子孙亲房人等不得生端异说;倘有异说,一力由卖主承当,不与买主相涉。亲房画押老幼茶果,尽在买价之内。……所有牛马出入、抬锅运炭、开放卤水、挑挖堰塘、修砌打石取土,一切路径随广益裕号自便,主人不得刁难阻滞。倘本有井上节日份不明,抑或工本不清,一力有王镇宗、王敬臣二人承当,不与买主相涉。其有界内荒废井眼,寸土寸木寸竹寸石片瓦、抬锅运炭、牛马出路、概行扫卖,并无提留。"①

又如咸丰二年岁次壬子十月初二日立绝卖全井契约:

"立出绝卖全眼三十天井份一井三基文约人王镇宗、王敬臣,今将新垱地名杨柳冲先年买明木房平地开凿取名源泉井一眼,天地二车、柜房、车房、楻桶、牛棚、偏厦、一井三基,本井现有微火,四至界址,前抵大路为界,后抵生生号小路为界,左抵生生号子小路为界,右抵邓姓土埂直下大路为界,四址分明,毫无紊乱。因无力承办,请凭中证,一并绝卖与广益裕号名下,子孙永远捣凿修竖推煎办理管业。……界内寸草片瓦撮土寸木一并绝卖,未提留。"②

---

① 自贡市档案馆藏,8-1-714-170 号卷,道光二十四年甲辰七月二四日立出卖杜顶约。
② 自贡市档案馆藏,3-5-4020-1 号卷,咸丰二年岁次壬子十月初二日立出卖杜顶约。

3. 盐井买买契约

盐井买卖契约，是将盐井单纯出卖，其附着的灶房土地等保留。这在自贡盐业买卖契约中不为多见。如同治二年癸亥十一月初六日立杜卖地脉井日份基址契约：

"立杜卖地脉井日份基址契约人王三福弟兄等，情因负债无偿，弟兄商议，愿将周家冲业内，出细与颜永庆锉办海源井、海流井二眼，均系各按所占日份，子孙永远推煎管业。每井摘卖每月昼夜水火地脉日份各一天半，并基址股份内，自央中证，杜卖与颜永名下承买推煎管业。比日凭中议明：两井日份共三天，时值买价自井九七平银八十两，其银当即弟兄亲收入手，并无准折、短少分厘。自卖之后，井见大功，王姓并无异言。此系自愿，并无勉强。恐口无凭，立杜卖契约一纸，付与颜姓永远存据。"①

除地脉日份，锅口的买卖外，也有客日份、干日份的买卖，如林宝三等接办德龙井下节，至三百余丈获得成功，享有子孙锅份半口，后出卖刘姓，价银七百五十两。地脉日份与客日份一并买卖的情况并不多见，如王问桃将占有春生井一眼出卖，立出卖杜顶水火油盐昼夜子孙业盐井地基全井净日份三十天文约。文约见下：

"立出卖杜顶水火油盐昼夜子孙业盐井地基全井净日份三十天文约人王问桃，率子利材，情因别有良谋，自愿将自流井大坟堡四保十四甲先年自业自锉春生井一眼，连同地基一埠，凭证完全杜卖，族中无人承买；乃出卖与同福井经手黄鹏翼名下子孙永远管业。比日三面议定：国币六百二十万元正，当即全数亲收入手。该地基界内原锉有盐井，早已废弃；现有春生井一眼，为出卖人独资早年锉就，并无分毫外股，皆在出卖之内。出卖之后，凡属界内毫无提留，上至天空，下至地心，淘推煎烧锉办新锉、建筑进出路径，及以前春生井名义向外投资所有股权一切等，全归承买人接收自由使用，概与出卖人无涉。其界以春生井井口为准，右侧以井口坝碓房檐水向街心为界起，右弯与双福井小巷直下，右弯直到德海井墙脚两仪

---

① 自贡市房管局藏，房 2-24 号卷，同治二年癸亥十一月初六日立出卖杜顶约。

井阳沟、济海井阳沟为界，煜生井井口碓房及煜生井车炉房屋一排，落地柱为界，临街以街心为界，周围到春生井井口坝碓房外街心为结止。倘有内事不明、外事不清，概由出卖人自行理楚，不与承买人相涉。以后发现有此业此井之一切，仍归承买人所有。如有界限不明，应当以春生井原占有之地基为准。恐口无凭，特立杜顶约一纸，交由承顶人同福厂经手黄鹮翼存执为据。"①

（二）按照盐业买卖契约的形式进行的分类

1. 杜 卖

杜卖，又称"杜顶"、"扫卖"、"出卖"，按照自贡盐场通行的说法，是"按本井买卖房屋，多用杜顶名词，即系绝卖之意"，永不赎回。② 这在自贡盐业买卖契约中为最普通的现象。如在道光二十二年壬寅冬月二十九日立出扫卖桐梓垱天宝井地脉契约中载明：扫卖人王明信将其祖遗桐梓垱石塔上天宝井所占日份及灶业"一并扫卖"，业内"荒废井眼、牛马出路，抬锅运炭，寸土寸石寸竹片瓦一并扫卖，并无提留"③。在同治三年岁官甲子八月二十二日立杜卖契约，王世勋等将祖遗洪海盐一眼天地二车廊厂基址"一并杜卖与王纶享、王发享名下承买推办管业"④，永不找赎。在光绪元年乙亥岁五月二十六日立出卖井地脉客日份契约，胡光星将祖留井业洪发井日份"一概绝卖"⑤。在光绪三十一年岁次乙巳十二月二十八日立出杜顶地脉水火油井份契约中载明：杨四其堂承首人利谦将杨王氏之子杨四其堂所占东源井地脉日份

---

① 自贡市档案馆藏，5-4-53-144 号卷，中华民国三十六年三月二十四日立出卖杜顶约。
② 自贡市档案馆藏，42-3-312-51 号卷，中华民国十六年七月五日自贡地方审判厅文。
③ 自贡市档案馆藏，8-1-714-171 号卷，道光二十二年壬寅冬月二十九日立出卖杜顶约。
④ 自贡市档案馆藏，3-5-4020-6 号卷，同治三年岁次甲子八月二十二日立出卖杜顶约。
⑤ 自贡市档案馆藏，41-1-2329-9 号卷，光绪元年乙亥岁五月二十六日立出卖杜顶约。

及其相应所占井灶物件器用等项,"一并杜顶与杨王氏率子用贤名下锉办推煎,子孙永远管业"①。

2. 摘 卖

摘卖,是指将所占股份井基灶址器物只卖出一部分,自己仍保留一部分。这在自贡盐业买卖契约中较为常见。如在光绪四年岁次戊寅九月二十四日立卖子孙日份盐业契约中,李品乾"将祖父分受长垱大海盐井已下现占昼夜水火油每月净日份一天零八时","摘出一天昼夜水火油净日份","出卖与张两铭名下,子孙永远管业推煎"②。

在光绪二十一年乙未十一月二十七日立出摘卖子孙盐井地脉日份并现日份昼夜水火油契约中载明:王宣信率子"愿将祖遗留新垱地名豆芽湾先年锉办盐一眼,原名长流井,更名自福井,每平每月宣信名下应占子孙,地脉净日份一天半,年满后子孙业共柒天半。今提留现日份半天,又提留年后井二天半,摘出现日份一天,又十四年后子孙业地脉净日份共计五天","摘卖与王毂论堂名下,子孙永远推煎锉办管业"③。

在中华民国四年乙卯岁阳历七月十九日立出摘卖子孙地脉基业盐井契约中载明:张星南率子胞经将祖遗留的添海井所占子孙地脉基业昼夜水火油净日份五天,摘卖与吴开一名下,子孙永远承办。④

3. 预 卖

预卖,是由于井主或客人其所占盐井日份在凿井过程中,

---

① 自贡市档案馆藏,3-5-4016-29号卷,光绪三十一年岁次乙巳十二月二十八日立出卖杜顶约。
② 自贡市房管局藏,房1-24号卷,光绪四年岁次戊寅九月二十四日立出卖杜顶约。
③ 川南盐务管理局自贡分局 10-10 号卷,光绪二十一年乙未十一月二十七日立出摘卖子孙盐井约。
④ 自贡市档案馆藏,41-1-5478-7号卷,中华民国四年乙卯岁阳历七月十九日立出卖杜顶约。

或井见功后出细，在租细期内将其出卖，待租佃期限年满后由买主接收管业的一种预先买卖形式，如现今之房屋等预售，但在预卖时即一次付清价款不得少欠。这种将在一定年限后才兑现的日份提前出卖，就是预卖。如在光绪二十八年岁次壬寅冬月十二日立出杜卖契约中载明：胡李氏将顺发井"每月应占昼夜水火油子孙业净日份一天零四时"出卖，获银二十三两。"至于日份，现有四时，候至丁未年四月三十日，在龚姓手接井一天，二共日份一天四时。自卖之后，任随买主推办。"①

又如在中华民国十二年癸亥岁次阴历二月十三日立出杜顶子孙基业昼夜水火油盐岩井契约中载明：郭联清将"先父郭双发所做富邑三口塘黄四和业内天成井日份一天；又，郭九如、郭秀成等将先父郭双兴所做天成井日份一天，共成子基业二天"，"一并杜顶与黄习之名下，子孙锉办推煎管业"，"其井于辛酉年全月二十五日，经王石泉手出佃与王俊候名下推煎，已亥年全月三十日限满，该买主接四，子孙永远管业"②。

又如中华民国三十四年国历五月十日立杜卖水火油盐井锅份契约，王绍文将坤洋井所占锅份半口预卖与曾勉吾名下锉办推煎，子孙永远管业，但该锅份"于民国二十八年十二月一日，由王禹畴经手，出佃与同春灶经手王光，年限至民国三十九年六月底为满限"，"买主于年限满时接收管业，行使主权"③。

二、盐业买卖契约的主要内容

纵观自贡盐业买卖契约，种类较多，内容略呈差异，但其主要内容是一致的，主要载明：

---

① 自贡市档案馆藏，41-1-2329-14 号卷，光绪二十八年岁次壬寅冬月十二日立出卖杜顶约。
② 自贡市房管局藏，房 1-22 卷，中华民国十二年癸亥岁次阴历二月十三日立出预卖预顶约。
③ 自贡市档案馆藏，8-1-761-15 号卷，中华民国三十四年国历五月十日立预卖预顶约。

(一)出卖盐井日份或锅口的意图

出卖盐井日份或锅口的意图不一。如"公共之公事需款费用"、"因另图别事"、"别有良图"、"当兹国难严重,空袭紧张,意愿另图",等等。

(二)意思表示一致

在拟写盐业买卖契约的表述上意思一致。如"此系二家甘愿,并无勉勒等情"。"此系二家甘愿,并无勒逼勉强"。

(三)出卖的盐井日份或锅口的来源

在契约中,通常要载明出卖人出卖盐井日份或锅口的来源,如祖上遗留的,或合伙锉办的,或合法继承的,或通过买卖等方式获得的,等等,从而表明盐井日份或锅口的所有权性质(即出卖人只能将自己所有的盐井日份或锅口出卖),这是买卖契约合法有效的重要前提。

(四)盐井日份或锅口的份额

在买卖契约中,常用"天"、"时"等日份或"口(股)"、"分"、"厘"等锅口单位来表示其买卖的份额。

(五)出卖的盐井日份或锅口份额所占之灶房廊厂井基是否一并出卖,界址如何划分,均一一详细载明

(内容略)

(六)出卖盐井日份或锅口的价款及付款方式

出卖盐井日份或锅口的价款及付款方式不一。例如:"比即

议定：时值价银半天共周行银二百三拾两正，本年秋，腊两关交收一百捌拾两，余五十两俟限满接回之日交清"，"比日凭证三面议定：时值买价共计自井九七平丝银五百五十两正，书押交井，概包价内，其银当即亲收入手明白，并无少欠分厘，亦无货物、债账准折"，等等。

（七）风险责任的划分

在风险责任的划分上表述分明。如"自卖之后，任随买主推办。其井抑或见功，并无赎语等语。井事不明，以及债账，与买主无涉"，"自卖之后，任随买主推煎锉办，卖主等不得生端异说。倘有押借、当借抑或井事不明，口角生非，自有卖主承担，不与买主相涉。至于以前分关合约等字凡关井事者，未经揭尽，日后寻出，不行准用，以为故纸"，"如日后水火消涨，各所天命，两无翻异，并无勉强"，等等。

（八）契约份数及保存

在契约份数及保存上表述的意思也非常清楚，如"恐口无凭，特书杜卖契约一纸，交颜姓子孙永远推煎管业锉办为据"。

（九）证人签名画押

（内容略）

（十）立约日期及立约人签名画押

（内容略）

三、盐业买卖契约的特点

（一）所有权的明晰性

自贡盐业买卖契约中，出卖方须在契约中说明其出卖的日份或锅口的所有权性质，表明其来源和占有的合法性，以免因买卖造成纷争，以保障买方权益。在盐业买卖契中，通常载明"祖遗"、"相邀众伙等平地凿淘"、"先年买明木房平地开凿"、"公共业内派分"、"分受"、"先年置买"等字样。如在嘉庆二十五年四月初一立出卖约中载明所有权性质，文约如下：

"立出顶井字约人龙仕德、陈纪、陈在学等，先年在马冲口王绥来业内，相邀众伙等平地凿淘柏林井一眼，余甲戌年四月初一日起班推煎，到庚辰年四月初一日以满。前六年众伙协同商议，无力推办，愿请凭中证将后六年全眼井份三十三天，出顶与地主王绥来二公名下推煎。比日凭中三面言明：议定顶价丝银三百二十二两正九七平，牛只、家具外作价银四十两，其银当日亲收明白，并无少欠分厘。自顶之后，任凭王姓推煎，伙内人等不得生端异说。恐口无凭，立出顶约永远为据。"①

同时，在契约亦载明：盐井日份或锅口出卖后，"倘有异说，一力由卖主承当，不与买主相染"。从而为盐业买卖中易产生的纠纷障碍进行了责任界定，这有利于保护买方权益，维护交易安全。

（二）伙内优先购买权

按照自贡盐场厂规习惯，无论是井基井灶还是纯股份的买卖，均实行亲属、伙内有优先购买权的规定。在族内、伙内无人承买后，则可由所有权人自由处置。在盐业买卖契约中，均载明"先问亲族，无人承买"、"先尽胞兄，不能承买"、"先尽亲房胞叔，不能承买"、"问及亲房人等，无人承买"、"先尽亲房伙内，无人承买"、"先尽亲房，无人承买"等条款。如在光绪五年岁次己卯八月二十二日立卖地脉井份契约中载明伙内的优先购买权，文约见下：

"立附约人张雍穆堂经手恭甫，情因别有良图，愿将先年置买李姓之业地名长埧大海井己下应占昼夜水火油地脉净日份二天零十时，天地二车、一井三基、房屋、廊厂、家具等项，一并在内，

---

① 自贡市档案馆藏，5-4-53-128号卷，嘉庆二十五年四月初一日立出卖杜顶约。

牛马出路、抬锅运炭、牵扯风蔑、堆渣放卤、寸土片石毫无提留，凭证转附与亲房张两铭堂子孙永远管业。比日议定：时价丝银二百四十两，九七平交兑，当即清收入手明白，并无少欠分厘，亦无货物准折。所有四围界址，照三十班管业。此系彼此心甘情愿，并无勉强等情。恐口无凭，特立附约一纸，交两铭堂子孙永远存据。"①

此就是亲房内的优先转让权的显现。

又如在光绪二十一年乙未十一月二十七日立出摘卖子孙盐井地脉日份契约中同样载明伙内优先购买权，文约如下：

"立出摘卖子孙盐井地脉净日份昼夜水火油契约人王宣信，率子裕五、元五、荣五、安五、培五等，情因负债无偿，父子商议，请凭中证，甘愿将先祖遗留新垱地名豆芽湾先年锉办盐井一眼，原名长流井，更名自福井，每年每月宣信名下应占子孙地脉净日份一天半，年满后子孙业共七天半。今提留现日份半天，又提留年后井二天半，摘出现日份一天，又十四年后子孙业地脉净日份共计五天，先尽亲房、伙内，无人承买；复请族中，摘卖与王毅诒堂名下，子孙永远推煎锉办管业。比日凭证三面议定：时值买价九七平丝银一千一百两正，亲房书押、老少茶果，概包价内，其银当即凭证清收入手明白，并无少欠分厘，亦无货物、帐目准折。所有井上天地二车、筒篾索杖、廊厂家具、铁器等项，车房、灶房、柜房、楻桶、踩架、牛棚、财门、风蔑栽桩、堆渣放卤、抬锅运炭、安笕过水码头，堰塘人畜食水、牛滚水塘，四围出入路径，均照三十班佃明管业。至于井内日份不清、外欠不明，一力有卖主王宣信父子承担，不与王毅诒相涉。倘日后井见大功，卖主不得言及挂红等语。"

（三）出卖井业前须"招捡"

无论日份或锅口，一般都须将账目结算清楚后方能出卖，以保护债权人和买主的利益。所谓"招捡"，是指卖主在出卖井业

---

① 自贡市房管局藏，房1-26号卷，光绪五年岁次己卯八月二十二日立出卖杜顶约。

日份或锅口前,将即将卖井事宜,以揭贴形式周知各方,其后则系通过报纸刊登启事,以确知卖主有无外欠。如在中华民国三年九月陈埏立遵批补契约中载明招检内容,文约见下:

"立遵批补契文约人陈埏,情因前清光绪十五年,兄垣约伙以陈东成灶名,凭证绝顶刘全兴、李厚安承首,于垱垱寨子岭熊四美业内,更名同福井。契在清令沈秉堃任内税明。其价当付刘全兴、李厚安八百一十串,招捡外帐六百余串;所余六百串,咸水上灶兑付,一概清楚。以后井见大功,全兴等不得借井生端,言及挂红等事。"①

又如在中华民国七年一月二十四日四川高等审判厅文中有这样的记载,王政信把海流井日份十五天一时半,凭证王宝恒等,立契出卖与尹三乐堂为业。由尹三乐书执票一纸,交王政信收执作凭。嗣后招捡时,有王李氏持王政信弟兄一百两借字,称此井日份前已抵押,不能再卖。王政信不认王李氏所持约据。尹三乐堂以该业有纠葛未清,余银未肯交付。这样王政信与尹三乐堂的海流井日份买卖便不能继续履行,李维馨告之法院,此买卖契约在四川高等审判厅民事第二庭判决予以撤销。② 庭判宣告文全文如下:

"控告人　李维磬,年四十九岁,富顺县人,住自流井,井商。

被控告人　尹三乐堂即尹崧生,年三十五岁,富顺县人,住高洞,井商。

　　　　　尹依仁堂即尹郎轩,年七十一岁,富顺县人,住高洞,井商。

右列控告人,因买卖盐井涉讼,不服富顺县于中华民国四年一月十一日所为第一审判决,声明控告。经本厅审理判决如左:

主文

原判私诉部分撤销,李维磬与王政信之买卖契约有效,诉讼费用被告人等负担。

事实

---

① 自贡市档案馆藏,8-1-714-66号卷,中华民国三年九月立出卖杜顶约。
② 自贡市档案馆藏,42-3-68-85号卷,中华民国七年一月二十四日四川高等审判厅民事第二庭民事第七号判决书。

缘王政信于民国二年旧历十二月,以海流井水火油盐子孙日份十五天一时半,凭证王宝恒等,立契出卖与尹三乐堂(尹崧生)为业。议定价银三百两,契内注明十二年后接井。立契后交银一百两,余银二百两,由尹三乐书执票一纸,交王政信收执作凭。嗣后招捡时,有王李氏持王政信弟兄一百两借字,称此井日份前已抵押,不能再卖。王政信不认王李氏所持约据。尹三乐堂以该业有纠葛未清,余银即不肯交付。王政信旋即又将该业另售李维磐,议定价银一千二百两,系二年后接井。尹、王因此互相涉讼。经富顺县传讯,李维磐呈验王政信交尹依仁堂(尹郎轩)出佃约一纸,以为买卖凭证;讵传尹依仁堂到案,复出佃约呈验。当由该县认李维磐所呈之佃约为伪造,科以诈欺取财及行使伪造罪,并取消其买卖契约。李维磐不服,声明控告。案经判决,又提起上告。经大理院发还更审,业由本厅刑庭判决,将原判处刑部份撤销,李维磐宣告无罪,其私诉部分移送本厅民庭审理。据李维磐对于私诉部分之主张称:'尹三乐堂虽执有王政信之卖契,而王政信并未将过岗契(过岗契:即办完产权转移手续的出山约)交付尹三乐堂收执,其买卖之手续已不完备。且尹依仁堂之佃约,初在自流井分县署审讯时并未呈验,即诉状内亦未叙及,分县有卷可查。乃于富顺县审讯时始行提出,且其约内之代笔人为饶龙臣,而饶龙臣在县并不认承书约之事,原审有供可查。即使该佃约认为真确,而依佃不阻买之习惯,该王姓出卖之海流井水火油盐子孙日份十五天一时半,民已交过银九百三十四两,此业应由民承买'等语。被控告人等经本厅三次票传,均无故不到,应即照章缺席判决。

理由

本案被控告人等经本厅迭传不到,应就控告人一面之陈述,推定为被控告人所自认。故将原判撤销,更为判决,并令被控告人负担诉讼费用。再,本案被缺席人自收受判决书之翌日始,除在途期间十五日不计外,得于二十日内向本厅声明障碍并记。"

(四)禁止一业二卖

井业日份或锅口,卖主不得重复出卖,如若欺蒙买主,进行一业二卖，卖主必须受罚。如在1913年富顺县堂判文中载明：王政信将海流井日份十五天一时半，议价银三百两卖与尹三乐堂，"随即招捡，当有王李氏执政信弟兄押借此井百两银数约据，尹氏故未过数，王政信以尹姓持数不交，始行重卖李维馨，议价银一千二百两，系二年后接井，亦已立契成交，呈验不虚。初讯饬两造凭团理落具复，并责尹依仁、王李氏到案，分别佃借各级真伪再夺。今据团复：实尹姓承买在前，而李维馨承买在后"，"对据尹依仁到案呈出佃约据属真"，"而李维馨所买日份年限，与尹依仁所佃日份年限抵触，已属非是"，"又据王李氏呈出借约查验属实"，"以上各情，李姓之重买，实咎由卖主握老契未交，借此串弊一业二卖，业已报判令尹姓承买李姓重买无效"，至于李维馨所持尹依仁佃约，是否是王政信伪造，"着将政信首押，候传代笔人到案质明，再行拟办"①。李维馨不服，控告到四川省高等审判厅，四川省高等审理查明，"王政信并未将过岗契交付尹三乐堂，其买卖之手续已不完备"，结果李维馨胜诉，李维馨与王政信之买卖契约有效②。

为了防止盐井日份或锅口一业二卖，自贡盐业厂规习惯法还规定了"过岗约"，即买卖日份是否成交，买卖契约是否有效，必须以"过岗约"为准。这表明"过岗约"在防止一业二卖中起着十分关键的作用。

（五）买卖不破租赁

在四川盐业买卖契约中，存在着盐井日份或锅口先佃后卖的现象，即在盐井开凿过程中或经营过程中，日份或锅口所有人将自己所占日份或锅口全部或部分租佃给他人，后又将该租佃出去的日份或锅口出卖，但是后来的出卖并不影响租佃的效力，待租

---

① 自贡市档案馆藏，42-3-68-32号卷，中华民国三年十一月二十八日富顺县堂判决书。
② 自贡市档案馆藏，42-3-68-85号卷，中华民国七年一月二十四日四川高等审判厅民事第二庭民事第七号判决书。

佃期限届满后,买主才能接四掌管经营,买卖契约始生效力。通常以"顶"表示租佃,而"杜顶"则"系绝卖之意"。如在中华民国二十九年二月一日立出杜顶年后子孙锅份及廊厂等文约中载明:戴荧将洪旺井应占子孙锅份四口,早年同伙抵佃与程赞扬、陈德章推煎;继由程赞扬等转佃与陈雁宾明夷灶推煎,年限迄今尚有六年余,至丙戌年古历二月三十日为限满,斯时应照该约接回锅份。当兹困难严重,空袭紧张,意愿另图。先尽伙内,无人承顶;然后请凭中证,愿将已下所顶得王珊出顶之锅份四口,及天地二车、柜房、车房、楻桶房等一切廊厂,完全杜顶年后与黄蕴笃名下,子孙永远管业锉办推煎①。又如在中华民国十一年壬戌古历五月初四日立出杜顶子孙基业昼夜水火油盐井日份契约中有:黄义兴将玉龙井(后取名裕昌灶)"佃与刘焕斋煎烧,一佃十年零六个月,以壬戌年五月初一日起,至壬申年十月底为满"。佃限满时,将其所占锅份二口出卖给杨启贤经营"俟佃限满时,由所启贤堂直接在刘焕斋手内接四锅份,煎烧管业,并无敷补,义兴不得干涉、赎取等语"②。这种先佃后卖形式,存在租赁和契卖两层法律关系,当租赁法律关系终止后,买卖法律关系才生效,所以有人又称之为"出顶预卖约"。

(六)地随井转

在自贡盐业买卖契约中,盐井日份或锅口的买卖,其所占之土地随井份或锅口一并转移,这是自贡盐业买卖契约中的一种普遍现象。在契约中,往往先言日份或锅口份额,再用"并"字将所占土地一起买卖。如"关于本井日份基址,毫无提留,今请凭中证,杜卖与三义堂经手李松龄名下淘锉推煎,子永远管业。"③

---

① 自贡市档案馆藏,8-1-736-114 号卷,中华民国二十九年二月一日立顶约。
② 自贡市档案馆藏,17-1-652-9 号卷,中华民国十一年壬戌古历五月初四日立预卖预顶约。
③ 自贡市房管局藏,房 1-34 号卷,中华民国二十九年十一月十日立杜顶杜卖约。

又如张伟舟、张季良、张汝钦将大海井日份三契，共计七天零十时一分正，及"所有该井天地二车、一井三基、房屋、廊厂、家具等，一并在内，牛马出路、抬锅运水、风篾定桩、堆渣放卤、四围界址"，"一并出卖与德庆生名下，子孙永远管业"。

（七）风险责任的明确界定

在自贡盐业买卖契约中，出卖人与买受人的风险责任划分是非常明确的。出卖前，出卖人对其所占井业日份或锅口须进行"招捡"，在出卖后若发现有"井事不清、外债不明"的，一律由"卖主承担，不与买主相涉。"对于买受人而言，承买后，盐井的续锉推煎风险则转移给买方，出卖人则不承担责任。例如："自卖之后，任凭买主推煎办理，惟张姓亲人（笔注卖方）等不得生端异说。如有该内事不明，一力有卖主经手承担，并照卖契三张履行，及该井一切纠纷，概与买主无涉。"①"如日后水火消涨，各所天命，两无翻异，并无勉强。"②"如有井事不清、内事未明，自行理落，不与承顶人相涉。将来井见大功，亦不得言及挂红、赎取等语。"③

---

① 自贡市房管局藏，房1-27号卷，中华民国二十三年甲戌岁阴历十月二十八日立杜顶杜卖约。
② 自贡市房管局藏，房1-21号卷，中华民国二十一年壬申岁五月三十日立杜顶杜卖约。
③ 川南盐务管理局自贡分局-49-9号卷，中华民国七年戊午岁阴历六月十二日立杜顶杜卖约。

第七章 盐业析产契约论

在近现代的盐业生产经营中,盐户盐商积累了一定的家产,家族日益繁兴,人丁兴旺,"树大发杈,儿大分家"之俚语形象地概括出了盐业之家的家庭发展历史。兄弟成人立家之后进行分家,必立"分关",订立分关契约,就是凭证,这是盐户盐商们的规矩。兄弟分家包括祖遗财产、父辈产业甚至包括兄弟之间的创业所得都在内,仅凭父辈、兄弟商议还不行,还必须请家族中有威望的族人参加,以便主持公道,将财物搭配公平合理,并"口说无凭,立契为据"。立分关契约很严肃,首先由家长公开家底,公开股份,共同商议,然后将各股名目写成纸条,捻成砣子,应分得者,各人去拈,叫"抓阄",拈到那一份就是那一份,最后将各人分得的一股,包括父母的养老股写成"分关",各股当事人画押(签字),族人中证签名,"分关"方能生效,受到社会各界的承认和维护。此外,父母也可通过立赠予契约、遗嘱契约等方式对祖遗及自己所创之家业进行析产。

所谓分关,是指家庭内部财产分割时所订立的析产文书,是一种家庭内部财产(包括动产和不动产)转移的一种"辅助"凭证。这种家庭内部财产转移,可暂不到政府管理部门办理过户手续,而是以"分关"文书来确认财产份额和所有权人,直到将所分得的财产份额出卖与外姓人时,方才到政府管理部门办理财产外部转移的所有权证书。因此,我们可以说"分关契约"就是"析产契约"。而自贡市档案馆等合编的《自贡盐业契约档案选辑》"第五辑房产、车炉及借贷、分关类"中专门列出一类称之为"分关析产约",在该书的引论部分的第三章"井灶买卖和其他契约"第三节中又仅以"析产"称之,所说的内容和资料仍为"分关析产约"中所载录的，这就出现混乱①。张传玺主编的《中国历代契约汇编考释》中收录的家庭财产分割契约，称之为"分家文书"、"析居合同文书"、"分产合同"等，其所载内容悉为分家析产之契约。② 现在研究著文称之为"盐业析产契约"，是从"分关"和"析产"的内在意蕴出发的，顺从习惯，不敢忘断先辈的言语。

一、盐业析产契约的种类

纵览近现代盐业析产契约，经过分析归类，概括起来主要有四大类：

（一）遗嘱析产契约

此类契约，乃为长辈因年迈高龄，子孙日盛，家政繁兴，或因时市变迁，而将其祖遗财产和自身积聚的家业进行分割予各子孙，分立门户，独立为业。常以遗嘱方式进行析产，子孙只能遵从，无权表示异议。

如熊德三于中华民国十年立遗嘱契约：

"情因为父年已高迈，生齿日盛，弗胜料理，父子公孙商议，请凭族亲等，将子三房分析，各立门户，以望后日各振家声。今将现款三千串正，分给三房，每房各分授一千串，以作生营创业之善策。……即派三房均分，无多寡厚薄之别，余外不得分授。至于井灶产业，概归为父提留。……其欠外债银一千一百二十八两正，有帐簿为据，债银由为父在井灶产业内所取以作偿付外债，不能派及三房子孙。其家具物件，三房均分；所提物件，归为父使用。至于提留井灶产业，有提约为据，待外债、会项支付完清，概归二老生作奉用，没作蒸尝，子孙三房人等不得争占侵吞，生

---

① 自贡市档案馆等合编《自贡盐业契约档案选辑》，中国社会科学出版社1985年版。
② 张传玺主编：《中国历代契约汇编考释》，北京大学出版社1995年版。

端异说。自此分析,各房子孙不得争多论寡,谈薄道厚,概俱为父凭众族亲给派公平。以后各须克勤克俭,善始成终,愿尔房房发达,各各荣昌。此系父子公孙欣允悦服,无有勉强等情。恐口无凭,立遗嘱分关约三张,各执一纸永远存据。"①

又如罗树轩于中华民国三十五年立遗嘱分关文约:

"立遗嘱分关文约人罗树轩,近凭族亲世谊等到场,特立遗嘱如下:

(一)绪 言

"余行年七十,自顾生平无一技之长,未能修善积德以贻子孙,幸赖祖宗余荫,生继繁茂,积数十年之心血,所获虽属无多,但薄田产业足以自给。兹余老矣,无能自植,亟应将余所置产业分授诸子,俾自独立成家,各安生业,克尽厥志,是余之厚望焉!

(二)家庭状况

一、余妻沈氏生四子:万荣,万森,万钧,万鑫,均已授室。万荣、万鑫天逝,万荣妻曹氏孀居,遗女四,待字;万鑫妻李氏亦卒,遗女一,尚幼,现抚万森子为嗣。

二、余副室陈氏生四子:万全,万良,万亿,万兆,女五均幼。综计全家丁口,现存子孙共三十余人。除余夫妇以外,所有产业划分为八股,以诸子每人各为一单位,各占一房(万荣以曹氏分授,万鑫以抚育万森子世展代受),每房冠以忠、孝、仁、爱、信、义、和、平八字,以明系统。

(三)产业暨分配

一、关于提出分配之产业部分,计有:

(1)三、四、五、七副全兴灶共计炭巴锅额五口;

(2)龙涌井(包括水车、水碾)除子孙日份一天外,其余概系佃业;水车、水碾、磨房,均系子孙业基址在内;

(3)煜涌井子孙业二口五分,其余应占锅份概系佃业;

(4)金龙井原有日份地脉、开锅,照契约行事;

---

① 自贡市档案馆藏,42-3-2-10号卷,中华民国十年岁官辛酉葭月二十五立遗嘱分关契约。

（5）苟氏坡第二盐垣；

（6）向家岭租谷二十六石；

（7）其余零星产业，另列表分执。

以上各项，作为八股均分：由余及副室陈氏统率其子万全等四股，由余妻沈氏统率其子万森等四股。

二、关于提出抵押债务部分：

（1）日新盐厂、又新盐厂两口平锅所占全部二分之一应有一切设备；

（2）玉海井所占锅份九口六分应占之机车锅炉；

（3）熙龙井锅份十二口；

（4）金龙井所占锅份十八口及佃业三口。

以上五项，截至目前为止，各处负外债约九千万元（帐单抄附）。兹取得各房同意，将上列产业及应收回外债，完全交与万钧抵偿外债，或自行经营，各房不得过问其业务收支，并不负偿付债务责任，从此断绝权义，亦不借故赎取。

三、关于房屋部分：

（甲）新置座宅：本年新置宫仓后住宅一所，全向约十余间，此宅作为余与副室陈氏及其子万全、万良、万亿、万兆及女等住居。

（乙）旧有座宅：菜市坝原宅全向，除正堂屋提为祖宗樊献，下厅巷道财门系公共出入所在，右厢房客厅五间为众上办公地，正房右方寝室一间，为余妻沈氏住所外，其余经万森兄弟及其嫂曹氏三房商定住居如下：本宅地基系向罗六一堂所佃，另有契约，此时暂为居住，俟世展成人授室时，再划为四股，按房拈阄居住。

（1）正房左方寝室三间，后面店房一间，共四间划为长媳曹氏居住。

（2）左厢房四间厢房，后进新创横房四间（厨房在内），前厅靠左横房一间，划为万森及万鑫之女居住。

（3）后街店面三间，右正房一间，及巷道一间，右厢房上首一间，新建厨房三间，划为万钧居住。

综上产业分配原则，自划分后，除座宅划为暂时居住分配外，其余企业消涨，得视以后情形而定，唯须照本原则拟议施行。

（四）结论

自经余此次分授后，尔诸子应各自努力，光大门户，以垂永远。所有既分股权能分断者，须各自保管；至须合资营业者，应于诸子中公推一人，总持业务进行营业各事，每年开常会一次，审核全年业务状况。如有兴革事宜，可随时召集会议，决定并记录在卷。各房权利、义务应平均分担，各立户头，按月分配。主持人如有不公开情事，得随时召集开会另选，以利改进，是所至嘱。

  凭证 族长罗幼恩
    长房罗奎文 罗荣川 罗元季 罗汉材
    二房罗奎钦
    三房罗子成 罗文俊 罗万闻
    亲友李东坪 孔跃儒 曾治修
       吴启文 高希天 颜寻渊
       王绍槐 魏均台

立遗嘱分关文约人 罗树轩 沈氏 陈氏
 忠 长媳曹氏 孝 次子万森
 仁 三子万钧 爱 孙世展逞继万鑫
 信 五子万全 义 六子万良
 和 七子万亿 平 八子万兆

中华民国三十五年十月二十日谷旦

罗树轩将其所置之全部家业——井灶锅口、房屋、田产，划为八股，以诸子每人各为一单位，各占一房，每房冠以忠、孝、仁、爱、义、和、平八字。妻沈氏生四子为四股，副室陈氏生四子为四股，均分其产。①

（二）宗族析产契约

在中国封建社会中，宗族制度根深蒂固，宗法制度的实质和中心任务在于维护家长、族长的特权与威望，因此，血缘关系上

---

① 自贡市档案馆藏，8-1-761-21号卷，中华民国三十五年十月二十日、三十七年三月十六日立遗嘱分关契约。

的尊卑亲疏，对于民事上的侵权行为的制裁有着直接的影响。国家赋予族长调解族内纠纷，处理族内事务的职能。由于族长"奉有官法，以纠察族内之子弟"，因而俨然是族内的法官，对族籍、尊卑秩序、财产关系、婚姻继承、祭祖祀宗等均有强制干涉之职权①。在盐业析产契约中亦体现出了宗族强制析产的烙印。

如富荣盐场王云沧，"以自其曾祖王朗云起，一子单传，占三畏堂股权最大，为百分之十六点七。个人田产与其妻分居后，亦拥有年租近两千石，因此有'人王'之称。云沧不学无术，有乃父的淫奢不及其豪华，常受马伕轿班的愚弄，娶妾嫁妾，买马卖马，不数年卖尽田产，乞食于妻，时人名之为'黑十字会正会长'，盖因卖田须画押'十'字故名"②。姻与族人念及王云沧"运途多舛，讼狱繁兴，骄侈逾恒，间有波（破，笔者注）费，以致债台高筑，典质一空，坐拥膏腴，时行拮据。为之姻与族者，则为念及先人之血食惧有亏残，更为虑及妻子之凌夷将成冻馁，于是共筹补救，法取分担，借保生成，用绵禋祀。于是商之云沧，而云沧亦慨然允诺。除将威远石坪田业提作郎云公挣尝，由其发妻陈氏保管、云沧监督外，所有产业，划作二份，云沧与其妻陈氏各管一份，不相干与（预，笔者注）；并凭姻族订立分担合约为据"③。

（三）兄弟分关契约

因祖遗井业房屋田产"尚未均分"之情形下，为了更好掌管经营，或因家庭矛盾，或因时事多拮，于是兄弟商议，对其祖遗、父辈所创之井业房屋田产进行分关，订立分关契约。

如邓璋、邓瑀两兄弟于乾隆二十四年所立的分关文约：

---

① 张晋藩主编：《中国法律史》，法律出版社1995年版，第430页；张晋藩著：《中国法律的传统与近代转型》，法律出版社1997版。
② 自贡市政协文史资料委员会编：《自流井盐业世家》，四川人民出版社1995年版。
③ 自贡市档案馆藏，42-3-20-1号卷，中华民国十年六月三日自贡地方审判厅诉讼文书。

"情因祖遗坐落洞子口田地、亡父置买后湾、并弟兄共买桥坎上、璋承买大屋嘴上下四业之田粮,尚未均分。今有弟兄和同共议,虽居相连,不便耕种,自愿请凭堂兄邓荣等,其田有湾原粮一钱九分七厘,拨入洞子口,有璋屡年帮纳,今帮纳不便,自愿拨回大屋嘴入册办纳。以凭祖宗凭阄拈定:其上三份田地,并与邓启赞清界田土山场树木,寸土块石,一概尽归与璋子孙管业;下洞子口祖遗与权秀昌买业田地山场树木,寸土块石,一概尽归与邓瑀子孙管业。二家寸土不留,其田地均作二份田平粮平二。……自掉明之后,二家子孙永远不得悖约生端异说。今恐人心不古,立写分关掉约合约,子孙永远为据。"①

又如王庆怡堂之三房子共十余人于光绪三十二年立分关合约:

"情因食指日繁,难以同居,叔侄弟兄公(共,笔者注)同商议,请凭族戚,将先年所创彭家冲、廖家山、文峰山、蕉椅湾、喜宝湾,并所佃高硐寺业碾子山田土房屋稳钱,及笕、灶、井厂日份生理,俱照三房均分。……此系三房人等请凭族戚会商妥议,同归画一。恐口无凭,立分关合约三纸,三房各执一纸,子孙永远存据。"②

(四)馈赠契约

在封建私有制社会家庭中长辈拥有至高无上的权力,家庭财产为长辈掌管和处分,这种处分是较为自由的,一般不会受到家人和族亲的干预。通过馈赠方式处分家庭财产便是其中之一种。盐商盐户们析产订立馈赠契约,有的是由于其膝下无嗣而难以为继,有的是虽有嗣而不司赡养之义或不务正业,为使其所创之家业传承光大,在族亲之见证下立赠予约,这就是特殊的遗嘱析产契约。《清律辑注》中记载:"无子者许令同宗昭穆相当之侄承继,

---

① 自贡市档案馆藏,42-1-1933-2号卷,乾隆二十四年己卯十一月二十四日立兄弟分关契约。
② 自贡市档案馆藏,42-1-1934-14号卷,光绪三十二年岁次丙午仲春月二十八日立兄弟分关契约。

先尽同父同宗，次及大功、小功、缌麻，如俱无，方许择立远房及同姓为嗣。"①

如余述怀于中华民国三十六年立馈赠约：

"情因本人年迈倦勤，请凭族亲人证，将往年在贡井场席区窑嘴合伙经营达生灶炭圈所占股份三股，除提留一股外，兹以二股转移与荆人余崔佐禄名下永远承受，本股份一切应享权利，任其管有行使。事属赠予行为，例无取偿值之理，故本约不载银钱数字，并经注名无异。恐口无凭，特立转移文约，交承受人存执为据。"②

又如廖树卿于中华民国三十七年立赠予约：

"兹因胞侄泽渊升现已成长，经理商务，愿将所有四口圈额（德全灶炭巴圈，笔者注），提出三口二分，连同三口二分应占之一切设备，赠予泽渊；所余之八分圈额，仍归树卿所有。自赠后，泽渊即取得所有权，一切盈亏，由泽渊负责，树卿不予过问。特立赠予书一份为据。"③

二、盐业析产契约的准备

盐商盐户们对自己所拥有的家业进行析产，一般来说都是较为殷实富裕的大家庭，几代人同居一处，几世同堂，其井灶锅圈、田土山泽、房屋器具甚多，分家析产时较为烦琐，往往要做好分关前的准备工作。从盐业析产契约来看，其准备工作主要有如下几项：

（一）提出析产的意见

财产所有人根据家业和家庭成员的情况，遵从"祖上遗训"和当地的习惯规则，提出析产的意见，如财产怎样搭配问题、按

---

① 张晋藩主编：《中国法律史》，法律出版社1995年版。
② 自贡市档案馆藏，8-1-747-116号卷，中华民国三十六年十月二十六日立馈赠约。
③ 自贡市档案馆藏，5-4-56-42号卷，中华民国三十七年八月十二日立馈赠约。

子孙每人一股均分问题等，都要考虑周全，再与承受人协商讨论。由于子孙最后取得那一份财产，是最后以"拈阄"的形式来决定的，事前与子孙们协商，也减少了"拈阄"后再有人反悔或无理取闹。如李平川、李南山订立的分关合约中写到："堂谕归祠凭族书立分约"，表明家族祠堂所立规矩在分家析产订立"分关合约"中是一个重要的依据。① 又如邓璋、邓瑀两兄弟分析"祖遗坐落洞子口田地、亡父置买后湾、并弟兄共买桥坎上、璋承买大屋嘴上下四业之田粮"，"和同共议"，拿出一个分割意见。又如熊德三将其家业分析，提出析产意见与"父子公孙商议"，达成一致意见，"此系父子公孙欣允悦服，无有勉强等情"②。再如刘多庆立分关文约亦如此，"此系叔侄弟兄自相酌议，欣允乐从，并无勉强迫避等情"③。一方面体现和维护了家长制权威，另一方面又体现了析产过程中的协商精神，为平均分配财产做好了前期的准备工作，从而使订立的分关约在父子公孙中具有权威性，并能得到了很好的贯彻执行。这也体现出了盐业析产契约蕴含了平等协商与意思一致的法律精神。

（二）草拟分关文约

财产所有人提出的分家析产意见经父子公孙弟兄商议趋于一致的情况下，就由家中人或请当地专事替人撰写和约之人草拟分关文约。分关文约一般包括的内容有：

① 序言，简要说明析产订立分关合约的原因。

② 财产分配，记明财产名称、数量、位置及每个人应得份额和公用财产等。

③ 父母提留，记明财产的种类、数量，并记载父母提留的

---

① 自贡市档案馆藏，6-1-339-289号卷，光绪十九年癸巳岁十一月二十一日立分关合约。
② 自贡市档案馆藏，42-3-2-10号卷，中华民国十年岁官辛酉葭月二十五立遗嘱分关契约。
③ 自贡市房管局藏，房4-6号卷，中华民国十三年岁次甲子阴历冬月二十六日立分关文约。

财产份额的使用,如父母生前作口食奉养之用,父母辞世后没作蒸尝(笔者注:蒸尝,公共祭祀费用),属于子孙们共有,一般不能出卖。

④ 结尾,一般简要载明这样几项,订立分关合约的自愿性,长辈的祝词或弟兄之间勉励之语,合约份数和保存,族人、保证人或见证人、立分关文约人、代约人等签字画押,最后载明订立的时间。

(三)请凭族人亲友为中证人

家族中德高望重的族人(包括姻族人)在家庭事务的处理上具有很高的威信,分家析产是家庭的大事,自然就离不开族人的参与。其理由在于:一是基于族人的威望与信任,二是族人经验丰富,熟悉祖训与析产规则,三是族人对分配财产中保持公正有着监督作用,四是族人对财产分割中发生的争执和异议能进行劝说调解,以避免矛盾的尖锐化。所以大凡分家析产中均要请凭族人到场,在族人的监督下订立"分关文约",其表现在于每一份分关文约中都记载了这样的话语:"请凭族证","以上各情,当凭族亲作证","请凭族亲","请凭中证","请凭族亲人证",等等。它们虽表述不尽一样,但其意思是一致的。族人亲友在家庭析产契约订立过程中起着类似现今公证人的作用。

(四)确定订立分关文约的时间、地点及其参与人等相关事项

三、盐业析产契约的主要内容

(一)盐业析产契约的主体

在中国,关于家族本位的意识根深蒂固,源远流长,它辐射到生活的各个方面。当然"在生活资料的生产到消费的过程中,强调的也是由家长、或放大的家长权威——政府来进行分配的原

则"①。民国时期援用《现行刑律民事有效部分》并进行了具体的解释。在关于契约主体资格的规定方面，肯定契约行为的主体必须是家长，否则契约无效。《户役》卑幼私擅用财条规定："凡同居卑幼，不由尊长，私擅用本家财物者，十两处二等罚，每十两加一等，罪止十等罚。"虽此条罚则失效，但严禁卑幼私擅用财的原则在民国时期仍有效。所谓"卑幼私擅用财"是指卑幼私自处分财产的契约是无效的。它适用于盐业析产契约，父母在则子女无私擅用财的权利，父母辞世后家中长子才能承继父权，而处之下者亦无私擅用财的权利，因而对析产的主体进行了严格的限制。从前面的分析中可知，盐业析产契约的主体称为析产当事人，主要有四类：一是长辈与晚辈，即长辈健在之际，因诸种因素而将其祖遗或自身积聚的财产分配给晚辈，长辈为析产主体，晚辈子孙为接受析产的主体，这在盐业析产契约中具有普遍性。因为子女"父母在，不敢有其身，不敢私其财"以及"昆弟之义无分"②。析产契约行为的主体只能是男性家长，女性家长进行析产契约行为必须依托男性亲属来进行，或为其子，或为其族内尊长。二是宗族有威望的族人与财产承受人。在宗族祠堂中，若有骄奢淫逸而恶及妻室子孙生存发展者，宗族族人则可以强制对其财产进行析产，其财产由该妻室晚辈子孙承受，宗族族人尤其是族内德高望重之人则为析产主体，承受人为该骄奢淫逸之人的妻室晚辈子孙。三是馈赠者与受赠者，即财产所有人通过订立馈赠契约将其财产赠予胞侄等人。四是兄弟分关，对祖遗和父辈所创之财产在祖、父母辞世后进行分割，他们既是分关主体，又是分关的受体。其中第四类在盐业析产契约中是一种主要的分关方式。

（二）盐业析产契约的客体

客体，即析产的对象。综观盐业析产契约，其客体包括动产

---

① 郭建著：《中国财产法史稿》，中国政法大学出版社2005年版。
② 《礼记·坊记》，见（清）阮元校刻：《十三经注疏》，中华书局1980年影印本。

和不动产,主要有三类:一是实物,如井业、灶、笕、田土、房屋及相应器具设备等,如罗树轩立遗嘱将其龙涌井"水车、水碾、磨房","苟氏坡第二盐垣","新置住宅","旧有住宅"等分受给发妻及副室子孙共计三十余人各四股①。二是股权,即锅口、日份,如余述怀将其"往年在贡井场席区窑嘴合伙经营达生灶炭圈所占股份三股,除提留一股外,兹以二股转移与荆人余崔佐禄名下永远承受"②。又如王三乐堂将其锉办的济金井"子孙日份二十三天零九时"分给三房子孙,"三房各派七天,下余二天零九时,以作每年香灯拜扫一切费用"③。三是货币,如熊德三立遗嘱契约:"将现款三千串正,分给三房,每房各分授一千串,以作生营创业之善策。……即派三房均分,无多寡厚薄之别,余外不得分授。"④

(三)盐业析产契约的形式

盐业析产契约的形式,概括起来,主要有两大类六种形式。

第一类是在析产中,以书面为主,析产人往往通过立书契形式而将其所有的财产进行分割。常用"恐口无凭,立分关合约三纸","特立赠予书一份为据","今恐人心不古,立写分关掉约合约,孙永远为据"等证明语句。

第二类与第一类不同,具体情形又分为五种:

其一,将财产完全分析给每一个承受人。如邓璋、邓瑀两兄弟立分关文约将"祖遗坐落洞子口田地、亡父置买后湾、并弟兄共买桥坎上、璋承买大屋嘴上下四业之田粮","二家寸土不留,

---

① 自贡市档案馆藏,8-1-761-21 号卷,中华民国三十五年十月二十日、三十七年三月十六日立遗嘱分关契约。
② 自贡市档案馆藏,8-1-747-116 号卷,中华民国三十六年十月二十六日立馈赠约。
③ 自贡市房管局藏,房 2-17 号卷,中华民国十一年岁次壬戌二月二十四日立分关文约。
④ 自贡市档案馆藏,42-3-2-10 号卷,中华民国三年岁官辛酉葭月二十五日立遗嘱分关契约。

其田地均作二份田平粮平二"。①

其二，将所分财产先提留父辈奉用后进行分析，以保持"老有所养"。如熊德三将现款均分给子孙三房，"至于井灶产业，概归为父提留"，"所提物件，归为父使用。至于提留井灶产业，有提约为据，待外债、会项支付完清，概归二老生作奉用，没作蒸尝，子孙三房人等不得争占侵吞，生端异说"。② 又如王三畏堂之王郎云为了保护提留祖祠蒸尝不被子孙变卖侵占，与其三房弟侄议定，将提留井田"以绵祭祀"于光绪三年（1877年）撰写申奏之文稿，禀请清廷立案，刻碑于玉川祠堂，使子孙永远遵守③。

其三，先将财产分为公用和私用，对私用财产进行析产，而公用财产则不得分割，亦不得侵占。如王三乐堂将其锉办的济金井"子孙日份二十三天零九时"分给三房子孙，"三房各派七天，下余二天零九时，以作每年香灯拜扫一切费用"，"堂屋神桌一张，蜡具一对，汉文椅一堂，及祀神器具，公共存留"。④ 又如琀裕等四房子孙分关祖业，"除井基不便划断，仍照四房同场经理。……祖堂及檐阶公有，财门及檐阶下至石坝公有"⑤。

其四，财产分割首先讲求"分断"，永无瓜葛；其次才讲求无法"分断"者则可"合营"。如罗树轩立遗嘱将其名下的财产分授子孙，"所有既分股权能分断者，须各自保管；至须合资营业者，应于诸子中公推一人，总持业务进行营业各事"⑥。

其五，析产方式带有神秘色彩，常把要分析的财产依据承受

---

① 自贡市档案馆藏，42-1-1933-2号卷，乾隆二十四年己卯十一月二十四日立兄弟分关契约。
② 自贡市档案馆藏，42-3-20-1号卷，中华民国十年六月三日自贡地方审判厅诉讼文书。
③ 自贡市政协文史资料委员会编：《自流井盐业世家》，四川人民出版社1995年版。
④ 自贡市房管局藏，房2-17号卷，中华民国十一年岁次壬戌二月二十四日立分关文约。
⑤ 自贡市档案馆藏，5-4-40-43号卷，中华民国十九年立分关文约。
⑥ 自贡市档案馆藏，8-1-761-21号卷，中华民国三十五年十月二十日、三十七年三月十六日立遗嘱分关契约。

人的多少而在祖宗牌位前作福、禄、寿、喜等字划为等份,通过"抓阄"方式进行析产,一来是用"福、禄、寿、喜"或"忠、孝、仁、爱、义、信、和、平"等吉祥文字祁愿子孙"房房发达,代代荣昌"或"永敦和好,主富贵荣华";二来体现公平合理之义。如刘多庆堂有三房子孙,将财产分析为三份,"议定请凭族亲友等作证,敬祀祖宗,即在祖宗位前作阄福、禄、寿三字,三房子孙看明,当众拈阄"①。又如玱裕等四房子孙分关祖业,"爰将此老宅配搭均匀,以福、禄、寿、喜四字,划作四房分居"而进行"拈阄"确定。②

(四)盐业析产的原因

从大量的盐业析产契约中,首先要载明析产的原因,概括起来,不外乎有以下四种:一是"人口浩繁,生齿日盛";二是"年已高迈,弗胜料理";三是"时市变迁,难以料理";四是因"运途多舛,讼狱繁兴,骄侈逾恒,间有波(破,笔者注)费,以致债台高筑,典质一空,坐拥膏腴,时行拮据"。

四、盐业析产契约的特点

从前面研析的内容来看,我们可以概括出盐业析产契约具有如下的法律特点:

(一)种类的多样性

从总体来说,有两大类,一是以父辈是否在世时来分,有父辈在世时由其提出并与妻室子孙订立的分关文约,与赠予人订立的馈赠契约,有父母辞世后由兄弟之间协商析产而订立的分关合

---

① 自贡市房管局藏,房 4-6 号卷,中华民国十三年岁次甲子阴历冬月二十六日立分关文约。
② 自贡市档案馆藏,5-4-40-43 号卷,中华民国十九年立分关文约。

约；二是以家族规则对族中家庭进行强制析产来分，有宗族对家族中日渐败落之人进行的强制析产而订立的分关文约。

（二）自愿与强制析产相结合

在盐业析产契约中，一是长辈因年岁已高，子孙众多，经营管理困难而自愿将其祖遗和自己积聚的财产分配给子孙，在契约中常用"叔侄和同共议"、"叔侄弟兄公（共，笔者注）同商议"、"父子公孙商议"、"祖孙叔侄合同商约"等语，体现出了长辈析产的自愿性；二是长辈在世时未将财产分关，子孙们往往因经营、管理和各自创业之需要而达成析产协议，将其祖遗和父辈积聚的财产以及弟兄所创财产部分进行分关，在契约中常用"弟兄和同商议，虽居相连，不便耕种，自愿请凭堂兄邓荣等"为中证人而进行财产分配，亦体现了兄弟分关的自愿性；三是长辈无需与子孙商议而依族书家规将其财产进行分割，这多出现在析产馈赠契约中，析产人膝下无子而自愿将其财产赠予胞侄等人，体现出了财产馈赠的自愿性；四是因宗族中有耗财甚巨而可能危及妻室子孙生存发展时，由宗族族人进行其财产强制分割，体现出了宗族析产的强制性。

（三）女子无财产承受权

由于中国传统的"重男轻女"思想观念，在家业析产中，通常实行排除女子承受权的男子单系承受制，因为"一个人的物质享受应该与他所处的社会地位相一致。于是，物质享受就转而变成一种特权，一种待遇，一种特定的身份"。即使家中有女子而无儿子，家庭财产也不能传授给女子，需另立嗣子承受家业，正如法国历史学家古郎士所指出的，主要是因为将来接替父亲祭祀祖先的是儿子，并且儿子还要负担继立门户、赡养父母的义务，作为对家庭所尽义务的报酬，便是使儿子具有独占性的承受家产的权利。女儿未成年时一般与父母同居，可获得生存长大之温饱和备办嫁妆的份额，女儿长大后要嫁与别姓，没有了对娘家继立门户、赡养父母的义务，相应地也便失去了承受家产的权利。这反映出了私有制和宗法制的封建社会中法制理念的畸重。如罗树轩立遗嘱分关文约，将其财产分为八股，由发妻沈氏所生之子万荣、万森、万钧、万鑫和副室陈氏所生之子万全、万良、万亿、万兆共八个儿子承受，"每人各为一个单位，各占一房"，陈氏所生之"女年幼"，则未有父亲家业的承受权。万荣、万鑫虽夭逝，所生之女亦均无代受父亲所应受份额的权利，即便如此，万鑫应得份额也不由其妻李氏代受，而由万鑫之养子世展代受。①

（四）家规族书作为析产的依据

作为维护封建秩序重要一翼的家长制在联宗收族的封建国家中延至封建社会后期得到了进一步的强化，社会上大量流行的"家训"、"宗规"之类的族内习惯法对族内成员具有约束力，与国家法一道维持着社会秩序。正如梅因所言："家族中的每一个个人，其行为的准则是他的家庭的法律，以'家父'为立法者。……而在每一个发展过程中必有大量的个人权利和大量的财产从家庭审判移转到公共法庭的管理权之内。政府法规逐渐在私人事件中取得了同在国家事务中所有的同样的效力。"②所谓"家之有规犹国之有典也，国有典则赏罚以饬臣民，家有规寓劝惩以训子弟，其事殊，其理一也"。家规族书调整的范围几乎涉及族内生活的一切领域，如族籍、尊卑秩序、财产关系、婚姻继承、祭祖祀宗、窃资赌博等。③北洋政府大理院民国四年（1915年）上字第22号判例表明：法律无明文者，从习惯；无习惯者，从法理。北京政府司法部颁行通饬称："个司法衙门审理民事案件，遇有法规无可依

---

① 自贡市档案馆藏，8-1-761-21号卷，中华民国三十五年十月二十日、三十七年三月十六日立遗嘱分关契约。
② 梅因著，沈景一译：《古代法》，商务印书馆1984年版。
③ 张晋藩著：《中国法律的传统与近代转型》，法律出版社1997年版。

据、而案情纠葛不易解决者，务宜注意于习惯。"① 南京国民政府对于法律的适用，定出原则："凡民事一切须依法律之规定，其未经规定者，始得援用习惯，并以不背公共秩序或善良风俗者为限。"② 盐业析产自然便依家规族书而行。如李平川、李南山兄弟分割继父李紫东财产时："堂谕归祠凭族书立分约，从前字约，当众批明，以后各执分关管业，体恤前人；自此以后，永敦和好，毋得恃强凌弱，以众暴寡，所有业事，彼此相商，不得因忿勒掯。"③

此外，在每一份盐业析产契约中均有"请凭族证"，"以上各情，当凭族亲作证"，"请凭族亲"，"请凭中证"，"请凭族亲人证"等表明依据的语句。族亲作为分关的证人，主持"公道"，具有维护族规的权威性。

（五）代受制度的运用

所谓代受制度，是指财产承受人先于财产授予人死亡，其应承受份额由一定范围内的亲属代为承受的制度。在盐业析产契约中得到了适用。如在落树轩分析自己家业给子孙的契约中表明：其"万荣、万鑫夭逝"，"万荣妻曹氏孀居"，万荣应受份额"以曹氏分授"，万鑫虽授室李氏，但抚有万森之子世展，故万鑫应受份额由"世展代受"。正如张晋藩先生所言："妇人夫亡无子守志者，可以继承丈夫的财产，所谓'合承夫份'，但立嗣后，财产归嗣子所有。在清律中赘婿和养子，也享有一定的承继份额。"④

（六）客体的多样性

在盐业析产契约中，析产的客体对象既有实物如井业、田宅、

---

① 李倩著：《民国时期契约制度研究》，北京大学出版社2005年版。
② 谢振民著：《中华民国立法史》（下册），中国政法大学出版社2000年版。
③ 自贡市档案馆藏，6-1-339-289号卷，光绪十九年癸巳岁十一月二十一日立分关文约。
④ 张晋藩主编：《中国法律史》，法律出版社1995年版。

器具设备，又有股权如日份、锅口，还有货币，包括了有形与无形财产，动产和不动产，种类丰富，这与盐业生产经营的发展是紧密相连的，从一个侧面反映了中国近现代经济发展中资本主义生产关系的萌芽与发展。

（七）析产方式的多样性

在盐业析产契约中，析产方式的多样性主要表现在两个方面：一是一次性析产，二是多次性析产。一次性析产是指一次性地把祖遗财产完全分割分明，以免日后再生纠葛而再次分析，这既有将财产完全分配给每一个承受人，也有将所分的财产先提留份额作父辈奉用后再行分割；既有将财产一分为二，公用财产不得分配，仅私用财产进行析产，也有将财产"分断"与"合营"相结合，兼有浓厚的封建土地式的析产色彩和资本主义生产关系萌芽状态的合营性质。多次性析产是指父母在世时随着诸子长大结婚成家而陆续分财异居，但所分得的财产数量一般小于应得的平均数，待父母辞世后最后分清。如宝德堂、继善堂、三宅堂立分关文约中记载："兹长房五桂堂已分得三江井，各立分约为据。除长房五桂堂外，二房宝德堂、三房继善堂、四房三宅堂，此三房于未立分约之前早已商妥，此三房各分之井，仍作二、三、四房公共之井；……倘日后年久，此二、三、四房之子孙，愿将此三井剖断分明，再请凭族证另列字号拈分，乃为实是。"① 多样性的财产所有权转移方式，反映出了父辈赡养问题的解决方式——先提留份额做赡养之用；同时也反映出了共有财产在家族中的共同使用、共同管理、共同维护和私有财产的各自经理的二元财产结构形式。这是祭祀祖宗、维护家族的需要，也是商品经济发展到一定阶段在盐业析产契约中的体现。

---

① 自贡市档案馆藏，7-1-379-62号卷，光绪二十九年癸卯岁四月二十六日立分复合文约。

(八）析产财产买卖的"族内优先权"

在中国的传统契约制度中，涉及财产流转方面往往有诸多的限制，最突出的就是财产买卖的"族内优先权"制度。这种限制表明了财产流转的不完全性、不自由性的特点。这种限制的依据首先在于族规家训即民间习惯法，其次在于国家法的干预，如"产不出户"、"先尽房族"，私人财产的处分往往要经过族亲的同意。在我国民法史上，民间习惯早已有之，所谓"卖田会邻，成券会邻，古法也"，亲邻具有田宅的优先取得权，并且这种权利得到了法律的默认。在国家法方面，最早可追溯到《唐律》，这里面规定：亲、邻有先买权，且定其顺序。①《五代会要》后周广顺二年开封府奏准："如有典、卖庄宅，准例房亲、邻人合得承当，若是亲邻不要及著价不及，方得别处商量，和合交易。不得虚抬价例，蒙昧公私。若有发觉，一任亲人论理。勘责不虚，业主、牙保人并行重断，仍改正物业。或亲邻人不收卖，妄有遮悕阻滞交易者，亦当深罪。"《宋刑统·户婚律》"典卖指当论竞物业条"规定："应典、卖、倚当物业，先问房亲；房亲不要，次问四邻；四邻不要，他人并得交易。房亲著价不尽，亦任就得价高处交易。"北宋以后的敕条明确规定了问亲邻的顺序："凡典、卖物业，先问房亲；不买，次问四邻；其邻以东、南为上，西、北次之，上邻不买，递问次邻。四邻俱不售，乃外召钱主……二邻则以南为上，南北二邻则以东为上。"②《元典章》规定："诸典、卖田宅及已典就卖，先须立限，取问有服房亲（先后亲疏），次及邻人，次见典主。若不愿者，限三日批退；愿者，限五日批价。若酬价不平、并违限者，任便交易。限满不批，故有遮占者，仍不得典、卖。其业主亦不得虚抬高价及不相本问而辄交易。违而成交者，听亲邻、见典主百日内依原价收赎，限外不得争告。欺昧亲邻、见典主故不

---

① 《唐律》，转引自王利明《共有中的优先购买权》，载《民商法前沿》2002年第1、2辑，吉林人民出版社2002年版。
② 《宋刑统·户婚律》，转引自郭建著：《中国财产法史稿》，中国政法大学出版社2005年版。

交业者，虽过百日，亦听依价收赎。若亲邻、见典主在他所者，令以次人请问（谓亲邻、典主以次之人），若无人、并行程过百日者，不在告争之限。若遇饥馑灾患、丧凶争斗之事，须典、卖者经所属陈告给据交易。仰依旧例，行下各路照会施行。"① 明朝废除了先问亲邻制度，但民间仍有此习惯。清代买卖中的亲邻关系有所减弱，但在实际的民间买卖中，即便是亲邻交易减少，也并不排除在进行交易时曾有征求亲邻意见的情况。直到清末民初，民间依然有先问亲邻的习惯。盐业析产契约，主要订立于清、民之际，虽《大清律例》和民国初年《民法典》中未及以前法律规定明确的财产买卖"族内优先权"制度，但在民间是通行的，且得到了国家的认可。如北洋政府时期在《大清民律草案》基础上起草的"民律二草"虽曾被司法部通令各级法院作为"条理"援用，但"条理"的效力是较低的，"法律无明文者，从习惯；无习惯者，从条理"②。

（九）财产均分制

梁启超在言及中国古代家产演变历程时说，周"贵族所有土田，盖皆归袭爵之子"，"庶人之家，则其未制其闻"，商鞅变法后"秦人家富子壮则出分，则父在而子分居，财产独立"已成习俗，汉代以来一直在民间通行"兄弟均分遗产"的方式，并为法令所承认。《唐律疏义》规定："应分田宅及财物者，兄弟均分。……兄弟亡者，子承父分。兄弟俱亡，则诸子均分。"③《宋刑统》援用此条并进行了详细的解释④。《大明律例》进一步规定："其分析家财田产，不问妻、妾、婢生，止以子数均分。……如别无

---

① 《元典章》卷十九：《户部五·典卖》，转引自郭建著：《中国财产法史稿》，中国政法大学出版社 2005 年版。
② 李倩著：《民国时期契约制度研究》，北京大学出版社 2005 年版。
③ 《唐律疏义》卷一二，《户令》。转引自刘俊文著，《唐律疏义》，法律出版社 1999 年版。
④ 《宋刑统》卷一二，《户婚》。转引自薛梅卿点校，《宋刑统》，法律出版社 2000 年版。

子，立应继之人为嗣。"①《大清律例》与《大明律例》的条文相同：不分长幼嫡庶，凡为同一父亲所生的儿子都有相同的财产承受权。如"诸子均分，……不问妻妾婢生，止以子数均分"②。至于我国近现代法律中引入女子享有财产承受权的规定，但仅停留在纸上，并未真正执行，在民间通行的依然是平均析产的财产分割办法。所谓财产均分，含有两个含义：一是男子单系承受，包括子孙，是一个广义的概念；二是平均，只不过这种平均是在剥夺了女子承受权的前提下的男子单系的平均，主要是指按人口数均分。在盐业析产契约中，均贯彻和体现了均分制的精神与内容，如"井业、田土、地基概作两股，该平川、南山弟兄均分"③，"四房等商议，请凭族亲，今提三江、开源、济泰、东海四井，将此四井各房各分一井管业"④，"俱照三房均分"，"仍照三房均分均管"⑤，"今将现款三千串正，分给三房，每房各分授一千串，以作生营创业之善策"，"其家具物件，三房均分"⑥，等等。但是，在诸多情况下，诸子均分家产是在将家产之一部分先作提留为父母奉用生老或作祭祀蒸尝后剩余的财产进行均分的。

当然，对于盐业财产特别是盐业股份（日份、锅口）的分析上的均分，也有争议。有的主张按股份均分，有的主张按人口均分。这种依据不一致而导致的析产争执反映出社会经济发展状况和法制的变化，显示了中国法律文化由古代法制向近代法制的转型。如王三乐堂在辛亥革命前后，因地方不宁，族众集于大安寨，商议祠堂内财产分析。族中有人倡议："以民国成立，清时奏案已

---

① 《大明律例》卷六，《户律》。转引自苏亦工著，《明清律典与条例》，中国政法大学出版社 2000 年 1 月版。
② 《大清律例》卷一〇，《户律》。转引自苏亦工著，《明清律典与条例》，中国政法大学出版社 2000 年 1 月版。
③ 自贡市档案馆藏，6-1-339-289 号卷，光绪十九年癸巳岁十一月二十一日立分关文约。
④ 自贡市档案馆藏，7-1-379-62 号卷，光绪二十九年癸卯岁四月二十六日立分复合文约。
⑤ 自贡市档案馆藏，42-1-1934-14 号卷，光绪三十二年岁次丙午仲春月二十八日立分关文约。
⑥ 自贡市档案馆藏，42-3-2-10 号卷，中华民国十年岁官辛酉葭月二十五日立遗嘱分关文约。

无约束能力,将岸上存盐卖偿外债,由各房均分蒸尝。二房以人多表示异议,主张须遵祖祠楹联'弟兄叔侄须分多润寡'之训,照人口均分,这与井田碑蒸尝租息有余'按股均分'之规定,互相矛盾,争执不决。"①

五、盐业析产与继承的关系

析产和继承均是家庭内部财产的分割,原因是复杂多样,但与今天的财产继承是有区别的。当然,在今天,一个大家庭中的主事家长去世后,家庭成员之间也往往会发生继承和析产两种活动。

(一)析产与继承的性质

分家析产,是由于家庭成员间产生了矛盾、纠纷或其他原因,不愿意再继续共同生活在一起而对家庭共有财产进行分割处分的活动,是长辈遗留下来的财产在卑亲(子孙)之间分配,因而析产更偏重于财产性质。而财产继承,是发生在被继承人死亡之时,被继承人死亡且留有遗产,其近亲属按照法律规定(死亡人生前留下的遗嘱且为合法有效的遗嘱)而发生的、由继承人依法无偿占有该遗留财产的活动。这种继承所获得的是要将其再往下传递的一种对于家族及社会的责任,是不可放弃的"无所逃于天地之间"的义务,因而继承更偏重于身份性质。历代的法律(包括今天的家庭婚姻继承法律)和法学界所注重的就是这种身份上的继承,这方面有专门的法律规定和汗牛充栋的研究成果可以证明。

(二)析产的时间

盐业析产的时间,主要两种情况:一是财产所有者在生前对

---

① 自贡市政协文史资料委员会编:《自流井盐业世家》,四川人民出版社 1995 年版。

其财产进行分割，这是普遍采用的。因为在家长制社会中，生前分割财产发生争执的情况较少，一来父辈会公平对待子孙，二来子孙们也不便生端异说，否则就背上不孝之名。如熊德三、罗树轩、余述怀、廖树卿析产就是这样。二是在财产所有者辞世后，由其子孙们协商分割祖遗及父辈财产。如邓璋、邓瑀两兄弟析产，王庆怡堂之三房子共十余人叔侄弟兄公（共，笔者注）同商议析产也是如此。

潜在的继承权只有在父辈辞世后方可变为真正的继承权，即因继承而进行的财产分析一般是在父辈辞世后才能进行的。这又有两种情形：一是父辈在世时，通过立遗嘱的方式对家庭财产进行分析，但子孙们获得财产所有权的时间要等父辈辞世后才能计入，遗嘱才能生效，因而子孙们对这种父辈生前分析的财产是不享有所有权的，不是严格意义上的财产继承；二是在父辈辞世后，子孙们按照法律或合法有效的遗嘱对祖遗和父辈所积聚的财产进行分割。

（三）析产的参与人

盐业析产活动中，除女子无财产承受权外，家庭中的全体人员均可参加财产分析活动，并在分析过程中实施商议、拈阄、画押签字等行为，因而财产分析，更体现出一种民主、均分的色彩，反映出家庭成员的地位和对财产所有权的占有。在继承的析产活动中，其参与人有两类：一类是依照合法有效的遗嘱内容所指明的参与人；一类是在没有合法有效的遗嘱的情况下，按照法律规定确定的继承人范围、顺序而参加财产分割的人。因而财产继承，更体现出一种施与、接受的色彩，反映出家庭成员对祖遗事业的承继和发扬光大。

（四）析产的性质

盐业分析的财产，包括祖辈遗留的财产、父辈积聚的财产和析产承受人个人创造的财产三部分，它们在分割之前均为全体家庭成员的共有财产。如邓璋、邓瑀两兄弟于乾隆二十四年立分关文约中记载："情因祖遗坐落洞子口田地、亡父置买后湾、并弟兄共买桥坎上、璋承买大屋嘴上下四业之田粮，尚未均分。"邓璋、邓瑀两兄弟分析之财产除祖遗、父遗的财产外，还包括"弟兄共买桥坎上、璋承买大屋嘴上下四业之田粮"。继承析产的财产，仅指辞世者生前的合法个人财产。

（五）析产的方法

盐业析产活动中，财产的分析是按照男子人数的标准进行平均分配的。如在罗树轩立遗嘱分关文约中，将其财产分为八股，由发妻沈氏所生之子万荣、万森、万钧、万鑫和副室陈氏所生之子万全、万良、万亿、万兆共八个儿子承受，"每人各为一个单位，各占一房"。而在继承的析产活动中，财产的分析是按照遗嘱的内容或者法律规定的继承人范围和顺序进行分配的，标准比较复杂，男女均享有继承权，分割份额不一定平等，对尽了主要赡养义务或生活困难之人等可以有所倾斜，从而给予多分的份额。

（六）析产的原因

盐业析产的原因，在前面"盐业析产的内容"部分之四"盐业析产的原因"进行了分析，在此不在赘述。继承上的析产是由于财产所有者辞世引起的。

六、结　语

盐业析产契约是封建家族与盐业经营的矛盾的反映，受到当时种种社会因素的影响。早期的盐业析产采用分割、搭配的方法而不顾井灶生产经营应有的整体性和连续性来达到所谓的均分，从而因分家析产使井业财产变得更加零星分散，为日后的经营带来了极大不便甚至阻碍,结果使个人被人兼并或出卖典质。中晚期的盐业析产注重井灶经营的完整性、连续性和规模性,采用完整地分给一人而独立经营,或"轮流煎烧",或虽分给几人承受而采用合营方式,保证了井灶经营的相对稳定性,有助于井灶生产的正常进行。当然,在封建宗法制度下,若是没有遇到严重困难,如掌管经营者年岁已高不能料理,或时市变迁,或人丁兴旺难以统一等种种原因,人们总是尽力维持其固有的庞大的家族体系不变。"富贵荣华,蝉联不绝",仍适合于盐业经营。而析产是不会受到社会欢迎的,往往被认为是走向衰败的前兆。但是,盐业经营的竞争又是无情的,必然会因竞争而更新经营理念,"划分井灶,一轻负担,各谋远裕",这无疑又具有了积极的意义。

第八章 盐业优先权论

上起清朝雍正时期下至新中国成立以前的盐业契约,充分体现了四川井盐业契约制经营从萌芽到发展以至走向繁荣的整个历程,蕴涵了盐业凿井、买卖、合伙、租佃、借贷以及析产等众多类型的契约形态。而在这些契约形态中的契约法律制度是丰富而完整的,其中,盐业优先权制度始终贯穿于各种盐业契约之中,体现出优先权的共同性和差异性。本章拟从历史与现实的角度诠释盐业契约中优先权制度的差异,以此导出它的共同性,并结合当前法制现代化建设进行论述,为优先权制度的设置与完善提供理论上的借鉴。

一、优先权概述

优先权制度滥觞于罗马法,经过历史的传承与洗礼,在现代许多国家或地区的法律中均有不同程度的体现,即使有的国家或地区在立法上没有明确地以优先权来命名这一制度,也有与之类似的制度予以代替,以此来弥补没有优先权制度的缺陷,满足社会生活的需求。在我国的法律发展史上,优先权制度在乡土社会的民间习惯或民间法中有着丰富的内容,并日益趋于成熟。在盐业契约中,优先权制度得到了充分的体现,为盐业生产经营秩序的建立起到了重要作用。

(一)优先权的渊源与发展

1.外国民法史上的优先权式微

优先权最早源于罗马法中最初设立的妻之嫁奁优先权和被

监护优先权,其目的在于保护弱者,是出自维护公平正义的需要。

罗马法中的嫁奁优先权。在古罗马时期,嫁奁是妇女因结婚而带到丈夫家去的财产,有无嫁奁是区分正式婚姻与姘婚的重要标志。在罗马早期,嫁奁是女方对男方的婚姻赠与,其所有权要转移给丈夫或丈夫的家长,即使日后离婚或丈夫死亡,丈夫或丈夫的家长也不再负返还义务。到了共和国末年,为了保护妇女权益,于是在家长和监护人对嫁奁的设定时便对男方提出,如日后离婚,应返还嫁奁的约定。此后这种做法渐渐成为通行的习惯。因而嫁奁的返还,以有无约定为准,如订明返还的,就必须从其约定;要是没有返还约定或漏订因而发生纠纷的,大法官从保护女方的利益出发,便裁决除有明确的不返还约定外,离婚一律要返还嫁奁。帝政初年,奥古斯都实行奖励增加人口的政策,为了有利于离婚的妇女再婚,他进一步从法律上规定:不论有无约定和怎样约定,离婚时一律要返还嫁奁。至此,嫁奁就不再具有赠与的性质[①]。风俗的淳朴使得在实施罗马法的一个很长历史时期内很难看到离婚,即使离婚偶有发生,丈夫在依习惯、宗教成规、亲属会议的意见或具体情况下,也要给付对方一笔生活费,以维护妻子离婚后的生计,从而使妇女地位能得到较好的保护。但是,"随着罗马势力在世界上的扩张,厚颜无耻的堕落侵袭着罗马,离婚也随之增长。甚至因它们的频繁发生变为了堕落的典型标志,并成为一些著名的讽刺格言或打油诗的话题。"[②] 在离婚之时,丈夫或丈夫的家长应当返还嫁奁,如果不予返还,妻子可以提出"妻物诉讼",从而确立了妇女对于丈夫享有嫁奁退还的"索要优先权"。这种索要优先权扩大到了包括那些用嫁资款购买的物品[③]。为了确保"索要优先权"的实现,公元529年,优帝一世规定,妻子在请求返还嫁奁时,可以享有对现存嫁奁的优先抵押权,其顺序是在一般抵押债权人之先,但是该嫁奁抵押权仅限于离婚时

---

① 周枏著:《罗马法原论》(上),商务印书馆1994年版。
②、③ [意]彼德罗·彭梵得著,黄风译:《罗马法教科书》,中国政法大学出版社1992年版。

夫家现存的嫁奁，对于丈夫的其他财产，妻子与丈夫的其他债权人处于同一地位，其顺序仍在一般抵押权人之后。如果嫁奁已经毁灭或被消费，则虽有"物件返还诉"和优先抵押权，也不能充分保护妻子的利益。因此，公元530年，优帝一世又规定：妻子对丈夫在嫁奁以外的全部财产有法定抵押权。嫁奁无论是婚前还是婚后设定，都视为是结婚之日设定的。这样，妻子的抵押权不仅优先于婚后丈夫所设定的抵押权，而且可对抗婚后受让丈夫财产的人，于是，第三人就要考虑是否值得和丈夫成立信贷或买卖关系，因为这种抵押权的设定破坏了担保债权不能优先于被担保债权而成立以及抵押债权的受偿顺序以其成立的先后为准的原则，同时也破坏了已婚男子的信用。为此，公元531年，优帝一世又进一步规定：妻子的法定抵押权为优先抵押权，其顺序在丈夫所有抵押权之先①。

罗马法中的监护优先权。罗马法规定："对监护人和保佐人权力的确定应当真正有助于受监护人或受保佐人的利益，而不是为了担任监护或保佐职务的人的利益。"② 所以，罗马法特别强调："监护人所承担的妥善管理义务和受监护人得到的保护，随着国家介入的不断加强而逐渐发展，而且每一种保护也在自己的范围内扩展。"③ 为防止监护人浪费、毁坏或侵吞受监护人的财产，罗马法规定，监护人对因其故意或过失造成被监护人财产损失的应负赔偿责任。帝政后，为了防止监护终了时监护人无力清偿，要求被监护人须与普通债权人按比例受偿，但由于普通债权人可随时了解债务人的情况，可以及时采取适当的措施来防止或减少其损失，而被监护人因年幼则不能做到这一点。因此，法律规定，如果不因清算须在监护终了时而为之的话，被监护人对监护人的财产应享有优先受偿权，其顺序在抵押债权人之后。君士但丁一世时，将此项优先权改为法定抵押权，其顺序以监护开始之日为

---

① 周枏著：《罗马法原论》（上），商务印书馆1994年版。
②、③ [意]彼德罗·彭梵得著，黄风译：《罗马法教科书》，中国政法大学出版社1992年版。

准，优先于抵押权人。①

　　罗马法中的优先权，要么依据习惯演变而来，要么由司法独创，要么以皇帝敕令而产生，但其共同的名称为"法定抵押权"，与近代民法上的优先权制度内容基本一致，即基于保护弱者或为公平的目的而设定的，其效力优先于其他担保物权，更优先于其他普通债权，并且其优先效力依据法律规定而决定，不需以特别的公示，但它与近代民法上的法定抵押权制度还是相去甚远。

　　1804年，法国民法典在承继罗马法优先权制度的基础上形成了比较完整的优先权制度，第一次用法律条文的形式明确规定了优先权。该法典第十八编规定了优先权，第2095条规定："优先权是指，依据债权的性质，给予某一债权人先于其他债权人，甚至先于抵押权人受清偿的权利。"第2096条至2098条规定了优先权的受偿顺序，第2099条至2105条规定了动产优先权和不动产优先权，第2106条至2113条规定了"如何保持优先权"，如对于不动产享有优先权须进行优先权登记方可产生对不动产优先受偿的效力，对于动产的优先权设定于债务人的动产之上，动产和不动产优先权均是依据法律的直接规定而产生的②。但是，法国民法上的优先权制度是与抵押权制度放在一起设定的，虽单独列出节目，单独进行表述，而其规定的法定抵押权仍然属于优先权的部分内容，造成部分内容上的重复或交叉。

　　继法国民法典后，大陆法系的国家民法均不同程度地接受了优先权制度，并对其进行修改、补充和发展，使之不断趋于完善。如比利时民法，在法国民法体例与内容上，增加了赠与人就受赠人因赠与负担所发生债权，对赠与的不动产之优先权，共有物分割人就补偿金所发生债权，对分割的不动产之优先权。又如荷兰民法典在优先权的种类上，规定出卖人对于其所出卖的动产享有优先权，但不动产出卖人对于其所出售的不动产无优先权。意大利民法典规定，一般优先权原则上仅在动产上存在，不动产一般

---

① 周枏著：《罗马法原论》（上），商务印书馆1994年版。
② 罗结珍译：《法国民法典》，中国法制出版社1999年版。

优先权仅在例外规定时成立,且只对普通债权人有优先受偿权。西班牙民法典规定的优先权,仅按债权优先受偿之位次排列,虽使用优先权之名,但已远不是法国民法典性质的了。① 德国民法典中虽然没有规定优先权制度,但有类似于特别动产优先权的法定质权制度。② 虽深受德国民法的影响,但却没有仿效德国对优先权制度予以排斥,而是仿效法国民法典,结合经济社会发展的需要,对优先权制度作了更为详尽、完善的规定。日本民法典第二编第八章"先取特权","先取特权人,依本法及其他法律的规定,就其债务人的财产,有先于其他债权人受自己债权清偿的权利。"并用四个节目分别对先取特权的内容、种类、顺序以及效力作了极为详尽的规定。③ 先取特权是日本民法典一项完善的法定物权担保制度。优先权制度,经历了从罗马法上的萌芽到法国民法典上的确立,再到日本民法典上的完善的发展过程。

2. 中国民法史上的优先权

在中国的传统契约制度中,涉及财产流转方面往往有诸多的限制,最突出的就是财产买卖的"族内优先权"制度。这种限制表明了财产流转的不完全性、不自由性的特点。这种限制的依据首先在于族规家训即民间习惯法,其次在于国家法的干预。如"产不出户"、"先尽房族",私人财产的处分往往要经过族亲的同意。在我国民法史上,民间习惯早已有之,所谓"卖田会邻,成券会邻,古法也"。王莽改制实行"王田制",占田百亩限额外的部分应分给"九族、邻里、乡党"。北魏实行"均田制","诸远流配谪、无子孙及户绝者,墟宅桑榆尽为公田,以供授受。授受之次,给其所亲,未受之间,亦借其所亲"。可见习惯上亲邻具有田宅的优先取得权,并且这种权利得到了法律的默认。在国家法方面,最早可追溯到《唐律》,有亲、邻先买权,且定其顺序④。五代时的

---

① 陈本寒著:《担保法通论》,武汉大学出版社1998年版。
② 史尚宽著:《物权法论》,中国政法大学出版社2000年版。
③ 王书江译:《日本民法典》,中国法制出版社2000年版。
④ 《唐律》,转引自王利明《共有中的优先购买权》,载《民商法前沿》2002年第1、2辑,吉林人民出版社2002年版。

"他人须兄立券",即田宅出卖给亲邻以外的人必须要经过兄的同意,征求亲邻的意见,表明这实际上已经存在亲邻的先买权。《五代会要》后周广顺二年开封府奏准:"如有典、卖庄宅,准例房亲、邻人合得承当,若是亲邻不要及著价不及,方得别处商量,和合交易。不得虚抬价例,蒙昧公私。若有发觉,一任亲人论理。勘责不虚,业主、牙保人并行重断,仍改正物业。或亲邻人不收卖,妄有遮恡阻滞交易者,亦当深罪。"

到了宋代,《宋刑统》规定出典必须要经过问邻程序,典权人有转典权和先买权。雍熙三年(987年)确定典权人拥有在原业主欲出卖该项产业时的先买权:"今后应有已经正典物业,其业主欲卖者,先须问见典之人承当,即据余上所值钱数,别写绝产卖断文契一道,连粘元典并业主分文契批印收税,付见典人充为永业。更不须问亲邻。如见典人不要或虽欲收买着价未至者,即须画时批退。"① 即规定典权人的先买权优先于出卖人的亲邻。宋代民间一般称这种先典后卖的出卖为"断骨卖"。但是在一般的即非出典的情况下而转让财产,就必须先问亲邻,亲邻享有优先转让权。《宋刑统·户婚律》"典卖指当论竞物业条"规定:"应典卖、倚当物业,先问房亲;房亲不要,次问四邻;四邻不要,他人并得交易。房亲著价不尽,亦任就得价高处交易。"北宋以后的敕条明确规定了问亲邻的顺序:"凡典、卖物业,先问房亲;不买,次问四邻;其邻以东、南为上,西、北次之,上邻不买,递问次邻。四邻俱不售,乃外召钱主……二邻则以南为上,南北二邻则以东为上。"② 南宋《庆元重修田令》规定:"诸典、卖田宅,四邻所至有本宗缌麻以上亲及墓田相去百步内者,以账取问。有别户田隔间者,并其间隔古未沟河及众户往来道路之类者,不为邻。"不问亲邻就出卖者,亲邻在三年内有起诉请求赎回的权利。因此,"如有亲而无邻,与有邻而无亲,皆不在问限。"③ 北方的金、元

---

① 《宋会要辑稿·食货六一之五六·农田杂录》。
② 《宋刑统·户婚律》,转引自郭建著:《中国财产法史稿》,中国政法大学出版社2005年版,第218页。
③ 《名公书判清明集》卷九《户婚门·取赎类》。

两朝，继承北宋初年的制度，"照得田例：诸典、卖田宅，及已典就卖，先须立限，取问有服房亲（先亲后疏），次及邻人，次见典主。若不愿者，限三日批退；愿者，限五日批价。若酬价不平、并违限者，任便交易。限满不批，故有遮占者，仍不得典、卖。其业主亦不得虚抬高价及不相本问而辄交易。违而成交者，听亲邻、见典主百日内依原价收赎，限外不得争告。欺昧亲邻、见典主故不交业者，虽过百日，亦听依价收赎。若亲邻、见典主在他所者，令以次人请问（谓亲邻、典主以次之人），若无人、并行程过百日者，不在告争之限。若遇饥馑灾患、丧凶争斗之事，须典、卖者经所属陈告给据交易。仰依旧例，行下各路照会施行"①。

元朝时期，承继了两宋优先权制度，但对这项制度进行了修改，首先是将典权人的先买权置于了亲邻之后；其次是对"邻人"的概念进一步加以规范，明确相邻的佛道寺观不得为应问的地邻，"照得田例：官人百姓不得将奴婢、田宅舍施、典、卖与寺观，违者价钱没官，田宅、奴婢还主。其张广金（寺院住持）虽是地邻，不合批问成交"；再次是延长了亲邻批退、批价的时限，并以刑罚处罚违反者。

明朝废除了先问亲邻制度，但民间仍有此习惯。明代卖田、卖房的契约中都有"投请房族，无人承买"的惯语。如安徽祁门《洪氏誊契簿》保留的一百零三件明代地契，同宗之间交易的有六十三件，占了百分之六十一；地邻八件，占百分之八，亲邻合计占三分之二以上。②

清代买卖中的亲邻关系有所减弱，但实际的民间买卖中亲邻交易的减少并不排除在交易进行过程中曾有征求亲邻意见的情况。

直到清末民初，民间依然有先问亲邻的习惯。虽《大清律例》和民国初年《民法典》中未及以前法律规定明确的财产买卖"族内优先权"制度，但在民间是通行的，且得到了国家的认可。

---

① 《元典章》卷十九：《户部五·典卖》。
② 叶显恩著：《明清徽州农村社会与典仆制》，安徽人民出版社1983年版。

如《大清律例会通新纂·户律·田宅》所载嘉庆十五年（公元1801年）的一件成案，河南清丰县武生于丽岎在灾年被迫将自己祖遗的两顷八亩地贱价出卖给郝培德，以后郝培德又将土地专卖谢姓，于丽岎要求收赎，郝培德不允。于丽岎起诉，最终获得胜诉，"且买主转卖地亩，本许原主照现价买回"①。这虽然在清朝的法律条文中找不到明确规定，但在当时的"例"中允许出卖人在三年之内收赎土地，而且买受人转卖土地时，原主具有先买权。如保存在四川新都县衙档案的196件嘉庆元年至宣统三年的晚清地契中，仍有163件地契写有"先尽房族，无人承买"。②民国初年进行的民商事习惯调查发现，很多地区民间有着田宅买卖先问亲邻的习惯，如河南中牟县"凡出卖田地须尽四邻先买，若四邻不愿承买，始听卖主自便"；确山县"买卖土地以四邻为凭，若四邻不到场即不能成交"；山东的大多数地区有出卖田宅先问同族服亲、再问四邻的习俗；安徽、福建亦有出卖田房应先问亲族、亲属有先买权的习惯。湖南有"买卖田产须得亲房同意、卖产先尽亲房"的惯例；直隶、陕西、吉林等地有"族邻有优先留买权"之习惯。③

从前面的历史分析来看，优先权的产生有着不同的社会基础和功能。首先，因习惯上特定之行为取得优先权，主要有垦户、租户之优先权。荒地所有人将其交与他人进行垦荒，开辟土地，垦荒者被称为垦户。在荒地垦熟之后，所有人若欲出卖之，原垦户有优先购买权，这是对艰辛垦荒的一种回报，也是对垦荒者的一种鼓励，对于社会生产发展大有裨益。租户对其所租赁的房屋，在房屋所有人出卖被租赁的房屋时，租户有优先购买权。其次，因与所有权人具有某种亲缘、地缘关系而具有习惯上承认的优先权。这主要体现为典卖产业先尽本族、本屯、本旗、本村之习惯。中国自然经济形态，促使人们形成经济上相互依赖的社会关系。宗法伦理别亲疏、党乡邻的价值观念，又让人们形成家产不予外

---

① 郭建著：《中国财产法史稿》，中国政法大学出版社2005年版。
② 四川新都档案局编：《清代档案地契史料（嘉庆—宣统）统计》。
③ 眭鸿明著：《清末民初民商事习惯调查之研究》，法律出版社2005年版。

人的行为习惯。因此,一家若不得已出卖其产业,必先尽本族、同乡,一来为了巩固密切亲缘、地缘关系,便于日后互济互利或回买回赎典卖之产业;二来本家产业典卖给本族、同乡,毕竟未予外人,于自己良心、社会舆论尚且说得过去,不至于承担一个糜费家财的不孝之名。这种优先权在经济流转缓慢、人情的边际效益大于纯粹的财产价值时,具有实际价值,但是当经济理性在人们思想中占据主导地位、综合交易成本和经济利益后,优先权就成为物权流转的障碍。再次,由不动产相邻关系产生的优先权,主要是邻地业主之先买习惯。相邻田地一方若要出卖地产,应给予对方优先购买权,使田地连成整体,利于管理和使用。最后,因一定物权行为所产生之优先权,主要包括典主、铺底权人、担保物权人之优先权。典主之优先权由典权派生出来,出典人在回赎之前,若要出卖典物(因为典主为典物应然之占有人,自可主张优先权),通过找贴即可作绝。出典人在回赎之后,若要出卖典物,亦拥有地方习惯所承认的原典主有优先权。铺底权是指商用铺房之承租人以一定代价从房主处获得永久租用的权利,依一般房屋承租人有优先权之习惯,铺底权人当然有优先购买承租之铺房权。

(二)优先权概念与特征厘定

从前面对优先权制度的历史发展探析来看,"优先权"名称亦是五花八门的。如有称"先取特权"的(如日本),有称"先买权"的,有称"优先受偿权"的[①],有称"优先权"的[②];但是,目前我国大多数学者通用的称谓为"优先权"。

对于优先权的概念界定,最初滥觞的罗马法并没有给出一个明确的定义。从法律角度上看,《法国民法典》首先对优先权下了一个定义:"优先权是指,依据债权的性质给予某一债权人先于其他债权人,甚至先于抵押权人受清偿的权利。"《日本民法典》第

---

① 解志国著:《民法上优先受偿权的几个问题》,法商研究,1997(5)。
② 温世扬著:《物权法要论》,武汉大学出版社1997年版。

303条规定:"先取特权人,依本法及其他法律的规定,就其债务人的财产,有先于其他债权人受自己债权清偿的权利。"我国《民法通则》没有规定优先权制度,但在《海商法》、《民用航空法》中对船舶、民用航空器优先权作出了规定,可这仅是对特殊领域的规定,并未涵盖优先权的一般含义。我国学者对优先权的理解各不相同:蔡福华认为,优先权是一种根据法律规定或当事人约定,不同性质的若干民事权利发生冲突时,某一民事权利人的民事权利优先于其他民事权利人实现的民事权利[1]。陈本寒认为,优先权是指由法律所规定的特种债权人就债务的全部财产或特定财产优先受偿的权利[2]。申卫星认为,优先权是指特定债权人基于法律的直接规定而享有的就债务人的总财产或特定动产、不动产的价值优先受偿的权利[3]。郭明瑞认为,优先权有广义和狭义之分,狭义的优先权是指优先受偿权,即根据法律规定的特种债权人就债务人的全部或部分财产优先受偿的担保物权,而广义的优先权则包括优先受偿权、优先购买权、优先承租权、优先通行权等[4]。王利明认为,优先权是指特定人依据法律规定或合同约定,在出卖人出卖标的物于第三人时,享有的在同等条件下优先于他人购买的权利[5]。基于这些分析,我们认为,优先权是指根据法律的规定或者当事人的约定,对某一特殊的民事权利在同一条件下有优先于其他民事权利人获得并实现的权利。

根据这一定义,优先权具有如下三个特征:首先,优先权是一种民事权利,该民事权利是一种实体性的权利。其次,优先权所指向的对象,既可以是动产也可以是不动产权利,既可以是有形的也可以是无形的。它一般发生在权利让与的过程之中。再次,优先权的获得,既可以由法律直接作出规定,也可以赋予民事权利当事人依法进行约定。最后,优先权的实现顺序上,是在同样

---

[1] 蔡福华著:《民事优先权新编》,人民法院出版社2002年版。
[2] 陈本寒著:《担保法通论》,武汉大学出版社1998年版。
[3] 申卫星著:《我国优先权制度立法研究》,法学评论,1997(6)。
[4] 郭明瑞著:《担保法》,中国政法大学出版社1998年版。
[5] 王利明主编:《中国民法典草案建议稿及说明》,中国法制出版社2004年版。

情况下优先于其他民事权利而得到实现的。

二、盐业契约优先权制度的体现

盐业契约确认了优先权制度并始终贯穿在各种类型的契约中。如在盐井、灶、笕、房、车炉等的让与情形下，就有"伙内优先权"、"亲族优先权"和"乡邻优先权"等。这三类优先权的设定与执行，是由盐业本身的特殊性所决定的。

（一）伙内优先权

所谓伙内优先权，是指在盐井基址、厂房的转让和退伙中，盐业投资生产经营的股伙有优先受让的权利。将这种"伙内"优先权排在了"亲族"之前，是由井盐业生产经营的特殊性所决定。因为盐井的投资开凿是非常艰难的，一般来说历时较长，投资额度较大，有的需要十余年或数十年始见成功，这就需要依靠连续不断的投资，以追加补充凿井的资金。所谓"凿井之费，盈千累万"，"往往数十年之力，粥产借债，始成一井"。

如投资者承佃凿井，因其股伙出资不力或退伙，资金拮据等诸种因素而不能继续开凿，需转佃者，应依合约而行，先在股伙内转佃，若伙内均不受，则邀伙外人承受，但需经伙内同意，且需经井主同意。比如，何寿萱邀伙集资锉办李怡经堂名下业内荥通井和体现了伙内优先权。其文约如下：

"立合伙锉办盐井文约人荥通井经手何寿萱，情因于民国二十四年，在富邑自流井长垱镇东场地段郭家坳区地名核桃湾，向业主李怡堂名下业内佃明应用基址，新挖盐井一眼，定名荥通井，邀伙集资锉办。……其井锉办费用，初主人地脉五天不派锉费，仍由二十五天股伙等按井缴数目均逗，所有股伙各占日份多寡，分别胪列于后。……倘股伙等内在中途不愿伙办，或欲仰将己下所占日份股权出顶承佃，必须依照厂规，先尽伙内三十班，照时市价值公议承顶；如股伙内无人承手顶佃，乃许向外觅主接首；顶佃亦须经凭伙内在证，以便共井同业，办理一致。……兹特约集股伙，从场成立合约十三张，编有字号，分交各股东子孙永远存据。"①

又如颜衡三、颜璜溪凿办的三生井也同样体现了伙内优先权，其文约如下：

"立出合约人颜衡三、颜璜溪，情因同治七年戊辰岁，璜溪出名承佃垱垱地名五家坡王五房业内复淘子孙业盐井一眼，更名大兴井，后又更名三生井。……兹特约众伙议立合同，所有基址一切，按照承、出二佃约管业；其约今凭众伙交与璜溪收存。倘以后下锉，水价不敷缴井，应照二十四口锅份均派，各人按月照数逗出，不得推诿；日后或添水、火，除缴用有余，即照二十四口均分，各人按锅份归收。如有不能逗工本者，或出顶，或分上、中、下节锉办，先尽伙内；无人承顶，方准顶与外人。……此系会集众伙照厂规议定，伏望众伙遵行，以垂悠久，传之子孙，世守勿替。今因年辰久远，特书立合约，众伙画押，并用本井图书，各执一纸为据。"②

如果不考虑立约的伙内优先权，则可能导致出现纠纷。如李静修承佃王五桂堂三江井就因片面将井转佃他人而引起纠纷，受到商会裁决予以否定。李静修最初立的文约如下：

"立承佃锉办下脉年限井文约人天德灶伙等经手李静修，今凭证佃得新垱地名长冲王五桂堂名下先年分受三江井全井昼夜水火油净日份三十天，……如有出佃者，得照厂规，先尽伙内承佃。……恐后无凭，立承、出二纸，各执一纸为据。"③

李静修违反前述约定，私自将井转佃与曾子唯承办，王五桂堂便向四川自贡市商会递交诉书，该书称：

"此井出佃，屈指于今十六载矣。不识静修何图不遂，何谋不逞，竟敢不理，乃于日前，突闻静修已将此井转佃与曾子唯承办，静修取押头银一千二百元，并提留静日份四天。该静修转佃

---

① 自贡市档案馆藏，川南盐务管理局自贡分局-36-3，中华民国三十二年国历八月六日立合伙凿办盐井文约。
② 自贡市档案馆藏，3-5-4019-2号卷，光绪元年乙亥岁四月二十八日立三生井约。
③ 自贡市档案馆藏，17-1-688-6号卷，中华民国八年己未岁古历十一月二十六日立承佃凿办三江井约。

此井,并未取得敝堂同意;且对此井于兹十六年当中丝毫未动,则无义务可言,何有取押头提日份之权利?……该静修向敝堂佃井,并非实行锉办此井之人,实借佃井之名,而行侵占敝堂井业之事。……根据静修承佃敝堂原约内载,'客人不锉,主人将井接回'之语,予以无条件废除。理合抄粘静修承、转二佃字,文申请大会鉴核,立即传理,解除李静修承出转三江井各项契约,以张公道,是所沾感。"①

自贡市商会作出裁决:

"兹天德灶(指李静修,笔者注)片面将井转佃他人,姑无论契约如何,然既未取得井主同意,按诸现行民法及厂规习惯,实有未合。"②

股伙如因资金不足、力不从心等因素需要将其所占股份转让,应先尽伙内,伙内人享有优先转让权;若伙内均无人受让,则可向伙外之人转让,但有限制,一是须经得伙内人同意,以便共同凿办;二是须经得井主同意。若甲锉井不成功,转顶与乙继续锉办,乙锉办井。如未至相当深度与未费用巨大款项,不能擅自将井转佃丙③,甲有阻止之权;若乙锉办至超过临近各井之深度,或已耗去与甲资金比较略等之用费,人事已尽,不得已而出佃,仍须征得甲的同意,甲享有优先承佃权④。

(二)亲族优先权

所谓亲族优先权,又称为亲族先买权,是指出卖盐井地基、房屋等不动产时,须先遍问房亲,再问同族,由亲族承买,如亲

---

① 自贡市档案馆藏,17-1-688-4 号卷,中华民国二十四年国历十二月十六日四川自贡市商会诉书。
② 自贡市档案馆藏,17-1-688-8 号卷,中华民国二十四年十二月十九日四川自贡市商会仲裁书。
③ 自贡市档案馆藏,17-1-682-13 号卷,中华民国二十四年三月十一日自贡市商会文。
④ 自贡市档案馆藏,17-1-682-1~2 号卷,中华民国二十三年十月二十二日四川自贡地方法院致自贡市商会第 409 号公函;17-1-682-6~7 号卷,中华民国二十三年十二月一日自贡市商会致四川自贡地方法院复函。

族不愿承买，方可径卖他姓和他人。也就是说，在盐井基址、厂房的让与中，让与双方当事人的契约行为要受到让与方的族亲的干预，如果没有征得族亲的同意，其让与行为无效，该契约即使手续完备且成立但发生不了效力。亲族优先权的实现，依赖于习俗规定的顺序："先尽本房，次及族人。族人不买，然后卖与外姓"，而且"族人相互典买，其价比外姓稍厚"这种亲族优先权的习俗限制了让与当事人选择契约相对人的自由，无疑是对契约自由原则的一种限制和否定。

按照自贡盐场厂规习惯，无论是井基井灶还是纯股份的买卖，实行亲族有优先购买权。在族内，伙内无人承买后，则可由所有权人自由处置。在盐业买卖契约中，均载明"先尽胞兄"，"先尽亲房胞叔"，"先尽亲房伙内"，"问及亲房人等"，"先尽亲房"，"先问亲族"等条款。

如在光绪五年岁次己卯八月二十二日张雍穆所立的卖地脉井份契约中，立约人将大海井转附与亲房张两铭堂子孙永远管业，此乃亲房内的优先转让权的显现。契约如下：

"立附约人张雍穆堂经手恭甫，情因别有良图，愿将先年置买李姓之业地名长垱大海井己下应占昼夜水火油地脉净日份贰天零拾时，天地二车、一井三基、房屋、廊厂、家具等项，一并在内，牛马出路、抬锅运炭、牵扯风篾、堆渣放卤、寸土片石毫无提留，凭证转附与亲房张两铭堂子孙永远管业。……此系彼此心甘意愿，并无勉强等情。"①

又如王璨于道光二十七年丁未十二月二十八日立出卖井日份文约，将注洪井日份出卖与堂兄王培信名下，子孙永远管业。契约如下：

"立出卖井日份文约人王璨，情因家无出产，情愿请凭中证，将祖遗分受新垱周家冲业内万顺号承佃锉办注洪井己名下每年每月地脉水火日份半天，出卖与堂兄王培信名下，子孙永远管业。

---

① 自贡市房管局藏，房1-26号卷，光绪五年岁次乙卯八月二十二日立卖地脉井份附约。

……此系二家甘愿，并无勒逼等情。"①

又如光绪二十一年乙未十一月二十七日王宣信立出摘卖子孙盐井地脉日份契约，将祖遗自福井转让与族内王毂诒堂名下，子孙永远推煎锉办管业。此乃族内的优先转让权的显现。契约如下：

"立出摘卖子孙盐井地脉净日份昼夜水火油契约人王宣信，率子……将先祖遗留新垱地名豆芽湾先年锉办盐井一眼，原名长流井，更名为自福井，……日份共计五天，先尽亲房、伙内，无人承买；复请族中，摘卖与王毂诒堂名下，子孙永远推煎锉办管业。……此系二家甘愿，并无勉强等情。自卖之后，任由买主随意处置，卖主子孙亲房人等永不得生端异说。"②

（三）乡邻优先权

乡邻，亦称邻里、邻居，是依据地缘关系来确定的，指家庭所在的同一乡里的人。所谓乡邻优先权，是指在盐业让与中，在股伙内部和亲族中无人承受的情况下，乡邻拥有优先于其他人承受盐业让与的权利。在盐业契约中，常书有"先尽亲房伙内，无人承买"，"问及亲房人等，无人承买"，"先尽房族、伙内人等，无人承买"等语言，以示乡邻优先权取得之合法有效。

如李品乾于光绪四年岁次戊寅九月二十四日立卖文约，将子孙日份出卖与张两铭，子孙永远管业。契约如下：

"立卖子孙日份盐井文约人李品乾，同子宗福、宗寿、宗喜，情因无钱用度，愿将祖父分受长　大海井己下现占昼夜水火油每月净日份一天零八时，天地二车、一井三基、房屋、廊厂、家具等项，一并在内，牛马出路、抬锅运水、风蔑定桩、堆渣放卤，四至界址照十三班管业内，摘出一天昼夜水火油净日份，先尽亲房伙内，无

---

① 自贡市盐业历史博物馆藏，博-15号卷，道光二十七年丁未十二月二十八日立出卖井日份文约。
② 川南盐务管理局自贡分局-10-10号卷，光绪二十一年乙未十一月二十七日王宣信立出摘卖子孙盐井地脉日份契约。

人承买；请凭中证，出卖与张两铭名下，子孙永远管业推煎。……自卖之后，李姓亲族伙等不得生端异说，亦无赎取等情。"①

又如王铭五于民国三年五月立出卖文约，将子孙井日份出卖与王毂诒名下，子孙永远管业。契约如下：

"立出杜卖子孙盐井地脉日份契约人王铭五，同子王惇常等，缘先祖遗新垱地名土地冲自福井，……每月应推净日份二天零六时，……铭五等情因厂市疲滞，迫不及待，父子商议，请凭中证，甘愿觅主出售。先尽亲房伙内人等，无人承买；再三央请中证，将己下所占日份二天零六时，并廓厂地基、四围界址毫无提留，一并全行扫土杜卖与王毂诒名下承买推煎锉办，子孙永远管业。……自卖之后，卖主人等不得生端翻悔异说。……此系二家甘愿，并无勒逼勉强。"②

三、盐业契约优先权制度设置的原因及其历史作用

（一）盐业契约优先权制度设置之成因

从前面所述三类盐业优先权来看，伙内优先权位居最先，亲族优先权次之，乡邻优先权再次之，这种顺序排列有其深层次的原因。

1. 自给自足的自然经济和萌芽后并获得迅速发展的商品经济是盐业契约优先权设置的经济成因

优先权制度滥觞于罗马法，历经数千年不但没有衰落，反而获得了发展甚至走向日益完善，究其原因，在于其适应了社会发

---

① 自贡市房管局藏，房1-24号卷，李品乾于光绪四年岁次戊寅九月二十四日立卖文约。
② 川南盐务管理局自贡分局-10-5号卷，王铭五于民国三年五月立出杜卖子孙盐井地脉日份契约。

第八章　盐业优先权论

展的需要，具备了其深层次的根基。正如马克思所言，"法的关系正像国家的形式一样，既不能从它的本身来理解，也不能从所谓人类精神的一般发展来理解，相反，它们根源于物质的生活关系"[①]。作为盐业优先权制度，我们也只能从其赖以产生与发展的物质生活关系上去寻找动因。

自给自足的自然经济自中国封建社会制度建立以来就一直占据主导地位，这种经济制度的运行结果，导致商业发展受到极大的限制，从而也就导致财产的交易必然受到严格的限制，除了表现为财产交易主体（如契约主体）的身份受限制（如在重大的交易场合，只有家长才有订立契约的权利）外，还表现在财产转让的对象受到限制，即不能允许财产在全社会自由流通，财产转让要受到国家、乡族或宗族的干预和限制，"产不出户"、"先尽房族"的财产转移模式与制度便是其集中体现。因此，盐业契约优先权的"先尽亲房伙内人等"的伙内优先权、亲族优先权制度的设置便有了深层次的经济缘由。

但是，历史演进到近现代，自然经济开始解体，重农抑商政策的改变，社会经济环境变了，民事交往范围日益拓展，商品经济的发展在封闭严紧的自给自足的自然经济中萌芽、发展并迅速成长壮大，特别在中国近现代随着西方资本主义经济制度的进入，给商品经济发展带来了极大的推动作用，从而使商业的发展获得了长足进步。财产交易的限制在根深蒂固的自给自足的自然经济中获得了突破，交易范围从"产不出户"、"先尽房族"向乡里乃至更大的区域拓宽，财产转让之契约行为有了一定程度的自由空间，授受者获得财产的区域也就有了一定的拓展，当然这还是在没有突破自给自足的封建经济制度框架下的拓展，带有封建经济的成分。财产让与之经济制度的变迁必然带来法制文化的变化，正如梁治平所言：作为实现自然秩序中之和谐的手段，无论这种法律本身可能包含有怎样的'合理'因素，一旦中国在外部世界的压力之下不得已而发展商业，进而实现工业化的时候，它便只

---

① 《马克思恩格斯选集》第 2 卷，人民出版社 1972 年版。

能接受失败的命运，遭人抛弃。以现代工业文明的标准来衡量，它注定不能传世。这时，接受西方的法制便是不可避免的了。……毕竟，资本主义并不只是一种生产方式，它同时还是一种生活方式，一种价值。……这就不仅使得文化的冲突变得不可避免，而且必定使它成为冲突的核心。自然，我们在这里无需用更多的篇幅去描述19世纪中叶以后发生在这个古老文明体中的急剧变革：旧秩序如何崩溃，传统的价值体系如何从根本上动摇，以及西方人的观念、制度如何随同其物质一道急速地涌入这片神秘的大陆，等等。我们只需指出，对中国文化来说，这是一个重要的转捩点，一个较历史上任何转变都重要的转捩点。"因而中国固有的法律又一次面临价值的破碎与建构，面临一种全新的挑战。要应对这种挑战，必须能够从根本上解决这场文化的冲突，此外别无选择①。因此，盐业契约优先权制度的设置，便带有财产交易范围突破伙内、亲族而走向同乡同里的经济动因。

2．强烈的宗法家族色彩是盐业契约优先权设置的社会成因

契约制度是关系老百姓日常生活的制度，其本土化的程度如何，就决定它在民间被接受的程度如何，决定着改革的阻力如何，而本土化便意味着对传统的适当肯定与保留。因此，近代的国家法律如《大清律例》、《现行刑律民事有效部分》等所确立的契约制度仍然是传统的，是义务本位的，是家族本位的。这种家族本位的契约制度，其主体资格被严格地限制在家庭，代表家庭行使权利的是家长，只有家长才享有对家庭财产的处分权，家庭其他成员无论年岁长幼，皆不得成为财产所有人，无权直接参与经济交往。但是，即使是家长，在处理重要的财产问题上也不是完全自由的，尽管能以自己的名义订立契约，但其契约行为也不是代表他个人，而是代表他所肩负的家庭。同时，家长在代表小家庭利益处理财产时，还要顾及宗族利益。因为宗族习惯对于契约制

---

① 梁治平著：《寻求自然秩序中的和谐》，中国政法大学出版社1997年版。

度有相当的调整和制约作用,这种调整和制约作用集中表现为亲族优先权制度的设置上①。盐业契约中所标明的"父子商议"、"母子商议"、"谨遵父命"等字样,便使盐业契约优先权制度充分体现了强烈的宗法家族色彩。

日本学者内田智雄和寺田浩明曾论及中国明清时期契约制度时对同宗的"优先权"进行过研究,他们两人都把优先权视为渊源于古代的宗族共有制。日本学者岸本美绪认为,关于"优先权",与其说这种习惯来自血缘共同体关系残留下来的限制,还不如说是当时人们对认为是过分了的土地流动性采取的一种防卫性反应,是一种流动和竞争性社会中人们为了防止没落、谋求上升而利用宗族关系推行的策略之一。这样理解的话,优先权其实也可以被看成民间层次上人们为了对付土地自由流通带来的危险而构成的一种制度装置②。

盐业契约中所有权让与所体现出来的优先权制度,表面上反映出当事者双方的合议,而实质上却有着暴力和强制的性质,虽然有"此系二家甘愿,并无勒逼勉强"等语,但是当事者不是根据自己的意志自由地缔结契约,而契约的履行也受到统一的所谓宗族色彩浓厚的"契约社会"的强制约束。

盐业契约中优先权的实现,均需要"中人"、"中证"或"保人"这一特殊主体的参与和发挥作用,权利的实现归根结底依靠中人的说合调解,是一种不透明、互让和妥协的过程。在中人的介绍、参与下,当事者们商定契约的内容、确认各自的意思,并写下契据、文约等文书,这些行为是中国古来就普遍存在的习惯。社会所需要的这种公证的功能并不集中在特定的专家或制度化了的机关手里,而是以极为分散的方式由具体场合下受到邀请委托来作为中介的一般人们所承担。对于当时生活在其中的人们来说,使任何必要的营生都有可能完成从而实现交易或财产安排的目的,而支撑着这些活动的——用我们今天的法学专业术语来讲就

---

① 李倩著:《民国时期契约制度研究》,北京大学出版社2005年版。
② 滋贺秀三等著:《明清时期的民事审判与民间契约》,法律出版社1998年版。

是——法的稳定性，就大致能够在社会里得到维持。

3. 盐业契约行为的人格化是盐业契约优先权设置的身份成因

由于盐业契约优先权制度充分体现了强烈的宗法家族色彩，这便表明了实施盐业契约优先权的主体具有特定的身份要求，这种特定的身份要求也就体现了盐业契约行为的人格化特征，这在盐业契约中主要表现有以下两点：

其一，实施盐业优先权的主体双方是具有某种特定的人格关系。一方是代表盐业所有权让与的家长，在盐业契约中常常有家长率子实施契约行为，如"契约人王铭五，同子王悼常等，……父子商议，请凭中证，甘愿觅主出售"，"立卖子孙日份盐井文约人李品乾，同子宗福、宗寿、宗喜，情因无钱用度，愿将……"，等等。另一方是受让人或股伙，或族亲，或乡邻，如"倘股伙等内在中途不愿伙办，或欲仰将己下所占日份股权出顶承佃，必须依照厂规，先尽伙内三十班，照时市价值公议承顶；如股伙内无人承手顶佃，乃许向外觅主接首；顶佃亦须经凭伙内在证，以便共井同业，办理一致"，"先尽亲房、伙内，无人承买；复请族中，摘卖与王榖诒堂名下，子孙永远推煎锉办管业"，"先尽亲房伙内，无人承买；请凭中证，出卖与张两铭名下，子孙永远管业推煎"，等等。

其二，"中人"制度在盐业契约行为中其着重要的作用。研究者赵晓力认为："即使是两个事先不认识的买卖方（比如有时候和外村人的交易），他们的关系也因中人制度的存在而'人格化'了。在狭小的村级市场上，他们双方总能找到一个双方都认识的人，而使交易间接人格化。"① 中人并非职业化人士，往往是伙内，或亲族内、乡邻中的长辈，或德高望重之人，或双方熟悉的朋友，或地方领袖与精英。在盐业契约优先权的实现过程中，在

---

① 赵晓力：《中国近代农村土地交易中的契约、习惯与国家法》，北京大学法律信息网，2001-03-24。

让与方欲出让自己产权或份额给乡族人时,"中人"是寻觅受让方的人(当然,在伙内、亲房、亲族内让与,就可以免去中人寻觅受让人的程序),在契约订立阶段,中人承担着说合、代写合约、公证的职能,以促成交易的实现,在契约的履行过程中,中人肩负着督促、调解、斡旋的作用,一旦成讼,还要出庭作证。因而,中人在盐业契约优先权的实现中很大程度上保证了契约能够履行,通过中人代书之格式化契约增加了契约交易的确定性,有利于交易成本持续和逐渐地降低①。

4. 民间交易习惯是盐业契约优先权设置的法制成因

在中国传统的契约法律规范中,民间契约习惯有着悠久的历史和深厚的社会土壤,在民间交易中发挥了重要作用,包括宗族法、乡约、民俗、行会规则等与契约有关的内容。宗族法中的契约习惯基本上是对宗族财产的处理行为进行规范,是调整宗族内部财产关系的主要法律依据,族人对于私有财产的处分普遍要受到宗族法的限制。乡约是基于地缘关系而成的习惯法,规范着一乡之人的社会秩序、财产流转、生活秩序。民俗是在人们长期的契约实践中形成的一些民事习惯,是一地之民长期约定俗成的。行业规则自隋唐时期兴起后到清代及至鼎盛,多带有限制竞争的色彩,而且有行会来维持其效力,多是成文的确定的规则。宗族法、乡约、民俗、行会规则等这些称谓本身来说还不是法律意义上的术语——习惯,只是在清末民初接受西欧近代法制引进西欧式法学的过程中不得不新造出"习惯"这一词语来,因而我们常常就把宗族法、乡约、民俗、行会规则等统一惯称为"习惯"。只有习惯才与民众的感觉一致,根据习惯确定各人的权利与义务。因为法律制度的设置并显示出生命力,它必须回应和关注社会需要。"明清时期这些不带政治性的经济关系,只要作为日常生活中反复发生的契约现象,无需神明的力量,只靠'礼尚往来'的精

---

① 梁治平著:《清代习惯法:社会与国家》,中国政法大学出版社1996年版。

神就获得了相当程度的保证或安定性。"①

在盐业契约交易中，民间交易习惯亦得到了充分的体现，常称为"厂规"。盐业优先权制度因"厂规"而设置，因"厂规"而得到执行。如李静修承佃王五桂堂三江井因片面将井转佃他人而引起纠纷，"有出佃者，得照厂规，先尽伙内承佃"，"根据静修承佃敝堂原约内载，'客人不锉，主人将井接回'之语，予以无条件废除。理合抄粘静修承、转二佃字，文申请大会鉴核，立即传理，解除李静修承出转三江井各项契约，以张公道，是所沾感"，"姑无论契约如何，然既未取得井主同意，按诸现行民法及厂规习惯，实有未合"，从而受到自贡商会的裁决，并予以否定。

至于传统意义上的国家法特别是明清时期及近代的国家法，对于民事领域中契约的规范的法律基本上没有，这给民间契约留下了相当广阔的空间，"法律无明文者，从习惯；无习惯者，从法理"。从而实现了国家法与民间法在规范社会秩序上的"分工配合"，也是对民谚"官有政法、民从私契"以及"国有律例、民有私约"的印证。

（二）盐业契约优先权制度设置之历史作用

尽管盐业优先权制度限制了契约自由，产生了权利义务不对等，一定程度上束缚了盐业生产经营者手脚，但是，盐业优先权制度在促进近现代四川井盐业生产经营以及盐业良好秩序的建立上起到了十分重要的作用。

1. 保证了盐业资本的稳定和盐井的正常经营

盐业契约优先权制度在设置、执行中显现出的强大生命力，除了有民间习惯的制约与规范因素外，还有盐业生产经营的特殊性因素。比如盐井的开凿，在当时的科学技术还不够先进的情况下，凿井是艰难的，历时较长，一般要经过十余年或数十年才能

---

① 滋贺秀三等著：《明清时期的民事审判与民间契约》，法律出版社 1998年版。

成功,这就需要不断地投入资金,以不断补充凿井经费。但是,办井人也会因为投资的不断增加而感到力不从心,进而退出办井,转让自己的份额。为了使所凿之井不因投资者退出而中途停锉,在原投资者让与份额时往往就要受到一定的限制:一是寻求诚信之人加入凿井行列,二是觅求资金的补给,三是须遵循"家财不外流"的习俗,四是盐业经营的合伙性质使然。鉴于此,盐业生产经营权让与的伙内、亲族、乡族优先权便应运而生,它保证了盐业资本的确定性、连续性和稳定性,从而促进了盐业生产经营的正常运行。

2. 彰显了契约诚实信用原则

盐业契约优先权制度,成形于民事交易习惯,而这种民事习惯产生于乡土社会生活中,在乡土社会中,人与人都是熟识的,共同生活在由宗族、乡里、姻亲等关系构筑的一个相对封闭的网络中。在这一人际网络中,不仅因为熟人间的信息获得的成本很低,人们对交易方的诚意和履行能力一般很容易了解且有足够的了解,而且,多维关系也使绝大多数人在这个社区内势必"一言既出,驷马难追"。一个不讲信用的人,会遭到人们的唾弃或报复,不可能在社区中生活下去[①]。现代民法中竭力维护的"诚信"原则,在盐业契约优先权制度中体现出了一种天然的规范,无需过多强调便会得到广泛的遵守。

3. 有利于公共秩序与利益的维护

社会公共秩序与利益是一个内容十分广泛的原则规定,具体说来包括维护社会稳定、促进社会进步、推动经济发展、保护交易安全等方面。1913年的《大理院民事判决书》,针对民事习惯确认为具有法律效力之规则的标准问题,发布了第一个民事审判案例,确定了"习惯对于本族、本旗、本屯人买地时有先买权,

---

① 李卫东著:《民初民法中的民事习惯与习惯法》,中国社会科学出版社2005年版。

此种习惯是否可认为地方习惯法。凡习惯法成立之要件有四：① 要有内部要素，即人人有法之确信心。② 要有外部因素，即于一定期间内就同一事项反复为同一之行为。③ 要系法令所未规定之事项。④ 要不悖于公共秩序、利益"①。盐业契约优先权渊源于盐业交易习惯，其价值所在便是表面上看阻碍了经济交易、破坏了交易平等，而实质上在中国近现代这一特殊历史阶段和历史背景下有着其存在与发展的基础，同时这种打破形式上的障碍而追求实质上的公平，有利于维护当时的盐业经济发展环境，保护盐业交易双方的权益，进而推动了整个社会秩序的稳定和社会经济的发展。因为盐乃国民生存发展中最基本的需要，有着固本安基之作用。

四、结　语

制度文化的诞生与发展有其内在因素和外在因素，制度文化的传承与弘扬有其相似的物质社会基础。历经数千年之优先权制度，基本上得到了国际法律学界和实践领域的认同，并为促进经济社会的发展起到了重要作用。在权利本位的今天，民事权利普遍受到尊重和保护，权利义务对等的公平、平等、公正的法律价值理念正在形成并深深地植根于人们的脑海中。因而在一些具体的部门法律中也对优先权进行了肯定并作出了明确的规定，如《民事诉讼法》第二百零四条、第二百二十二条、第二百二十三条和《企业破产法（试行）》第三十四条、第三十七条以及《公司法》第一百八十七条，都规定了破产（清算）财产优先受偿权，《保险法》第八十八条规定了职工工资、劳动保险费用、赔偿或给付保险金和税收优先受偿权，《担保法》第五十六条规定国有土地使用权出让金优先缴纳，《税收征收管理法》第四十五条、第四十六条、第五十条规定税款优先受偿权，《海商法》第二章第三节规定船舶

---

① 李卫东著：《民初民法中的民事习惯与习惯法》，中国社会科学出版社2005年版。

优先权，《航空法》第三章第三节规定民用航空器优先权。但是，对于优先权这一民事权利的保留与抛弃在法学理论界却存在着争论，肯定之语与否定之声铿锵激烈，在立法上集中表现在物权法和民法典草案中，以梁慧星为代表的一批专家主张不设立优先权制度，而以王利明为代表的一批专家主张对优先权作出了明确的设立。我们认为应当在民法典、物权法等法律中设置优先权制度，理由有四点：一是基于对优先权制度本身所具有的制度效能的认识；二是法律不仅要追求形式上的公平正义而且更要追求实质上的公平正义的体现；三是我国社会主义初级阶段的国情所决定的；四是解决法律之间冲突进而达到法律内在和谐的需要。能够在我国民法典中详细、具体、明确地设置优先权的性质、种类、效力、期限、实现顺序以及对优先权的处置等，可以使我国民事权利的设置与保护趋于更加完善，也更能体现出"私法"的人文关怀精神。

第九章　盐业承首人制度研究

在自贡盐场里得到高速发展的盐业契约中，承首人在其中居于显著位置，起着重要的作用，是确保盐业契约经营机制正常运行的关键性人物。本章通过对承首人制度的演变进程、权利义务关系、与地主和投资者的关系、与现行《公司法》中发起人制度的比较等方面进行分析研究，旨在反映承首人在清朝至民国时期在自贡井盐业中的特点，探讨现代《公司法》中发起人制度等问题，并以此为发起人制度的完善提供参考。

一、承首人制度的发展历程

承首人，又名："承首办人"、"承首办井人"，是依靠管理、经营技术，或投资而获得"承首股份"作为报酬的一类特殊人群，又可分两种情况：一是承首人不直接出资，而是由他承佃地主地基后再去组织投资者合伙凿井；二是承首人同时又是投资者，与受邀而来的其他投资者合伙凿井。承首人的出现是盐业商品经济发展到一定阶段的产物，当拥有井基之地的土地所有者与拥有资金的投资者合作进行规模化经营时，在当时股伙众多但又缺乏专门的经营管理者的条件下，承首人的出现及其在契约制井盐业中迅速成长起来并占据重要地位就成为当时经济发展到一定程度的客观要求了。

承首人出现初期，在井盐业中是不出资本的，其主要职责就是筹资凿井，负责经营管理。或由承首人出面与土地所有者签订和约，从地主手中取得井基等基本生产资料后，出面邀请投资者

第九章 盐业承首人制度研究

入伙投资；或由投资者直接与地主签约，取得土地后邀请承首人前来负责开凿和管理，而承首人则获得相应报酬以作"费心之资"。如嘉庆八年天圣井约，承首人陈三锡、林振仑、刘坤伦、颜鸣凤四人，佃得土地新开盐井一眼，在其厂规中就规定："地主得地脉水份陆口，不出凿井使费，只出井基、车基、火灶基、过江、便厦等地"，"其有家伙滚子水份，归承首人管业"，"余有拾捌口，归承首人邀伙开凿，永远管业"。① 道光十四年天顺井约中也规定："地主出井基、车基、灶基一概地基，得地脉水火锅份肆口"，"内有拾捌口，任凭承首人邀伙出资凿捣，贰拾肆口不得争占"。② 在此股份制井业经营机制下，地主和货币投资者凭借其出资的土地和资金成为盐井的股东，"出本受益"，而承首人则是盐井的实际经营管理者，依靠技术而获得报酬，并对股伙负责，定期要向股伙陈述开凿、经营情况。如光绪三年三生井约，文约见下：

"立出合约人颜衡三、颜璜溪，情因同治七年戊辰岁，璜溪出名承佃地名五家坡王五房业内复淘子孙业盐井一眼，……璜溪出力承办，每月占浮锅份二口，颜庆生占浮锅份半口，不出工本；下余锅份十八口，派逗工本锉办，璜溪占锅份九口，……其办井者所用进出限银钱、货物、账目，至满年后承办人约众伙到井清算明白，免生疑议。"③

随着盐业井的发展，承首人与地主、投资者的关系也发生了变化，承首人不再仅仅局限于"出力办事"、"只出力不出钱"的组织者和管理者，而是有了一个新身份——投资者。承首人凭借"工本锉办"直接参与盐井业投资，同时承首人的收入方式也发生了变化。最初，承首人的收益即是"家伙滚子水份"或"家伙滚子全水"。所谓"家伙滚子水份"就是在凿井过程中专门使用的凿井、治井的工具，其所占股份大约为二十四锅口中的一口或三十股份中的两日股，承首人获得这些股份作为报酬，在此之外即不占有任何股份。如嘉庆九年五福井约："其井照厂规贰拾肆口分派，

---

① 自贡市盐业历史博物馆藏，博-9号卷，嘉庆八年天圣井约。
② 自贡市盐业历史博物馆藏，博-14号卷，道光十四年天顺井约。
③ 自贡市档案馆藏，3-5-4019-2号卷，光绪元年三生井约。

天后宫地主得地脉水份陆口，……余拾捌口归承首人邀伙开凿，至于家伙滚子水份一口，永归承首人管业。"① 到了嘉庆后期，承首人的收益方式发生了变化，由"家伙滚子水份"向"浮锅份"转变。到了道光以后，从现在所整理的盐业契约的内容来看，基本上就没有"家伙滚子水份"的字样了，此时承首人所获以作"费心之资"的承首日份就是地主从其地脉股份中分拨出来的了，虽然有的井约并没有注明是从地脉日份或客日份中分拨，却清楚地定明所占"浮锅"表明为承首股份。② "地主得地脉水火锅份四口，承首人得地脉水火锅份贰口，内有拾捌口，任凭承首人邀伙出资凿捣，贰拾肆口不得争占。"③ "其有主人地脉占锅份六口，承办首人出力，六口锅拨浮锅二口归承办首人，以作费心。十八口出钱承办。"④ 承首人成为盐井业的投资人，其所获得报酬除了以作"费心之资"的"浮锅份"外，还因为直接投资而占有"工本锉办"的开锅水份。在光绪元年大兴井约中，承首人颜璜溪因"出力承办每月占有浮锅份贰口，不出工本，下余锅份拾捌口，因'派逗工锉办'，颜璜溪又占有锅份玖口"。⑤ 从承首人所获报酬的变化来看，承首人在盐井业企业中的地位也在发生着变化，作为经营者兼股伙，承首人已经摆脱了传统承首人单纯依靠管理技术参与盐井业的地位，其身份具有双重性。

同时，从现存的盐业契约中可以看出，承首人所获报酬形式发生着变化，承首人内部所获报酬也具有不平等性。井基地主从所属地脉股份中分拨若干酬谢承首人，也存在着不同的酬赠办法。

（一）承首人之间平等地占有和分配

承首人之间对股份是平等地占有和分配。如同治六年天源井约：

---

① 自贡市盐业历史博物馆藏，博-10卷，嘉庆九年五福井约。
② 彭久松、陈然著：《中国盐业契约股份制》，成都科技大学出版社1994年版。
③ 自贡市盐业历史博物馆藏，博-14号卷，道光十四年天顺井约。
④ 自贡市档案馆藏，3-5-4018-7号，同治年间济龙井约。
⑤ 自贡市档案馆藏，3-5-4019-2号卷，光绪元年三生井约。

第九章　盐业承首人制度研究　·163·

"立承佃井文约人王绪礼、周玉春、陈永盛，今凭证佃到王书元五房人等置基业地名五家坡业内王修伦名下菜子田内，开盐井一眼，更名天源井，承办子孙基业，平地开凿。比日凭众议明：取租钱一百串文正，日后无还。井规照小溪二十四口：地脉六口，客人十八口；其有承首人浮锅二口，在六口内拨出，付与三人均分，各派一口以作费心之资，子孙永远管业。"①

从此契约中可以看出，承首人王绪礼、周玉春、陈永盛之间均等的分配属于承首人的浮锅三口，承首人之间并没有股多股少的区别。

（二）承首人之间按不同数额分配承首股份

承受人之间是按不同数额分配承受股份。如同治三年长流井约：

"立承佃井文约人汪三多、周玉春、陈永盛，今凭中证，佃得王书元五房人等祖置基业地名五家坡业内王绪龄名长秧田内一眼，更[名]长流井，承办子孙基业，邀伙平地开凿。比日凭众议明：取租钱一百串文正，日后无还。井规照小溪二十四口：地脉六口，客人十八口；其有承首人浮锅二口，在地脉六口内拨出，付与汪、周、陈三人均派，汪姓一口，周、陈二人一口，费心之资，亦是子孙永远管业。"②

在此契约中，同样作为承首人，汪、周、陈所占有股份就出现了不同，汪姓独占一口，而周、陈二人则合在一起占有一口，这说明承首人内部已经出现了地位不平等的情况。

（三）承首人中间一人获得承首股份，其余承首人则没有相应股份

承着人中间一人获得承首股份余下的人则未能得到股份。如

---

① 自贡市档案馆藏，3-5-4018-4号卷，同治六年天源井约。
② 自贡市档案馆藏，3-5-4018-5号卷，同治三年长流井约。

同治七年添源井约：

"立承佃子孙盐井业约人邓明信、王琚，今凭中佃到王元吉名下分受已份项下新[铠]地名蒋家沟，平地开挖盐井一眼，一井三基，界址俱全。比日凭众议定：押山铜钱五十串文正，即日亲收明楚，并无少欠分文。其井更名添源井，全眼水火油昼夜三十天：主人占地脉日份五天，内送半天付与邓明信，以作费心之资；客人出资掏井，占日份二十五天，共成三十天。"①

从上契约可知，邓明信、王琚在本契约中同为承首人，但其地位却不相同，在主人从其所占地脉日份五天内送半天付与承首人以作费心之资时，则将其全部给了承首人邓明信，而另一承首人王琚则无份。

随着承首人在盐井业中所占股份日益增多，如光绪元年大兴井约，承首人颜璜溪因出力承办而占浮锅两口，又因"工本锉办"而获锅份九口，这在全部股份二十四口中已占了将近一半股份，同时通过各种方式不断积累资本，扩张在井盐业中所占锅份，其作为地主和投资者所委托的经营管理职责的地位必然日益削弱，其角色也必然发生变化。随着盐业股份经济的快速发展和盐业契约的进一步完善，既为股伙又为管理者的承首人已不再适应盐井业的发展，随着专门的经营管理人才的地位日益提高，于是出现了能尽到承首职责并在盐井开凿过程中起到举足轻重作用的新型盐业管理人——经手人，这种经手人与后来"全权处理""所有对内对外一切事宜"的"经理人"十分相似，二者共同取代了承首人的地位，成为活跃于盐都井、灶、笕业中的风云人物。

二、承首人主要的权利义务分析

承首人在盐井业的发展中居于关键性地位，筹备阶段，他是首席发起人；凿井期间，他是过程指挥者；见功之后，他是经营

---

① 自贡市档案馆藏，3-5-4019-18号卷，同治七年添源井约。

管理人。其行为直接影响着盐井业的发展与兴衰，因此对承首人的权利义务进行相应分析，就显得十分必要了。

（一）筹集股金，邀伙凿井

这是承首人最基本的职责之一，当其从地主手中佃得井基等开凿盐井的基本生产资料后，就代表地主联系投资者，邀请投资者前来合办开凿盐井。承首人所筹资金有开凿前期和开凿后期之分。在正式开凿前，承首人所筹资金主要是为前期开凿工作所支出的各项费用及地基押金等，称为"底钱"。如嘉庆元年天元井约：

"立合约人刘坤伦、焦忠秀、李万盛、李文元四人，写的谢晋昭名下地基一（符）[埠]，平地开凿新井一眼，……今凭中四人邀约罗天碧名下合伙做水份锅一口，子孙永远管业，当每一口出底钱一十二千文整。"①

在开凿工程开始后，承首人所筹资金则称为"月费"，即正式开工后的经常性费用，这批费用按月筹集，逐月交纳，如天元井约：

"后吊凿之日，每一口每一月出使费钱一千六百文。如有一月不齐，承首人将合约缴回，另邀伙承办，开户不得言及先使工本。"②

"月费"一般是以银钱缴纳，但在特殊情况下，也有用工具设备折纳股金的，如嘉庆二十年咸泉井约：

"其有月费，礼梁愿出煊凿大小铁火，以作办井月费——井上用铁每井照四十文算，每年不得问及礼梁取月费，礼梁每年亦不得问胡姓取铁火钱。……其井以为子孙永远管业。陈姓锅口，不得私顶外人；如若私顶，不得言及铁火工本，自和约交还胡姓。"③

像嘉庆二十年咸泉井约这种以铁器及其维修来折纳股金的办法，扩大了盐井业的投资来源，有利于解决凿井所需材料及技术问题。

---

①、② 自贡市盐业历史博物馆8号卷：嘉庆元年天元井约。
③ 自贡市档案馆藏，3-5-4019-8号卷，嘉庆二十年咸泉井约。

(二) 开工凿井，确保工程顺利

承首人的出现并在整个盐井业中居于重要地位，主要原因就是其懂技术、善管理，因此在凿办井盐工程中，承首人就被授予工程指挥权，在同治二年天海井约中，承首人萧双裕、黄隆山就被地主与投资者授权做盐井开凿过程的实际指挥者，地主和投资者只负责提供土地、资金等生产资料，"初修竖廊厂、大小木柱等项，亦照十八口派出银钱费用。倘若地基不明，一概有主人王姓五房人等承担，不与承首相干。其余界未定宽窄，但随承首人修理，主人不得异说"①。在佃得地主土地和筹集到股金后，承首人便成了凿井工程的实际指挥者，组织人力进行开工下锉，并保证整个开凿工程顺利开展。如投资者未能按期交纳月费或因为承首人个人原因使工程进展不下去，则对相应人进行经济制裁。如道光十四年天顺井约：

"如有一月使费不清，即将原和约退还承首，另邀开户，不得言及已前用过工本，亦不得私顶外，承首人不得停工住凿；如有停工住凿，将承首地脉水火锅份二口，交与众开户承办，承首不得异说。"②

(三) 月费不济，停费收份

这是承首人作为盐井的实际指挥者对月费不济的投资者进行经济制裁的权利。承首人有保证整个开凿工程顺利进行的责任，但这是以投资者按期交纳月费为前提的。但在实际工作中，有些持有股份的投资者，往往不能按期交纳月费，承首人只有停费收份，另邀他人。所谓停费收份即是指盐井业中股份持有者如不能按月照所占股份交纳月费，承首人有权取消其股东资格，并收回其所占股份另邀伙承做。如嘉庆元年天元井约，投资者如"有一月不齐，承首人将和约缴回，另邀伙承办，开户不得言及先使之

---

① 自贡市档案馆藏，3-5-4018-6号卷，同治二年天海井约。
② 自贡市盐业历史博物馆藏，博-14号卷，道光十四年天顺井约。

本"①。从现存的盐业契约的内容可以看出，承首人对不能按期交纳月费的投资者的经济制裁是无条件的，同时也是不做任何补偿的。这种手段虽然以强制的手段确保盐井开凿工程的顺利进行，但对于投资者来说过于严厉，在一定程度上不符合客观经济规律的发展要求。后来随着商品经济的发展和盐业契约的日益完善，停费收份的措施有了松动，出现了"抬做"等适合经济发展的新规定，这在确保工程顺利开凿的前提下维护了各方面的利益。

（四）停工住凿，得一还二

这是对于承首人本人的制裁方式。当出资参与盐井业的投资者按期交纳月费后，因承首人的个人原因而导致停工住凿，那么承首人也要受到相应经济惩罚，这种惩罚的金额一般是股伙所交纳的月费的两倍，即得一还二。如嘉庆元年天元井约：

"立合约人刘坤伦、焦忠秀、李万盛、李文元四人，写的谢晋昭名下地基一（符）[埠]，平地开凿新井一眼，……今凭中四人邀约罗天碧名下合伙做水份锅一口，子孙永远管业，当每一口出底钱一十二千文整；后吊凿之日，每一口每一月出使费钱一千六百文。如有一月不齐，承首人将合约缴回，另邀伙承办，开户不得言及先使工本；倘工本来齐，停工住凿，承首之人得过钱一吊退还两吊。"②

在部分盐业契约里，也有将对承首人的惩罚规定为彻底剥夺承首人所得浮锅份制裁。如"承首不得停工住凿，如有停工住凿，将承首人地脉水火锅份贰口，交于众开户承办，承首不得异说③"。

（五）筹备经营，获费心之资

承首人作为凿井资本的筹备者、凿井开凿指挥者和投产后的经营者，享有获得报酬以作"费心之资"的权利。其所获报酬初为"家伙滚子全水"，即凿井过程中使用的专门的凿井、治井的工

---

①、②、③ 自贡市盐业历史博物馆藏，博-8号卷，嘉庆元年天元井约。

具,如:"家伙滚子全水归承首人管受,贰拾肆口人等不得争占。"① 后来形式发生了变化,由"家伙滚子全水"向"浮锅份"转变。"浮锅份"是由地脉股份中分拨出来作为承首人"出力办事"的报酬的,如:"其有主人地脉占锅份六口,承首人出力,六口锅份拨浮锅二口归承办首人,以作费心。十八口出钱承办,俟咸水上灶,以照厂规二十四口照派分班。"② 到了承首人又以投资者的身份参与盐井业后,承首人除了所占"浮锅份"外,也享有一定的"开锅水份",如光绪元件三生井约:

"立出合约人颜衡三、颜璜溪,情因同治七年戊辰岁,璜溪出名承佃地名五家坡王五房业内复淘子孙业盐井一眼,……璜溪出力承办,每月占浮锅份二口,颜庆生占浮锅份半口,不出工本;下余锅份十八口,派逗工本锉办,璜溪占锅份九口。"③

除此之外,承首人还有出面负责与地主签约的职责,在合约中对地主、投资者、承首人三方面的权利义务及各自所占股份都有具体规定。

三、承首人与地主、投资者的关系

承首人在盐业合资股份经营中处于关键性地位,与地主、投资者的关系虽然错综复杂,但却紧密联系。按承首人是否参与了盐业投资,其相互关系又可分为两个阶段。

(一)承首人不参与投资阶段

在此期间,承首人与地主、投资者之间的关系相对简单。承首人只是作为盐井业组织者、经营者的身份参与其中,权利义务相对明确,承首人"只出力不出钱"、"不出锉井工本",取得"家伙滚子全水"或"浮锅份"以作"费心之资"。对于地主而言,承

---

① 自贡市盐业历史博物馆藏,博-7号卷,嘉庆元件天元井约。
② 自贡市档案馆藏:3-5-4018-4号卷,同治六年天源泉井约。
③ 自贡市档案馆藏,3-5-4019-2号卷,光绪元年三生井约。

首人是负责筹集开凿盐井的人,与投资者关系密切,是承办盐井企业的"首人",如同济年间济龙井约:"承办首人出力,六口锅份拨浮锅二口归承办首人,以作费心","其开户承首人子孙永远管业,主人不得异说"。① 但相对于投资者来说,承首人作为股金筹集负责人、凿井指挥者、后期经营者和出面与地主交涉的代表人,全权负责盐井的一切活动,是投资者的"承首主人"。

(二)承首人参与投资阶段

随着盐井业经济的快速发展,承首人也逐步地参与盐井的投资,在盐井业中占有一定股份,成为盐井业的股伙之一。在光绪元年大兴井约中,承首人颜璜溪因"出力承办"而占浮锅贰口,又因"派逗工锉办",颜璜溪又占有锅份玖口,这样承首人就与地主、投资者结成了股份合作关系,成为与地主、投资者平起平坐的合资井企业的合作者。此种情况下,承首人不再是仅仅依靠取得"费心之资"作为报酬的单纯的筹备、经营管理者,而成为受"众伙"即全体股东的委托履行职责的股东代表之一。

不管承首人代表地主还是代表客人,是否参与直接投资,只要其加入到合资井企业中,占有了一定的股份比例,其就与地主、投资者结成了合作关系,成为盐业井中的股东。承首人与盐井业各方的关系日益紧密,在很大程度上推动了盐业经济的积极发展,承首人与地主、投资者的关系也日益复杂,这在一定程度上逐步淡化了承首人经营管理的角色,于是传统承首人逐渐被领取工薪的、在实践中成长起来的专门管理人才所代替。

四、盐业契约承首人制度与我国公司法中发起人制度的比较

在盐业经营管理中,承首人处于十分特殊的地位,先后出任

---

① 自贡市档案馆藏:3-5-4018-7号卷,同治年间济龙井约。

筹资发动人、股金筹备人、凿井指挥人和经营管理人,是确保契约制井盐业经营机制正常运行的关键性人物。而我国现行《公司法》中关于发起人虽然没有明确界定,但从《公司法》中关于发起人权利与责任的规定可以看出,公司发起人与盐业契约中的承首人之间有着极强的相似性与关联性。

《公司法》第七十六条规定:"股份有限公司发起人承担公司筹办事务。发起人应当签订发起人协议,明确各自在公司设立过程中的权利和义务。"从中可以看出,发起人应是公司设立行为的主要而又具体的实施者,享有固定的权利和承担相应的义务,并对公司承担相应法律责任的人。

(一) 盐业契约承首人与《公司法》中发起人相似点比较

1. 先期筹备权

承首人在凿井过程开凿前,是筹办发动人,负责与地主联系、签约,取得井基等土地使用权,然后寻找投资者合作,筹集股金,是首席发起人。"地主得地脉水份陆口,只出井基、车基、火灶基、过江、便厦等地","余有拾捌口,归承首人邀伙开凿,永远管业"。[①] 而《公司法》对于发起人的职责也有明文规定:"股份有限公司发起人承担公司筹办事务。发起人应当签订发起人协议,明确各自在公司设立过程中的权利和义务。"从中可以看出,二者对其所在企业或公司的成立都有筹备权。

2. 出资权

承首人可以分为两类:一类不直接出资,仅是因为懂技术、"只出工不出力"而取得"费心之资";另一类是懂技术同时也是投资者,先向地主佃得所用之地后,继续征集其余的投资者,享有直接参与投资的出资权。而发起人在筹备公司的同时,按照《公

---

① 自贡市盐业历史博物馆藏,博-9号卷,嘉庆八年天圣井约。

司法》的规定，可以采取发起设立或者募集设立的方式。发起设立，是指由发起人认购公司应发行的全部股份而设立公司。募集设立，是指由发起人认购公司应发行股份的一部分，其余股份向社会公开募集或者向特定对象募集而设立公司。但不论发起人采用哪一种设立方式，其都必须购买相应的股份或用货币出资，也可以用实物、知识产权、土地使用权等可以用货币估价并可以依法转让的非货币财产作价出资，否则筹办公司只能是一句空话。

3. 报酬权

承首人作为盐井业的前期筹备人、中期指挥人、后期管理人，享有获得报酬的权利，承首人不出资的情况下，以"出力办事"而享有收益权，先为"家伙滚子全水"，后向"浮锅份"转变，在承首人出资后，其收益除占有"浮锅份"外，还享有开锅水份。而发起人作为公司成立前的筹备人、后期的股东，也有获得相应股份分红利益的权利。

4. 忠实尽责的义务

不管是承首人还是发起人，都有对各自企业忠实尽责的义务。承首人作为盐井的实际筹办者、经营管理者，对地主、投资者有忠实尽责的义务，如负责清算每月清单，保证凿井工程顺利进行，"凭众伙清算，交与承首人管理"[1]。见功后，负责清正各股东所占股份及应获费用，"照厂规全井作昼夜锅份二十四口：上节占锅份十二口，下节出资锉办成功占锅份十二口。丁癸丑井已成功，廊厂添配完备，每口略分有鸿，兹承首应将各伙友名下所占锅份多寡书明合约，各执一纸，子孙永远管业"[2]。而发起人，在筹办公司的过程中，对投资者、公司债券人和即将成立的公司都有很大的影响作用，因此发起人须负忠实尽责的义务，在筹办公司的工程中，诚实无比，勤勤恳恳，尽职尽责。

---

[1] 自贡市盐业历史博物馆藏，博-14号卷，道光十四年天顺井约。
[2] 自贡市档案馆藏，8-1-713-21号卷，中华民国五年长源井约。

5. 责任承担义务

承首人在筹办盐井工程中，如股金筹备齐全但因为自己原因而未动工，出现"停工住凿"，承首人也要承担相应的责任，受到经济惩罚。"其使用来齐，或停工住凿，承首人得一还二"[①]，"承首人不得停工住凿，如有停工住凿，将承首地脉水火锅份贰口，交与众开户承办，承首不得异说"[②]。而公司发起人，在公司设立过程中，若因故意或过失而损害设立公司的利益，发起人应对公司承担损害赔偿责任。

（二）盐业契约承首人与《公司法》中发起人不同点比较

1. 参与基础不同

承首人参与盐井业的筹办、经营、管理，是凭借其具有相应的技术和管理能力，是以无形资本投资于合资股份制井盐业而取得相应报酬的，对其是否具有一定的资金，则不作具体要求。而公司发起人在公司筹备过程中，需要购买一定比例的股份，因此发起人须具有一定的资金或实物、知识产权、土地使用权等可作为股金投入的物质为前提，否则公司则无法筹备。

2. 人数限制不同

在盐业契约制中，承首人人数并无限制，而是根据经济发展程度及盐井业实际需要来确定，有承首人为一人的，例如："立出和约人胡思元，在杨符玺地主业内大滩坝土基一所，平地承办开凿盐井壹眼，更名咸泉井。"[③] 也有承首人为数人的，例如："立承佃文约人萧双裕、黄隆山，今凭中证佃到王书元五房人等祖置基业地名王家坡业内熟土内，……地主将地脉锅份六口之内，拨

[①] 自贡市盐业历史博物馆藏，博-7号卷，嘉庆元年天元井约。
[②] 自贡市盐业历史博物馆藏，博-14号卷，道光十四年天顺井约。
[③] 自贡市档案馆藏，3-5-4019-8号卷，嘉庆二十年咸泉井约。

出地脉浮锅贰口，付与承首人萧、黄二姓名下。"① 从本约中可以看出承首人为萧、黄二人是毋庸置疑的。而公司发起人在设立股份有限公司时，其人数是有限定的，为二人以上二百人以下，且其中必须有半数以上的发起人在中国境内居住。

3．存在期限不同

承首人在整个盐井业发展中自始至终处于重要地位，从盐井的筹备、开凿到后期管理，一直扮演着重要的角色，而公司发起人的存在则仅限于公司成立前，公司一经成立，发起人身份便消灭了，在筹备期间的发起人则转变为公司的股东，其在设立的过程中取得的权利义务，也归属于成立后的公司。

4．对投资者的制裁不同

承首人在开凿、经营盐井业的过程中，有权对拖欠月费的股伙进行经济制裁，且这种制裁是无条件的，不作任何补偿的。如嘉庆元年天元井约："如有一月（月费）不齐，承首人将和约缴回，另邀伙承办，开户不得言及先使工本。"② 而公司发起人，是以设立公司为目的而结合在一起的，各发起人基于协议制订公司章程，履行义务，发起人之间不存在相互制裁，每一个发起人都是合伙中平等的一员。

5．返还资金比例的区别

承首人在盐井业发展过程中，如果因为个人原因出现"停工住凿"，承首人则应受到相应惩罚，这种惩罚一般是股伙所交的月费的两倍，即"得一吊还两吊"，但也有约定彻底剥夺承首人所占的承首日份的制裁。公司发起人在公司不能依法成立时，对于设立公司行为所造成的后果，发起人承担无限连带责任。

承首人在盐业契约制中居于引人注目的地位，起着重要的作

---

① 自贡市档案馆藏，3-5-4018-6 号卷，同治二年天海井约。
② 自贡市盐业历史博物馆 8 号卷，嘉庆元年天元井约。

用，由此形成了盐业契约股份制能够良好运行的优点也是主要特点之一：盐井业所有权与经营权相分离。盐井业的所有者不参与盐井的开凿与经营，而是委托承首人进行相应管理，于是就形成了决策、经营与监督相互分离、相互制约的完整企业制度体制，促进了盐井业的快速发展。而发起人在公司的成立过程中也同样居于重要地位，发挥着与承首人相似的作用。发起人的确立是股份有限公司设立的起点。

第十章　盐业习惯法研究

盐业契约是规范盐业生产经营的主要范式，而规范盐业契约的法源表现为"厂规"或"井规"，这"厂规"常被称为习惯法，是盐业生产经营过程中必须遵守和执行的，同时如果因为盐业契约的订立、履行过程中发生了纠纷，也同样依照"厂规"来处理。这种依据"厂规"解决盐业契约纠纷的行为获得了当时的政府和国家法律的认可，"厂规"具有与国家成文法同样的效力，对于规范盐业契约、处理盐业契约纠纷从而建立有序的盐业生产经营秩序有着重要的意义，对于我们今天在民商事领域进行法典式立法规范和民商事领域所生的纠纷进行解决具有重要的参考价值。

对于"习惯"与"习惯法"，二者有无区别，学术界颇有争议。德国学者认为习惯是指为社会所通行的、须当事人自己援用的一种事实，而习惯法是指为国家所承认的、审判官有适用之义务的法律。法国学者则把习惯与习惯法等同起来，认为二者并无区别。我国清末民初虽不称习惯法而称习惯，但实际上与德国学者所称之习惯法一致，因而，我们理解的习惯则具有"虽然不成文却能够得到实定化的具体规范"的含义。[①] 为了文章表述的需要，我们把习惯称为习惯法，以与成文法相对应。

综观盐业契约文献史料，盐业契约在订立、履行过程中所致之纠纷，均须严格遵照规范约束盐业生产经营的习惯法——"厂规"或"井规"来解决。"为违约害规，借控阻挠，恳予依据条

[①] 滋贺秀三等著：《明清时期的民事审判与民间契约》，法律出版社 1998 年版。

约、厂规划清权责,饬令偿债而免讼累事。"① 最早记载自贡盐场做井规则的"厂规"或"井规"是吴鼎立所著的《自流井风物名实说》和《富顺县志》(同治)同时收录的《井规》。后来,随着盐业生产经营的发展、井灶规模的不断扩大,这些约定俗成的厂规得到了补充、修改和发展。这些实定化的规范经过分析归类,具体表现在对盐业契约主体、盐业股份分配、盐业合伙、盐业买卖、盐业租佃、盐业管理等的习惯法规范方面。

一、盐业契约主体出资的习惯法规范

(一)地主出资凿井规范

地主由于拥有盐矿资源的土地,因自己无力凿办而与人合作开凿,则可以用土地出资,包括"车房、柜房、惶桶房、牛棚,及牛吃水、滚水堰塘,人畜出入路径、堆渣放卤、抬锅运炭、取土取石、牵扯风篾,概在主人业内,并无阻滞。""其有四围地基,凡在主人业内,无论井见大小水、火,各灶修竖灶房、柜房、盐仓、惶桶、阴阳笕路、进水码头、安置水笕横安顺插、修砌车子,及人畜吃水、滚水堰塘,人畜出入路径、堆渣放卤、抬锅运炭、牵扯风篾、取土取石,及一切应用基址,凡在主人业内,均无阻滞。即见大火,不得另取地皮火租,亦不得另议佃价"②,"一切地基等项不明,一力有地主承当"③,"如有阻挡,地主五房承担,不与客人相染"④,"如基址不足,壹力有地主承认"⑤,或另佃基址,或支付另佃基址费用,以保证盐业生产经营之需。

---

① 自贡市档案馆藏,17-1-692-12号卷,中华民国二十五年二月×日。
② 自贡市档案馆藏,17-1-688-6号卷,民国八年己未岁古历十一月二十六日三江井约。
③ 自贡市档案馆藏,3-5-4018-5号卷,同治三年八月十三日长流井约。
④ 自贡市档案馆藏,3-5-4018-7号卷,同治×年××月××日济龙井约。(因时间久远,原文本字迹模糊,无法辨认,只能用符号代替。笔者注)
⑤ 自贡市盐业历史博物馆藏,博-9号卷,嘉庆八年癸亥十一月初一日天圣井约。

第十章 盐业习惯法研究

在"井见成功"、"起班进班"分取利润之时起,负有与投资者一起的"出工本"以利续锉的义务。所谓起班进班,亦称分班,是指盐井锉办成功,地主得以分享井产收益,同时也须承担维修、保养、继续深淘及各项费用,与货币投资者处于一致的地位。例如:蔡灿若与王静庵经营的同盛井,"倘井出腰脉水壹、贰口,以帮捣井人用费;如出壹、贰口外,地主愿分班,同出工本,以捣下脉"①。又例如:张玉宁、师起用与王云开经营的万丰井,"自兹以后,井出水、火一二口,以作张姓捣锉使费;三口、四口即行分班,同出工本"②。

同时,地主有收回盐井的权利,这主要包括以下两个方面:

一是针对年限井而言,一般的经营年限期为7年、12年、20年、30年不等,最长可达40年。在经营年限届满后,地主收井,又分以下四种情形:其一,年限届满,股伙将全井交回给地主,股伙便失去股权,全井为地主一人所有。例如:同盛井"地主王晓亭愿与蔡姓提留工本每月昼夜净日份三天半,以井见大水、火起班之日为始,年限十二年为满。年满以后,将日份全归地主"③。又如:海流井"惟客人所占水火油盐岩净日份二十四天,自批字起限之日起算,推至三十八年为满;……年满之日,客人将所占日份及天地二车、廊厂一切,完全交还主人"④。其二,年限届满,与井有关之一切家具进行作价,由地主予以补偿给股伙。例如:同盛井股伙"蔡姓煎满年份,天地二车、廊厂尽归地主;至于家具物用,验物作价"⑤。其三,年限届满,地主与股伙按日份均分家用物具。三江井约规定:"无论水、火成功起限,以二十七年满后,客人将水火日份及所余灶、柜房一切廊厂,交还主人。其有动用家具、铁器、牛只,主、客按照日份均分,不得异

---

① 自贡市盐业历史博物馆藏,博-1号卷,乾隆四十四年十月二十一日同盛井约。
② 自贡市档案馆藏,3-5-4016-10号卷,嘉庆十二年丁卯八月十一日万丰井约。
③ 自贡市盐业历史博物馆藏,博-17号卷,咸丰四年四月二十一日立退还井约。
④ 自贡市档案馆藏,5-4-52-19号卷,民国十一年壬戌岁阴历十月十三日立出佃井基新挖盐井合约。
⑤ 自贡市盐业历史博物馆藏,博-1号卷,乾隆四十四年十月二十一日立佃井合约。

说。"① 其四，一是年限届满，地主收井，家用物具归股伙所有，由股伙自行撤去。恒通井约规定："限满之日，客人应将井灶一切建筑交还主人，不得折毁。客人应分之牛只、车炉、家具、盐锅、红土灶身等项，应自行搬去，并无顶打。"②

二是股伙在锉井过程中若停工住锉，地主将井收回。万丰井约规定："自出佃以后，客人不得停工住锉；如有停工住锉，任主人将井接回，客人不得称说用出锉井工本。"③ 后来，对停工住锉的期限有所放宽，长流井约规定："如停工住凿三、两月，承首人即将合约退还地主，凡开户人等不得称说工本。"④ 豫丰井约规定："如井停工住锉，半年为限，主人将井接回，客人不得言及工本。"⑤ 太丰井约规定："本井重在淘锉早日见功，成约之后在三个月内即应起复，正式开办，至迟达上六个月，即应开工；设只取承佃之名，在六个月内尚不开工，再迟到一年期内犹不陈报盐务主管动工，乃系承佃人有意迟缓，出佃即将稳租没收。以后出佃或自办，不受承佃人之拘束，承佃人无告诉之权抗拒出佃人。此约在满一年以后，尚未动工淘锉，承佃即失淘锉效力，出佃人即有接回之权。……如开办以后因事停搁，所停日期扣满一年，如不工作亦失承佃效力，出佃人有收回自主之权。"⑥

（二）承首人出资凿井规范

承首人在盐业生产经营中有着重要作用，在盐业凿井之初是发起人，例如："立合约人刘坤伦、焦中秀、李万盛、李文元四人，

---

① 自贡市档案馆藏，17-1-688-6 号卷，民国八年己未岁古历十一月二十六日立承佃锉办下脉年限井文约。
② 自贡市档案馆藏，3-5-4024-68 号卷，民国三十一年十一月二十八日立出佃淘锉办理下节水火油盐岩日份合约。
③ 自贡市档案馆藏，3-5-4017-2 号卷，道光十七年丁酉十一月初三日立出佃合约。
④ 自贡市档案馆藏，3-5-4018-5 号卷，同治三年八月十三日立承佃井文约。
⑤ 自贡市档案馆藏，3-5-4017-1 号卷，光绪五年己卯岁九月二十四日立承佃子孙盐井基址业文约。
⑥ 自贡市档案馆藏，7-1-1294-28 号卷，民国三十二年国历十月十五日立佃水火油废井三十天日份文约。

写得谢晋昭名下地基乙埠,平地开凿新井乙眼,取名天元井。……其有乙十八口水份,交与承首四人管业"①。刘坤伦等四人是天元井的承首人,负有邀集股伙、收取月费、筹集凿井资金的责任。如果因股伙不能按期交纳月费,"无力承办",承首人可将合约收回,或在股伙内抬做,或邀新股伙承做。如果由于承首人原因而迟迟不能开工凿井,或中途停凿,则负有"得过钱乙吊退还两吊"或"将承首地脉水火锅份贰口,交与众开户承办,承首人不得异说"②。

承首人在凿井过程中是指挥者,凭其技术和管理水平与经验指挥股伙凿办盐井,"任随承首人修理"③。又如:胡思元承首凿办咸泉井,"邀到陈礼梁名下承做开锅半口,先派做井底钱三千文,以作下石安圈之费;其有月费,礼梁愿出煊凿大小铁火,以作办井月费——井上用铁每斤照四十文算,每年不得问及礼梁取月费,礼梁每年亦不得问胡姓取铁火钱"④。又如:邹朝璋开凿的天顺井,"自动土安圈,报开淘一切费用,(钓)[吊]凿之后,凭众伙清算,交与承首人经管,每月清算;如有一月使费不清,即将原合约退还承首,另邀开户,不得言及以前用过工本,亦不得私顶外人。承首不得停工住凿;如有停工住凿,将承首地脉水火锅份贰口,交与众开户承办,承首不得异说"⑤。

承首人在"井见功"后是经营管理者。如"家伙滚子全水归承首人管受,二十四口人等不得争占"⑥,"承首应将各伙友名下

---

① 自贡市盐业历史博物馆藏,博-8号卷,嘉庆元年十二月初十七日天元井约。

② 自贡市盐业历史博物馆藏,博-14号卷,道光十四年岁次甲午十一月初四日天顺井约。

③ 自贡市档案馆藏,3-5-4018-6号卷,同治二年癸亥岁二月二十四日天海井约。

④ 自贡市档案馆藏,3-5-4019-8号卷,嘉庆二十年九月二十一日咸泉井约。

⑤ 自贡市盐业历史博物馆藏,博-14号卷,道光十四年岁次甲午十一月初四日天顺井约。

⑥ 自贡市盐业历史博物馆藏,博-7号卷,嘉庆元年岁次丙辰十二月十六日天元井约。

所占锅份多寡,书明合约,各执一纸",负责清算好各股伙所占的份额及月用红息等。① 在井见功进班分红后,负责全井的经营管理,"如伙内有烧者,仍照外主、客规模,与承首人承佃"。② 此外,承首人每年底还要"约众伙到井清算明白,免生疑议"③。

但是,按照"厂规"的规定,"承首邀伙之人,……不出工本锉捣"④。承首人出力不出钱,凭其技术和管理水平与经验而邀股伙凿办盐井。

(三) 股伙出资凿井规范

为了防范风险,便普遍采用合伙集资凿井之策,股伙少者二三人,一般为一二十人。股伙以当时的习惯法——"厂规"结成合伙关系。股伙出资,包括两类:一是支付"底钱",即为开凿盐井作准备而支出的各项费用。"开锅一口,每口派出底钱拾叁千五佰文正。"⑤"月费"不济,股伙不得言及月利鸿息。"大凡做井必须先逗月费,故承首人于月结票内注明,预派下月用费钱若干串,务恳按数逗楚,限期一月,务要照数清款。过期不清,承首人将伊所占锅份,觅人承顶出资锉办;俟井见大功,始能照工本补还,不得言及月利鸿息。"⑥"月费"一般以银钱缴纳,个别情况下也有用工具设备折价缴纳的,"其有月费,礼梁愿出煊凿大小铁火,以作办井月费——井上用铁每斤照肆拾文算,每年不得问及礼梁取月费"⑦。二是按月筹集"月费",逐月缴纳。"每月凿井使费,照拾捌口均派;如有使费不楚,即将合约退还,不得言

---

① 自贡市档案馆藏,8-1-4713-21号卷,民国五年岁次丙辰阳历三月二十八日长源井约。
② 自贡市档案馆藏,5-4-66-31号卷,民国七年戊午岁旧历九月十六日丰顺井约。
③ 自贡市档案馆藏,3-5-4019-2号卷,光绪元年乙亥岁四月二十八日三生井约。
④ 吴鼎立著:《自流井风物名实说》。
⑤ 自贡市档案馆藏,3-5-4018-20号卷,道光十八年岁次戊戌三月十八日合海井约。
⑥ 自贡市档案馆藏,45-1-96号卷,民国七年全月三十日月结票。
⑦ 自贡市档案馆藏,3-5-4019-8号卷,嘉庆二十年九月二十一日咸泉井约。

及工本，承首人另邀开户承做。"①

股伙出资"底钱"及相关"月费"后，便组织人力，开工下锉，以保证整个开凿工程的顺利开展。"倘见功水、火不足定数，客人仍然依脉锉办，不得停工，主人不得异说。如水、火毫无，客人不锉，主人将井接回，两无异言。"②"殊成约之后，静修不办不锉，累催累给。""敝堂是以束约各方及静修莅临大会，声明废约；而静修乃藐抗不来。"③ 李静修承佃锉办王五桂堂三江井，长达十六年而不锉，是为悔约，依约载明，王五桂堂得收回此井，投资者不得索要开工垫支的资金。"自佃之后，倘有停工住凿，将原合约退回，开户人等不得称说工本。"④"半途挂凿，地主接回，承首以及开户人等不得言及工本。"⑤"若客人停工住锉二三月，承首人将合约退还地主，凡开户人等不得称说工本。"⑥

股伙出资锉井，因故停工住凿，地主将井接回，有权从地主接井中获得补偿，其方式有两种：一是通过提留日份的方式予以补偿，如同盛井约载明："地主王晓亭愿与蔡姓提留工本每月昼夜净日份三天半，以井见大水、火起班之日为始，年限十二年为满。年满以后，将日份全归地主。"⑦ 二是通过井见功后从鸿息中扣还一定数额予以补偿，如生龙井约载明："同德灶锉办至丁巳年尚

---

① 自贡市档案馆藏，3-5-4018-19号卷，道光十八年岁次戊戌十一月十八日合海井约。
② 自贡市档案馆藏，17-1-688-6号卷，民国八年己未岁古历十一月二十六日三江井约。
③ 自贡市档案馆藏，17-1-688-4号卷，民国二十四年国历十二月十六日三江井约。
④ 自贡市盐业历史博物馆藏，博-9号卷，嘉庆八年癸亥十一月初一日天圣井约。
⑤ 自贡市盐业历史博物馆藏，博-10号卷，嘉庆九年甲子三月二十五日五福井约。
⑥ 自贡市档案馆藏，3-5-4018-8号卷，咸丰九年己未岁十一月十八日顺海井约。
⑦ 自贡市盐业历史博物馆藏，博-17号卷，咸丰四年四月二十一日立退还井约。

未成功，停锉年余，上节催促，伙内无力，乃于己未年转丢与裕和笕裕亨灶经手张焕然接办，更名生龙井。除取原押一千二百两还同德灶外，所有同德灶锉本五千七百二十二两一钱五分，约注'俟井成功，应裕亨灶名下以鸿息付还，无利；同德灶并无锅份。'裕亨灶接办修整补腔，殊腔未开拢，因裕和笕倒闭，井遂停锉。上、中两节履约催办，裕亨灶无力，自愿将井交还上、中两节，并愿将所用押头、补腔各费之四千余金减少，只收银二千两，约注'其银俟井丢出，取多多归，取少少归，不足者以井成功鸿息补楚。'①

（四）对盐井续锉的习惯法规范

如自贡地方法院于民国二十五年以公函字第73号询关于盐井续锉的习惯处理方法（此举出部分文字，笔者注）：

（一）依照自贡习惯，凡锉办盐井之人，须锉至若干程度，始不能继续开锉？

（二）锉办盐井，有谓锉至三百三十长深，如不见功，即无法继续开锉者；有谓须锉至三百四十丈之深，始不能再行开锉者。据此而说，究以何说为是？②

由于盐井锉办的深度直接关系着盐井锉办是否可以转佃地主，或上节是否可以进班，地主是否有权收回所锉办的盐井等问题，因而在认定和处理此类案件时有着重要的意义。为此，根据自贡锉办盐井的习惯，究竟应锉至多少深度，并无一定标准，"惟西场之井有锉至一百余丈即见水火，例如现推之金海井及所停之各黄水井是也；如出火者多居少数，即名曰北风火、草皮火；又有锉至二百几十丈及三百余丈者乃能见功，此种水火当然较浅者更优厚。据此自论，总视其地势之盛衰、情形之难易、山泽之变

---

① 自贡市档案馆藏，41-1-2329-7号卷，民国十一年壬戌岁冬月初九日立出丢下节子孙业盐井水火油岩锅份合约。
② 自贡市档案馆藏，17-1-682-19～20号卷，民国二十五年一月二十二日第73号公函。

迁，应当以事实环境之可否而决。"① 东场"各井皆自为风气，具丈量大小亦不一律，不过通常办法，凡锉至三百三十丈左右，大都发现红岩，红岩下即有火一口；如发现红岩之后尚未见大功，在多数办井之人，均不愿再进行下锉，因能力已尽，无多希望故也。"② 从盐场锉井习惯来看，富荣东西场一般均以三百丈左右为锉井深度即可见功，不过西场更优于东场而已（富荣东场盐井最深320丈，最浅120丈，一般为200～290丈，以盐岩为主；富荣西场盐井最深300丈，最浅100余丈，一般为200余丈，以黄黑卤为主）。

二、盐业股份分配的习惯法规范

（一）盐业股份设置的习惯法规范

对于盐业股份，有两种设置方式，一曰日份，此乃自流井地区盐业契约中对盐业股份的设置方式，以30天为计算单位，即将一井股份分为三十天（股），一天为二十四小时，时下为刻，刻下为分，包括地脉日份、客日份和干日份，分别为三种不同的投资者所持有：井基地主持有地脉日份；股伙（客人）持有客日份（又称工本日份）；承首人持有干日份。但是按照《井规》的规定，日份设置在"年限井"和"子孙井"中是不同的。在"年限井"中，"地主出井眼、天地二车、柜灶牛棚盐仓一切基址，每月得地脉日份，或四、五、六、七不等；客出锉井一切费用，每月得客日份二十二、三、四不等；承首邀伙之人或在客日份内或在地脉日份内，各拨一天、或共拨一天，不出工本锉捣，谓之干日份"，③"其井规模照厂规三十天分派：梁、王两姓主人出一切地基，包足修

---

① 自贡市档案馆藏，17-1-682-27～28号卷，西场井商黄黑卤业同业公会民国二十五年二月向自贡市商会的复函。
② 自贡市档案馆藏，17-1-682-75～76号卷，东场井商盐岩卤业同业公会民国二十五年二月向自贡市商会的复函。
③ 吴鼎立：《自流井见物名实说》。

造，占地脉水火油盐岩净日份五天；兴发井上、中、下节伙等梁吉庆堂提占水火油盐岩净日份一天；谢姓伙等出资锉办，占水火油盐岩净日份二十四天，共成日份三十天。"① 在"子孙井"中，"每月昼夜净日份三十天：主人占日份四天半地脉内，拨出二天半付与佃井人邀伙承办，以作费心之资；客人出资捣井，占日份二十五天半，共成三十天，此系子孙基业。②"

一般来说，自流井地区盐业契约中的30天日份按客日份24天、地脉日份和干日份6天分成。二曰锅口，主要流行于贡井地区盐业契约中的股份设置，以二十四锅口为设置单位，即将一井资本总额分为二十四口，即二十四股，口以下为分、厘等，包括地脉锅口、开锅和浮锅，分别为地主持有"地脉锅口"，股伙（客人）持有"开锅"，承首人持有"浮锅"。"井规照小溪二十四口：地脉六口，客人十八口；其有承首人浮锅二口，在地脉六口内拨出，付与汪、周、陈三人均派，汪姓一口，周、陈二人一口，费心之资，亦是子孙永远管业。"③ 德厚井"议照厂规每月昼夜水火油锅份二十四口分派：主人出一井三基，占地脉锅份六口，内拨出浮锅三口，送与承首人，以作邀伙费心之用；客人出工本锉办，占开锅十八口，立有承、出二约为据。其本井矩矩，按照厂规行事"④。按照《厂规》的统计："地主出井眼、廊厂一切基址，得地脉锅份三、四口，客出资捣锉成功得开锅十八口，浮锅二、三口。"⑤

（二）进班分红的习惯法规范

1. 地主进班分红的习惯法规范

所谓进班，又称分班、起班，是指盐井锉办成功后，地主得以

---

① 自贡市档案馆藏，5-4-52-19号卷，民国十一年阴历八月十三日立佃井文约。
② 自贡市档案馆藏，3-5-4019-14号卷，同治八年三月初八日立出佃子孙盐井约。
③ 自贡市档案馆藏，3-5-4018-5号卷，同治三年八月十三日立承佃约。
④ 自贡市档案馆藏，8-1-714-82号卷，光绪二十年九月二十一日立子孙业盐井锅份合同文约。
⑤ 吴鼎立：《自流井见物名实说》。

分享收益，同时也须承担相应费用，与投资者处于同一地位。但是在"年限井"和"子孙井"两种经营体制中，其进班分红的条件是不同的。按照厂规的规定，在"年限井"中，井"见微功时，俱不起班，俟井见功，水足四口（大约八十担），火足二十余口，始行分班起限推煎"；在"子孙井"中，井"不必水足四口、火二十余口"，只要本井所出之息，除缴井有余，地主即照地脉日份或锅口分派利息。① 后来，在凿办盐井的实践中，根据凿井耗费资金的增大，对地主进班分红的条件进行了调整。例如："俟井成功，水以一百担、火以四十口、火力以五分盐水官咸三两为准，主人进班，照日份认补见功修费。……若井出微水、微火不足进班，以作锉办用度。如客人停锉，即进班起限分红。……如主人进班分红以后复行下锉，仍该三十天派逗锉费。如井过深，客人停锉，水、火均不足合约规定，主人亦应进班起限，各按日份分红。"② 又如：周月江、朱鹤年所立修正合约，原佃约载明："井出火四十五口主人进班。现由双方同意议定：出火三十口主人进班，火力以盐岩水三两官咸、三日三夜煎烧巴盐锅灶两红为准；如出黄、黑水，主人进班手续仍照原约履行。③"再如："井见微水、微火，以作锉井费用；除每月缴井外，如有鸿息，应按三十天日份平均分派。俟井见大功，足供给机车推汲，主人始行开班。"（川南盐务管理局自贡分局存档，38-2号卷，民国二十七年十月十七日立出佃地基锉办水火油盐井子孙业日份文约）

在井锉办成功后，还有一个试办期，试办期的长短不齐，有两个月的，也有一年以上的。不少盐业契约规定，在试办期内地主不得进班，例如：恒通井"淘至底时，如有水、火，则由客人试办推煎两个月；如无盈余，必须刮井锉办，所有用费，概由客人负责；如有盈余，主人上节日份即应进班，各按日份分享权益，

---

① 吴鼎立：《自流井见物名实说》。
② 自贡市房管局存档，4-2号卷，民国二十二年国历十一月二十五日立出佃锉办下脉水火油盐岩井年限合约。
③ 自贡市档案馆藏，7-1-1088-45号卷，民国二十四年国历九月二十六日立修正承佃锉办盐井合同文约。

但须主、客相商合办，不得分班，并须将一切修造、各项家具及牛只、电车机车、酬神挂红、门户伕差、税课公款等费，照三十天日份按日逗出清楚，始能进班。在试办期内，不能进班"。①

2．上中节进班分红的习惯法规范

对于做上下节的锉井制度中，上节进班分红亦有条件和规定："锉后成功规定，水以六十担、火以四十口照大市之咸煎上六分盐为率，上节进班。所有见功后修造及酬神演戏、门户课厘、挂红等费，或基址不足另佃地皮，或刁下木竹、扦补井身，凡关三十班用度，进班后各按日份分担。如水、火不足规定，锉尚未停时，应归下节推煎，作为补足锉费；倘井过深，停锉之后，水火仍不足规定，其有水火独归下节推煎三年，上节始行进班，权利义务各按日份分担享受，不得异言。"②

对于做上中下节的锉井制度中，上中节进班分红的规定可以源海井为例："源海井伙等取得同意，愿将停废已久、未成大功之井，出丢第三下节，觅人淘推锉办。上、中两节商议，共提子孙业锅份连地脉在内计占十二口，第三下节占十二口，共成二十四口。兹由源海井上、中节股东代表彭守先，觅得众兴祥经手雷子贤，承办子孙业锅份第三下节十二口锉办淘推。比日凭证议定：上、中节取得第三下节法币稳洋一千二百元正，成功亦不补还。俟后井见微火、微油、微水，以作第三下节淘锉之费。至于进班交涉，比日三面议定，迨井成大功，修立廊厂、筧路、挂红、酬神演戏、报课等费，照二十四口摊派补清之后，水须月产八千担，火须每日能煎一百担水，上、中两节始能进班，各按锅份分红。分红之后，如若井老水枯，复行锉办，则照二十四口锅份派逗。"③

---

① 自贡市档案馆藏，3-5-4024-68 号卷，民国三十一年恒通井文约。
② 自贡市档案馆藏，3-5-4025-9 号卷，民国二十三年国历八月二十七日立出丢下节子孙业盐井日份龙盐井文约。
③ 自贡市房管局存档，1-25 号卷，民国二十八年国历二月二十六日立出丢第三下节水火油盐井子孙业锅份源海井约。

(三) 做节制度之股份设置的习惯法规范

在凿井及经营过程中,由于井久不见功,或仅见微功尚须往下淘锉,投资者又无力派逗锉费,则往往要出丢下节,以聚集资金继续下锉,因而必然要对原股份进行调整,重新进行分配。按照厂规,"上节捣井浅,费本无多,即少分鸿息;下节捣井深,费本甚巨,即多分鸿息"。在做节制度的盐业契约实践中,至于上下节将股份出丢,有厂规:"凡锉井,有以二十四口计者,有以三十天计者。今以二十四口论,中分开锅、地脉、浮锅三种。浮锅为一井开始初锉时井伙酬劳承首人之品。如未成功,因无力锉办,出顶与他人:有将开锅全顶将来只归工本者,则地脉、浮锅似与开锅并存,并照开始原约规模行事;有出顶开锅并浮锅与地脉,经双方协议或留数口者,一经出顶,即成上下节,则浮锅、地脉名目消失,通谓之为开锅。此为一井已成功,各照锅份已分过红息后,复逗本锉办者而言。以后权利,视出顶时双方所立之约为标准,总以二十四口计,不能二十四口外多有分毫锅份,此本厂历来习惯也。且凡一井有变更,即视其变更锅份时所立之约为习惯。"①

至于上下节的股份分配上,多数情况下实行"丢半留半"原则,即上下节各占二分之一股份。例如:海生井"锉至一百二十余丈,丢为上下节子孙业,上、下节各占日份一半。下节严积厚做至一百八十余丈,无力承办,今于宣统三年三月十五日,严积厚之子严绍陵,约请承首颜桂磬、姚寅甫并垱公事人及井邻从场集议,丢成上、中、下三节,严绍陵觅人承办下节子孙业锅份,但从前上节伙内所占锅份又丢一半。"②此外,也有"留少丢多"的情形,丰顺井"深二百余丈,未能成功,无力锉办,至今恒泰灶伙等承顶锉办下节。比日三面议定:下节出本锉办,占昼夜水

---

① 自贡市档案馆藏,17-1-483-23号卷,民国十五年一月二十日,自贡市商会会长范容光签署的《厂规》。
② 自贡市档案馆藏,42-3-88-87号卷,宣统三年岁次辛亥三月十五日立出丢上中下节子孙业盐井昼夜水火油锅份合约。

火油子孙净日份十八天；上节不出锉费，占昼夜水火油子孙净日份十二天，共成三十天，各照日份子孙永远管业。①"

另外，还有"留多丢少"的情形，黔川井"众伙无力再办，约伙筹商，甘愿出丢下节。……比日当面议定：上节伙众并地脉提留子孙业日份十八天，不出使费；下节出本锉办，得子孙业日份十二天"②。当然，因受锉资多寡和效益好坏等因素的影响，在出丢上中下节中对原约定股份也有进行调整的。又如：德龙井民国二十三年八月出丢下节，民国二十四年八月十日"下节伙等特请王三畏堂上节经理人暨在证诸公莅场，因此井接办至今已达二百四十余丈，缴费过巨，请求上节主人于上节约内所订主人应占三十天内之十二天多丢二天与下节客人，以示鼓励，期其早日成功，彼此均利"。此约在民国二十四年八月批明："客人占子孙业二十天。刻因井已锉至三百丈，所用锉费达四万元有奇，当此非常时间，进行维艰，欲罢不能，嗣经主、客会商，由主人再让日份两天，以资调剂，用策进行。今后主人占子孙业日份八天，下节客占子孙业二十二天日份，其余一切概照原约行事。特凭证批约为据③"。

至于工本和鸿息，《上、中、下节井规》规定："将所占日份出顶与人，即名为上节，承顶人即名为下节。以后做井工本归下节派出，或将钱绝顶，日后此井见功，上节不得分息；如未绝顶，上节工本未经收回，日后井成功时，上节有仅归工本若干者，有与下节各分一半鸿息者，有上节仅分二、三成者，下节多分七、八成者。……如井久不成功，下节力又不支，转顶与人接办，则前此之下节作为中节，现在出钱锉井人为下节，井成功时，中节亦有归工本若干者，或共分鸿息者，或同井俱无力前锉，二十四天十八口概行出顶与人做下节，提留上节工本日份，或一半、或

---

① 自贡市档案馆藏，5-4-66-31号卷，民国七年旧历九月十六日立承顶上下节昼夜水火油子孙净日份合约。
② 自贡市房管局存档，3-11号卷，民国十一年阳历四月十一日立出丢上下节子孙业水火油盐井日份文约。
③ 自贡市档案馆藏，3-5-4025-9号卷，民国二十四年八月立。

数天，或数口，上节人等所得提回日份，仍与前伙照二十四天十八口分派鸿息。若合伙人多，则力每不齐，辗转出顶，上中下节，不一而足，兼之年久则人愈多而难清理，其已经出顶井份之合同，则为故纸。井一成功，往往有执故约而混争日份者，如清理日份，必须查伊原佃承出二约，……总以主、客原佃承出二约为凭，佃约如何议定，即照佃约办理。"①

三、盐业合伙的习惯法规范

此处所论及的盐业合伙的习惯法规范，不涉及前面所言的盐业契约主体出资的习惯法规范，仅论述股伙集资租佃，购买已锉办成功而正常生产或废弃的井灶设备，或合营盐运等，包括合伙、退伙与拆伙等。

（一）合伙的习惯法规范

1."同心同德"的合伙经营基础

中国传统文化中强调中庸、中恕之道，追求的目标是"大道之行，天下为公，讲信修睦，外户不闭"。在这种观念下，一个人行使权力和承担义务，均应以讲求诚实和信用为原则。因为在同族同宗、同乡、同域里，人与人都是熟识的，共同生活在由宗族、乡里、姻亲等关系构筑的一个相对封闭的网络中。在这一人际网络中，不仅因为熟人间的信息获得的成本较低，人们对交易方的诚意和履行能力一般很容易了解且有足够的了解，而且，多维关系也使绝大多数人在这个社区内势必"一言既出，驷马难追"。一个不讲信用的人，会遭受人们的唾弃或报复，不可能在社区中生活下去。②

---

① 吴鼎立：《自流井见物名实说·上中下节井规》。
② 李卫东著：《民初民法中的民事习惯与习惯法》，中国社会科学出版社2005年版。

盐业经营耗资巨大，风险犹存，正如清人宋治性作《盐井歌》所言："高山凿石百丈深，井深一丈千黄金。井水不知在何许，年来已是三易主。"为了克服资金上的困难和分担风险，往往采取合伙经营盐业的方式进行。合伙人数不等，多者数十人，少者仅两人，资金数额亦相差悬殊，或四百万元，或三十万元。在订立合伙契约中，合伙人之间要有信用基础，相互比较了解，相互信任；在履行契约过程中，各合伙人要本着善意努力进行，以谋利益，这是进行合伙经营的最重要的基本原则和规范，也是合伙经营的习惯法规范。在盐业契约内均约定书明："自合伙之后，同心协力，彼此并无异言"，"愿同心同德，协谋发展，永远发达，利益均沾"①。这样结成的合伙组织，具有团结合作、对合伙经营充满信心的特点。如："自合伙之后，同心同德，所有赚折，均份均认。……总期兴利除弊，和衷共计，子子孙孙各本天良，无分彼此，伙谊永敦"②，"伙众同心共济，自订以后，所有本灶权利、义务，各伙按照锅份分鸿负责，其余鸿息有余即分，不拘时间。此系各伙欣悦，并无异说"③，"务期一德一心，努力向前，俾资增产而利进行"④。

2．"费用均摊、利害共享、亏折同认"的合伙经营原则

各股伙共同聚集资金去租佃或购买盐井炭灶进行经营，或者盐井所有者邀股伙投资共同经营，其所投资多少一般按照所占股份而定，其收益红利按照股份均分，其亏损敷补按照股份派逗，实行资本的共同投资、投资资本与所占股份一致、鸿息按股份均分、亏损按股份派逗的合伙经营原则。例如："铨顺源伙等甘愿合

---

① 自贡市档案馆藏，3-5-4025-9 号卷，民国三十一年九月二十八日立合伙文约。
② 乐山市档案馆藏，67-7-7490-218 号卷，民国十七年立写合资伙办井灶文约。
③ 自贡市档案馆藏，42-3-161-180 号卷，民国十二年正月二十四日立。
④ 自贡市档案馆藏，8-1-722-188 号卷，民国三十三年二月时日立投资合伙文约。

伙协办，所占日份五天，张可风所占日份五天，曾三友所占日份五天，共成十五天，以及工本、佃价、推办用度，均照日份派用。"① 曾德华等六人合伙佃得海旺井仪生灶现火圈十口，议定佃价银五千五百两正，"事关权利、义务，兹将伙友以十股计算，每股出资五百五十两正。……每一股按股份派逗资本，今后照股分红，所有一切权利、义务，按十股分担盈亏，彼此同意欣允，并无勉强情形"②。如"天宝井呈文"规约第一条规定："本井大关每月应需井缴费用，除将大关火圈所得利润作缴外，其余不敷之费，统由三十班各灶按照日份平均摊派，由大关经理人造就预算，通知各灶，分两期逗出，如：九月份预算四万元，分八底期预逗二万元，九半期预逗二万元是。"③

不过，在合伙经营方式发展到近代晚期，出现了公推经理管理、经营盐业，若经理不是合伙人，一般不占股份，其报酬从盐业经营所得盈余中进行提留，提留后再进行分红。例如："本合伙经营至结算时，如有盈余，提十分之一，作为经理人之酬劳金及办事人之奖金；其余纯利，照股份平均分领。如遇折阅，亦照股平均分担。"④

如有不按期交纳需井费用或亏折，将受到一定的处罚。如"天宝井呈文"规约第二条规定："各灶如不依期预逗者，大关经理人饬灶头将该灶火圈停止煎烧；俟该灶将应逗井缴并认过期子金一并付清时，始由大关拨还火圈。"富荣东场公署以训令方式将其改为："各灶如不依期预逗者，可由大关经理呈请分场署转饬如数逗齐，否则即请在该灶应进盐价内扣发领以利进行，人饬灶头将该灶火圈停止煎烧；俟该灶将应逗井缴并认过期子金一并付清时，始由大关拨还火圈。"

当然，在合伙经营的原则上也有例外，即虽为合伙人，但以

---

① 自贡市档案馆藏，3-5-916-91号卷，光绪三十年正月初六日立合伙同文约。
② 自贡市档案馆藏，7-1-376-35号卷，民国十年冬月十五日立合伙约。
③ 自贡市档案馆藏，6-1-42-74号卷，民国三十一年十月五日"富荣东场公署训令"之"天宝井呈文"。
④ 自贡市档案馆藏，8-1-744-109~111号卷，民国二十七年四月订合伙煎烧炭灶文约。

自己所营盐井炭灶入伙，故而仅享有固定分红的权利而无承担赚折责任之义务，这类似于现代隐名合伙。如王璋裕、张俊卿等合伙煎烧的文约："兹条件成立，王璋裕二十天日份提留火租与鸿息每月法币洋二千四百元正，其全井一切派逗，不与王璋裕相染；鸿息多寡、赚折，王璋裕不得过问。"①

3．"股东会决定、共推经理承办"的合伙经营组织

在盐业合伙经营的早期，由于合伙的程度不高，资本较少，内外事务均由合伙人自行负责办理，自行经营。如张可风、曾三友等合伙佃得神涌井现推盐岩水火油每月昼夜日份十五天，"所有井上事务，伙等相商办理"②。

如"天宝井呈文"规约第三条规定："大关井口坝及推上一切事务，应由全井三十班推选经理一人、副经理一人负责办理，遵照三十班议决案及富荣两厂规则施行外，不负其他责任。"③

又如杨树琪、张绍鑫于民国三十二年所立的契约中载明："本井营业对内对外一切事务，由杨树琪、张绍鑫二人共同负责协商办理；如因本人事务纷繁不能亲督，各派人代表负责，每月结算一次，账目盈余，按股均分；折阅按股派逗，当月结清。"④

随着盐业生产经营的发展和社会化程度越来越高，盐业合伙经营方式也随之发生了变革，在原来"共同经营"的基础上出现了新的经营组织形式——由全体股伙公推经理承办。这种变革，

---

① 自贡市档案馆藏，5-4-40-44号卷，民国三十三年六月二十四日立合伙煎烧文约。
② 自贡市档案馆藏，3-5-916-91号卷，光绪三十年正月初六日立合伙同文约。
③ 自贡市档案馆藏，6-1-42-74号卷，民国三十一年十月五日"富荣东场公署训令"之"天宝井呈文"。
④ 自贡市档案馆藏，8-1-717-38号卷，民国三十二年十一月十六日立合伙同文约。

带来了盐业生产经营的新的活力，促进了盐业生产经营的快速发展。如廖积炜、彭松林、诸子言、陈德轩、李金如、袁泽林、廖茂常、陈敬文、马宜之、刘瀛洲等于民国二十七年订立的合伙契约中载明："本合伙营业，由全体股伙公推刘瀛洲经理承办，所有对内、对外用人行政，概由刘瀛洲君遵照官厅规定办法负责办理。"① 又如金志贤、余伯钦、余泽江、杨澍皋、黄象权、黄切思、刁德孚、金用思、冷海泉、周文安、何明远、闵子华、尤大光等于民国三十二年所立之投资合伙文约中载明："本厂内外权责，经股东会决议，推举余伯钦为经理，杨澍皋为副经理，负责本厂一切责任，任期三年，连选得连任；如该经理人等对厂务有妨害及不利情事，全体股东得约集开会另选之。"②

（二）转伙的习惯法规范

1. "中途转让，先内后外，经合伙人同意方能生效"的转伙规则

由于合伙的形式多样，方式灵活，但合伙又是以诚信为基础建立起来的，其退伙要遵守合伙协议。而在合伙协议中，均载明了有关退伙的规定。如谢吉祥、胡子纯伙等于民国二年所立的契约中载明："伙内中途意欲发展出顶者，先尽伙内，后尽其外。"③ 又如廖积炜、彭松林、诸子言、陈德轩、李金如、袁泽林、廖茂常、陈敬文、马宜之、刘瀛洲等于民国二十七年订立的合伙契约中载明："本合伙营业所占股份，如有中途顶让者，先由同伙内承接；如伙内无人承接，始得外让，但须先向伙内声明，批明合伙簿，始能生效。"又如王鹤年、王汝贤、王鹤群、王婉华、王莲村、王仲安伙等于民国三十一年所立的合

---

① 自贡市档案馆藏，8-1-744-109~111 号卷，民国二十七年四月订合伙煎烧炭灶文约。
② 自贡市档案馆藏，8-1-722-188 号卷，民国三十三年二月十日立投资合伙文约。
③ 自贡市档案馆藏，5-4-55-109 号卷，民国二年二月立合伙集资煎烧炭巴灶文约。

伙契约:"中途如有退伙者,其所占日份,须先顶与伙内;伙内无人承顶,始能出顶与外人。"① 又如杨树琪、张绍鑫于民国三十二年所立契约中载明:"本合伙年限,照佃约履行。中途如有不愿意而出顶者,则先尽伙内,或双方协议出顶,不得单独顶与外人。"②

2. "转伙前之债务由原合伙人承担"的责任承担规则

转伙前之债务由原合伙人承担。如颜伯磬、李清如的于民国三十一年立投资合伙煎烧炭巴灶文约:"情因清如在东场大区上海井内煎烧同和灶炭巴六口,因锅卤不足,水、炭不济,未能烧齐,兹愿将所有灶圈,一并交与伯磬投资合伙接办。特凭证订定合伙条件录列于后,以资遵守:……本灶在未合伙以前所有对内对外存欠,及公会欠项概由清如自行负责理楚,丝毫不与伯磬相涉。"③

(三) 退伙的习惯法规范

在合伙经营中,由于遇到种种困难和矛盾,或者个别合伙人有特殊原因,不可避免地会产生退伙、分伙的现象。所谓退伙,是指一方或少数合伙人的退出,原来合伙的经营机制仍然继续保持。所谓分伙,是指合伙人或分产自办,或合并合伙份额自办,原来的合伙机制多表现为失效。当然,也有经营失败而分伙的,或者父辈的合伙传延到子辈时而分伙,其原因和方式是复杂多样的。同时也反映出了盐业经营由初级向高级阶段发展的渐进规律,反映了盐业经营的更加灵活多样。

---

① 自贡市档案馆藏,7-1-380-325 号卷,民国三十一年九月二十八日立合伙文约。
② 自贡市档案馆藏,8-1-717-38 号卷,民国三十二年十一月十六日立合伙同文约。
③ 自贡市档案馆藏,3-5-4024-10 号卷,民国三十一年九月六日立投资合伙煎烧炭巴灶文约。

1. "从场诸人凭帐核算"、清结，责任理楚后方能退伙

谢大钧灶经理谢钧知于民国二十三年呈文自贡市商会文约中称：谢钧知与周慎之合伙煎烧大钧炭灶，煎烧一年以来，亏折甚大，"慎之当众声称，自甘退出本伙，另谋出路。经从场诸人凭帐核算，每股本一千元实折去四百元，现只能归本六百元。众劝钧知格外津贴洋一百元，慎之共归七百元，从此退出本伙，脱离大钧灶关系，以后或煎或顶，由钧知一人自主。自维力薄能鲜，难再经营，不过素重情感认吃亏，勉为其难，除当拨给洋一百元外，其余六百元，即由慎之自贸之同德炭灶厂应付本灶洋六百零数元项下，两相抵拨清楚，当众批簿，彼此签押，完结手续"①。

毛蜀梧（以下简称甲方）与黄鹏翼（以下简称乙方）以同福厂名义合伙承租推办春生井一眼，甲、乙方各占二分之一。兹因甲方另有良图，甘将已下所占二分之一股权，凭证完全转移与乙方接手办理。特议定条款于后：

"一、甲方应将原有井主出租字约，及井主收据、许可证有关证件等，概交与乙方保管，照原约所载各条及收据等证件，一律完全照样生效。二、甲方所垫之款，依照账表本息结算，先由乙方代井主垫付；如将来井主发生异议，由乙方自行洽办，甲方不负退款责任。至押金一百五十万元，亦由乙方按照日期计息，和本付清。以上款项于立约之日一并付楚。三、凡有同福井对官方之各样证件及图记等，均交乙方；至应向官方更换者，得借用甲方之名。四、立约之后，乙方如对本井井主有更换条约时，甲方应本友谊，尽量促成。五、前由甲、乙两方合伙时所收水稳，自三十四年二月一日起，除提付煜生井归立八百万元外，同福井应进水稳及子金，业已当面结明，由乙方接收清楚；至收入水稳甲方所出证据，在立约后三日，应由乙方

---

① 自贡市档案馆藏，17-1-650-12号卷，民国二十三年八月呈报合伙煎烧炭灶退伙文约。

转换撤换。六、前由甲、乙两方共同加入建新盐厂之事业,先后赚折,概归乙方所有或负担;至同福厂先后赚折,甲方不负责任。七、自立约转移之日起,对内、对外甲方即脱离春生井同福厂关系,不负任何责任。八、所有春生井及同福厂内收外欠,自签约后,应由乙方完全负责,不与甲方相涉。"①

2. 双方协议或约定条件具备而分伙

毛兰芬、毛鹏高于民国三十一年集资合伙承佃郭区吉美井灶美灶火圈十口,更名永善灶美灶,"兹因双方同意,解除合伙关系,将所佃火圈分剖,各煎五口,各立灶牌,所有一切规模,概照美灶李述言出佃约行事。……自分之后,火力消涨,各听天命;盈亏损益,各不相涉"②。

3. 退伙股份由原合伙人共有或分享或独有

退伙股份由原合伙人共有。邹少修与施华村等七人集资伙办马草山德全、怀贞、自兴三灶,"嗣因调整股份,少修自愿退股,所占三灶股份,完全让与伙上共有"③。

退伙股份由原合伙人分享。牟祝华与施华村、叶久皋合资伙办自兴炭巴灶二口,"现祝华自愿退股,所有圈额三分,让与伙内施华村占二分,叶久皋占一分。自退股以后,所有自兴灶圈额廊厂,以及一切有关权利、义务,均与祝华无涉"④。

退伙股份由原合伙人中一人独有。陈耀南、陈勤初与施华村、叶九皋、邹少修、廖树卿、李清如等集资伙办德全灶、怀贞灶、自兴灶,"近因股伙会议分伙自办,指划德全灶锅圈四口,廖树卿占二口六分六厘八,耀南、勤初各占六分六厘六,自愿退股,所

---

① 自贡市档案馆藏,7-1-257-105号卷,中华民国三十四年五月立合伙承租推办春生井退伙文约。
② 自贡市档案馆藏,6-1-311-192号卷,中华民国三十五年三月立解伙分煎合约。
③ 自贡市档案馆藏,5-4-56-40号卷,中华民国三十六年五月立退股约。
④ 自贡市档案馆藏,5-4-55-106号卷,中华民国三十六年十月立退股约。

占股份完全让与廖树卿独有，用便办理。此后德全灶盈亏，以及一切权利、义务，均与耀南、勤初无涉"①。

4．合伙责任按股分担

如廖树卿、施华村、陈耀南、陈勤初、廖泽渊，暨李清如继承人李永忠等于中华民国三十七年订立分伙约，约定："在分伙约签字前，所有三灶（即合伙集资经营的德全灶、自兴灶、怀贞灶，笔者注）存欠赚折，完全按股分担；自分伙后，各营各业，永无翻异。"②

---

① 自贡市档案馆藏，5-4-56-39号卷，中华民国三十七年七月立退股约。
② 自贡市档案馆藏，7-1-411-187号卷，中华民国三十七年八月立分伙约。

第十一章 盐业契约习惯法与成文法的互动关系

近现代之盐业契约历经清朝晚期和民国两个历史时期，即中国封建社会发展的最后时期和民主共和政体建立的初期，也是中国封建法律处于高度完善的时期和中国法律进入近代化的时期。当时，国家正处于由封建社会向半殖民地半封建社会、由半殖民地半封建社会向资本主义社会转变的过渡阶段，法律特别是民商事法律也自然进入转型期，出现了国家制定的成文法与民间社会存在的习惯并行，共同稳定和规范着社会秩序的局面。而在此历史时期，出现在四川特别是在自贡的盐业契约，它遵循盐业生产经营习惯，规范盐业生产经营秩序，同时与国家成文法相互依存、相互影响，形成了一个双向互动的关系，促进了盐业生产经营的正常进行，带来了盐业的繁荣。

一、习惯与习惯法解析

习惯是一个多义的词汇，适用在不同领域里，人们可从不同角度、不同时期、不同地域对它进行不同的诠释。对于个人而言，《辞海》对习惯的解释是："① 由于重复或多次练习而巩固下来的并变成需要的行动方式。如：良好习惯；不良习惯。② 指经过不断实践，已能适应新情况。惯，亦作贯。"这表明习惯仅是个人行为方式，为个人所遵守和重复，其效力仅涉及个人，对他人不产生约束力，因而不具有社会意义，对此法律可不予关注。但对于集体而言，习惯主要指社会多数人（即非特定人群）习以为常的行为，即社会一般人的惯行；或者习惯是一种长时间持续并经多次反复而为人们普遍认同的状态，或者是因反复作出某一行为而形成的不自觉的状态。这表明习惯是一种群体经反复实施并得到遵守的行为状态，它揭示了习惯主体的多数性（即非特定性），但对于其效力范围没有鉴定清楚，较为模糊。从地域或者团体角度分析，习惯是指在某一特定地域或团体内，人们就某一事项作出的反复行为，它长此以往在该区域或团体中的人们之间产生约束力，成为该区域或团体中每一个人应当遵守的行为准则。这种从社会区域或社会团体角度的认识，揭示了习惯的特性和效力，明确了习惯的规范性作用，对于区域或团体内秩序的建立和巩固有着重要的作用。本文在此讨论的习惯，采用的是地域或团体这个层面的意义。

对于习惯的认识和理解，法律界也是颇有争议的。美国法理学者E·博登海默在其著作《法理学——法哲学及其方法》中认为："习惯是一种社会生活的规范，它是不同阶层或个别族群所应有的一般遵守的行为模式。"① 这种行为模式，从主观上看，缘于人类的适应意识；从客观上看，是基于人类所具有的相同性质，即在同一环境中，人们面对相同的刺激会产生同一种或类似的反应而出现的惯行。从这个意义上讲，并非所有的习惯和惯例都具有法律上的效力。实际上，具有普遍适用性规范的习惯只是我们通常所称的习惯中的一部分。为此，《牛津法律大辞典》把习惯定义为："在特定方面被长期公认并且获得法律效力的专门规则。"② 日本学者兹贺秀三认为，习惯是"虽然不成文却能够得到实定化的具体规范"。③

从上面的分析，我们可以知道，习惯是以一定社会人们的惯常行为为基础、以不违犯惯常行为为准则而拘束人们行为的规范。在形式上，"它们可以是家族的，也可以是民族的；可能形诸文

---

① [美]E·博登海默：《法理学—法哲学及其方法》，华夏出版社1987年版。
② [英]戴维·M·沃克：《牛津法律大辞典》，光明日报出版社1988年版。
③ 兹贺秀三等著：《明清时期的民事审判与民间契约》，法律出版社1998年版。

字,也可能口耳相传;它们或是人为创造,或是自然生成,相沿成习;或者有明确的规则,或更多表现为富有弹性的规范;其实施可能由特定的一些人负责,也可能依靠公众舆论和某种微妙的心理机制"①。因而,习惯在形式上显得纷繁复杂,缺乏法律规范的严谨性。加之由于习惯在各区域的表现因受区域风土人情的影响而不同,甚至互相矛盾,不具有法律普适性的特征。最重要的是,习惯形成于长期的社会生活中,从理论上讲,它的变化总是慢于社会的变迁,与社会发展相比,表现出一定的滞后性。

对于习惯法,在中国固有文献中仅有习惯(亦称"习贯",即习于旧贯,习于故常。笔者注),而没有习惯法这样的法律术语。习惯法是近代才从西方移植过来的法律词汇。《牛津法律大辞典》把习惯法定义为:"当一些习惯、惯例和通行的做法在相当一部分地区已经确立,被人们所公认并被视为具有法律约束力,像建立在成文的立法规则之上一样时,它们就理所当然可称为习惯法。"②从此概念出发,习惯要上升为习惯法,应当具有四个要素:一是行为规则已经被确立;二是该行为规则被同一地区、同一团体人们所公认;三是该行为规则对该地区、该团体人们具有法律上的拘束力;四是该行为规则有利于该地区、该团体秩序的稳定与和谐,即像建立在成文的立法规则之上一样。因而,与习惯相比,习惯法是在相当一部分地区已经确立,被人们公认并视为具有法律约束力,具有一般法律普遍适用性原则和特征的规范。习惯法不仅具有广泛的适用性,还具有必须强制遵守的效力,不仅具有较强的社会性、共同性,还具有规范的确定性、拘束性。习惯法与习惯均产生于民间社会规则,有大量的相似和共同点。但二者的根本区别在于:习惯法比习惯多具备一个"可受审理"性。故"习惯为法律之渊源,习惯法则非法律渊源而为法律之本体矣"③。而"中国法

---

① 梁治平:《清代习惯法:社会与国家》,中国政法大学出版社1996年版。
② [英]戴维·M·沃克:《牛津法律大辞典》,光明日报出版社1988年版。
③ 傅文楷:《法律之渊源》,法学季刊(第3卷),1926(1)。

第十一章 盐业契约之习惯法与成文法的互动

的基本法源是习惯。只有习惯才与民众的感觉一致,根据习惯能够按照万物自然的秩序确定各人的权利与义务。中国的习惯依国内各自独立存在的共同体之数而呈现出多样的形态,实际上是不可胜数的"[①]。

在我国法学界,对于习惯法的认识,是从两个角度去分析的,一是从国家与法的关系上,认为习惯法是源于习惯并由国家认可的法律,这方面比较有代表性的观点有:① 习惯法是"经国家认可并赋予国家强制力的完全意义上的法"[②];② 习惯法是"指国家认可并由国家强制力保证实施的习惯"[③];③ 习惯法是"指国家认可并赋予法律效力的习惯"[④];等等。这些概念把习惯法与国家相联系,认为习惯法也具有阶级性和国家强制性的特点。这种观点只承认正式法律意义上的习惯法,否认那些未被国家认可的却活生生存在的习惯法的事实,混淆了习惯法与制定法的区别,缩小了习惯法的范围。一是从社会与法的关系角度上,有学者认为:"习惯法是依据一定的社会权威而存在,并被保证在违反时对强制执行或对违反者予以责罚的行为规范的总和。"[⑤] 有的学者认为:"习惯法是独立于国家制定法之外,依据某种社会权威和社会组织,具有一定强制性的行为规范的总和。"[⑥]也有学者认为:习惯法是一种法,是制定法以外的以另外一种形态表现出来的法,即准法规范。[⑦] 习惯法"产生和流行于各种社会组织和社会亚团体,从宗族、行帮、民间宗教组织、秘密会社到因为各式各样的暂时或长期结成的大大小小的会社,它们也生长和通行于这些组织和团体之外,其效力小至一村一镇,大至一县一省"。[⑧] 而史尚宽认为:"习惯法者惯行社会生活之规范,依社会之中心力,承

[①] 兹贺秀三等著:《明清时期的民事审判与民间契约》,法律出版社 1998 年版。
[②] 《中国大百科全书·法学》,中国大百科全书出版社 1984 年版。
[③] 孙国华:《法学基础理论》,中国人民大学出版社 1987 版。
[④] 朱愚:《试论我国的习惯法》,齐齐哈尔师范学院学报,1994 年(1)。
[⑤] 邹渊:《习惯法与少数民族习惯法》,贵州民族研究,1997(4)。
[⑥] 田成有:《习惯法是法吗?》,云南法学,2000(3)。
[⑦] 包姝妹,陈曦:《试论习惯法》,前沿,2002(5)。
[⑧] 梁治平著:《清代习惯法:社会与国家》,中国政法大学出版社 1996 年版。

认其为法的规范而强行之不成文法也。"①

从上面分析，我们认为，习惯法是独立于国家成文法之外，依据某种社会权威和社会组织确立的具有一定强制性的行为规范。这种观点既明确界定了习惯法与国家法的范畴，又准确反映了习惯法的特征。

二、近现代时期习惯法与成文法的关系

法律是社会意志的集中体现，不同的社会会形成与之对应的法律。受近现代时期社会过渡性特征的影响，法律也表现出明显的过渡性特征。鸦片战争后，中国被迫向西方敞开国门。随着西方资本主义国家商品和资本的不断涌入，新的生产关系也开始在中国生根发芽。在此影响下，国家和社会的经济政策与社会伦理开始资本主义化，传统的以农为本、重农抑商的思想转化为工商立国、振兴工商的时代呼声。②甲午战争失败后，清政府提出要"以筹饷练兵为急务，以恤商惠工为本源"，强调"通商惠工，为古今经国之要政"，"亟应变通尽利，加意追求"③。中华民国成立后，南京临时政府成立实业部以保护和振兴实业，"实业为民国将来生存命脉，……不能不切实经营"，并通电各省成立实业司。北洋政府建立后，明确宣布："民国成立，宜以实业为先务。"在此经济政策的鼓动下，工商业得到了较快发展，同时呼唤着法律的保护的呼声也愈来愈高。但是传统的法律观念和习惯仍然占据主导地位，一方面，旧的法律观念和习惯构成了近现代民商事法律生长的障碍；另一方面，无论是在时间抑或空间上，这些传统的法律观念和习惯又与从西方移植的法律糅合在一起，构成了近现代新旧法律并存的局面。

---

① 史尚宽著：《民法总论》，中国政法大学出版社 2000 年版。
② 薛君度，刘志琴主编：《近代中国社会生活与观念变迁》，中国社会科学出版社 2001 年版。
③ 朱寿朋编：《光绪朝东华录》，中华书局 1984 年版。

第十一章 盐业契约之习惯法与成文法的互动

随着工商业经济的发展和文化的变迁，传统的思想观念开始受到冲击并发生转变，一部分人认识到制定民商事法律的重要性，"民法者，定私法上之权利义务之所在，及其范围，固有百利而无一害者也"。如宋代以后江南经济的快速发展和国家对土地控制的松弛，导致契约观念的加强；明清之际新经济因素的萌芽，使得民间习惯法空前发展；① 到了近代，这种变化就更大了。首先，在经济上，晚清之际政府大力推行工商，商人的社会地位快速提高，商会等社团组织产生并对政府的影响越来越大，为民商法的发展提供了社会基础；其次，在社会组织结构和文化观念上，随着封建社会转向半殖民地半封建社会再转向资本主义社会，民主观念开始在人们心中激起涟漪并逐渐深入人心，封建君主制和家长制开始动摇，这为民商法的发展培育了新的思想基础。这些变化，为修订法律特别是加强民商事法律建设提供了基础性的保障。

《大清律例》是清代的成文法，但"大清律例主要是一部刑法典，禁止人们偏离官方的行为标准。至于民法，则（为数）极为有限。因此，许多调整个人生活的规范和原则必须从其他地方获取。习惯法填补了刑律留下的空缺。前者通常是对后者的补充而不是对帝国立法的对抗。也许更确切些说，律典以对人们违反规范的行为施以过度的惩罚来支持习惯法。然而情况并非总是如此。制定法可以尝试着加以革新，但常常不够成功，这部分是由于儒家的政府观念削弱了政府的权威而倾向于将习惯法置于法律上；部分是因为至少是在像新界这样的边远地区，中央政府的执行机器不够有力"②。简单地说，当律典与习惯法相一致时，民事违法行为通常会受到刑事处罚；当二者发生冲突时，由于政府对民间细事采取放任态度，民事立法受到漠视，习惯法便发挥着重要作用。到了清末，朝廷对《大清律例》进行了修订，出台了《大清民律草案》，但由于种种原因这些律法却被搁置。杨元洁在

---

① 梁治平著：《清代习惯法：社会与国家》，中国政法大学出版社1996年版。
② Peter Wesley—Smith: The Source of Hong Kong Law, Hong Kong, Hong Kong Univ. Press, 1994, p.213. 参见苏亦工著：《明清律典与条例》，中国政法大学出版社2000年版。

《中国民事习惯大全》"序"中指出:"我国地大物博,风尚各异,共和肇造,五族一家,而本其历史地理之关系,习俗相识,至今不改。溯自前清变法之初,醉心欧化,步武东瀛,所纂民律草案大半因袭德日,于我国固有之民事习惯考证未详,十余年来不能施行适用。"而"孟德斯鸠认为习惯为国民性之表现,恒与一国文化相亲徐。郝胥黎又认为习惯为民族运动递演而来,历数世纪而遗蜕犹在。可见,民族之有习惯,如形之有影,时相附丽,不可须臾离惟"。当然,"习惯之中应加鉴别,瑜者存之,瑕者革之,庶及道一风同"①。

现行有效的法律是清代的《大清现行刑律》中的民事有效部分,它在清末起到了民事基本法的作用。但它是一部地地道道的封建时代的法典,其内容显然不足以规范和解决近现代社会中纷繁复杂的民事问题。《公司律》等为数不多的单行法亦不能满足现实的需要。这样,国家制定法的缺乏必然促使人们寻找其他有效的社会规范,从而从明清开始大量发展起来的民事习惯成为解决现实民事问题的现成工具。与此同时,近代商会等社会组织的发展也促使了习惯法在实际生活中得到一定范围内的应用。这主要表现在解决民事纠纷中大量的民事习惯被用来作为裁判的依据。正如梁治平所言:"法律社会学家们发现,即使是在当代最发达的国家,国家法也不是惟一的法律,在所谓正式的法律之外还存在大量的非正式法律。"②

法律社会学家艾理希(Ehrlich,1862—1923年)认为,法律非国家所专定,而是内蕴于社会机构或社会习俗之中,因为社群的生活、行动中自有活生生的法律来规范社群的生活。表面上由国家所制定的通用的法条,皆可在社群生活的实际中寻其根源,它是一种"社会团体的内在秩序"③。在中国传统的国家与社会的格局中,国家法律所管辖的范围大多是一些刑事案件,众多的

---

① 杨元洁著:《中国民事习惯大全·序》,施沛生等编:《中国民事习惯大全》,上海广益书局1925年版。
② 梁治平著:《清代习惯法:社会与国家》,中国政法大学出版社1996年版。
③ 林端著:《儒家伦理与法律文化》,中国政法大学出版社2002年版。

第十一章　盐业契约之习惯法与成文法的互动

民事案件和部分轻微的刑事案件是依据民间习惯法,通过民间纠纷解决机制予以解决的。这是否意味着国家制定的成文法与民间习惯法就是两张皮而互不隶属呢?答案当然是否定的。其实,成文法与习惯法在本质上是一致的,二者都是为了维护宗法制度下皇权的尊严和统治的稳定。习惯法与国家成文法相互交叉渗透、协同,从不同角度反映了人们对社会管理模式的不同要求。广泛存在于民间的民事习惯与习惯法作为一种传承、积淀和整合了数千年社会文明规范的形式,代表和满足了一定区域、一定社会关系网络中的社会成员的需要,不仅有其特定的社会生存空间,而且还会随着社会文明的不断传承给以后的社会产生影响。同时,随着社会的变迁,它们也会在形态和内容上发生新的变化,以其所具有的深厚社会基础影响新的国家制定法。①

在近现代时期,由于民事法律规范十分缺乏,与民法具有密切关系的婚姻、契约、不动产登记等制度不健全。在具体审判活动中,司法人员仅依靠少许的法律规范和抽象的法律原则,对于很多具体的法律关系和事实难以认定。而民事习惯的稳定性和可操作性却可以帮助司法人员从复杂的案件中理清头绪,作出正确的法律判断,这弥补和丰富了成文法的不足,因而习惯得到了国家的认可而赋予法律之力,并作为判案的依据。

最早以法令的形式确定民事习惯的法律地位,是江苏省临时议会于1911年通过的关于法律适用问题的决议案,议案指出:关于民法前清已编有前三编草案,可以查取。"其未有草案者,……暂依本省习惯及外国法理为准"。它首次将习惯在司法审判中的作用和地位确立下来。《大清民律草案》规定:"民事,本律所未规定者,依习惯法;无习惯法者,依条理。"如直隶高等厅在判决一起契约纠纷而制作的判词就有:"我国民法尚未颁布,草案之规定暂难引用,只得按照一般习惯及当事人一族惯例以为判断。"作为最高审判机关的大理院,兼行法律创制职能,《暂行法院编制法》

---

① 李卫东著:《民初民法中的民事习惯与习惯法》,中国社会科学出版社2005年版。

第三十五条规定:"大理院院长有统一解释法令、必应处置之权。"第四十五条规定:"大理院及分院札付下级审判庭之案件,下级审判庭对于该案不得违背该院法令上之意见。"大理院的判例要旨,要么是对某一现行法的内容进行的解释,要么是对某一现行法进行的扩张解释,要么是在现行法之外创制新的民事法律规则。这些解释和创制的法律规则,不但对本案当事人有拘束力,而且对同类法律关系也有普遍的规范效力。例如:1913年大理院发布第六四号判例,规定在民事法律适用问题上,"判断民事案件,应先依法律所规定,法律无明文者依习惯法,无习惯法者,依条理"。第一一八号判例规定:"习惯法之成立,以习惯事实为基础,故主张特别习惯以为攻击或防御方法者,除该习惯确系显著,素为审判衙门所采用外,主张之人应付立证责任。"1915年大理院第一二二号判例规定:"法律无明文者,从习惯;无习惯者,从条理。"北洋政府1915年9月15日发布《审理民事案件应注重习惯通饬》,要求各地审判机构注意在司法活动中适用习惯。该《通饬》称:"各司法衙门审理民事案件,遇有法规无可依据、而案情纠葛不易解决者,务宜注意于习惯。"为规范习惯的适用,防止滥用习惯,司法部还制定了一系列相关措施,既积极又谨慎地推行民事习惯在司法审判中的运用。主要措施包括:① 由各审判厅厅长率领民庭推事调查、了解各类习惯,以备审判时适用。② 在对案件进行审理时,如需要,可邀请当地知名人士,就当地习惯作出陈述,以供法庭参考。1922年北洋政府颁行了《民事诉讼条例》,第三百四十三条规定:"习惯法、自治法及外国之现行法为法院所不知者,当事人有举证之责任。但不问当事人举证与否,法院得依职权为必要之调查。"与此同时,大理院第一九六号判例规定:"习惯法则之成立,必先有习惯事实之存在,故除审判衙门于显著之事实,及于职权上已认知其事实,或相对人有自由者外。应依据通常证据法则为之证明。"大理院也发布第二三五四号判例:"当事人若主张习惯法则,并经审判衙门调查习惯属实,而可以认为有合法之效力者,自应援用之以为判断之准据。"大理院第三四二号判例规定:"当事人主张有特别习惯以为请求之根据者,如其习

第十一章　盐业契约之习惯法与成文法的互动

惯已系显著而又无悖于法令，无害于公益者，审判衙门自应根据其习惯进而审究其请求之当否。"第七五五号判例："当事人共认之习惯，苟无悖于公共之秩序，审判衙门固不待主张习惯利益之人再为证明即可予以采用。"① 这样，在习惯法的适用上，建立起了一套习惯导入司法实践的机制。

而在近现代时期法律适用上的习惯法，必须具备四个要件，这在1913年大理院发布的第三号关于"习惯法成立之要件"的判决例中作出了明确的规定："凡习惯法成立之要件有四：（1）要有内部要素，即人人有确信以为法之心；（2）要有外部要素，即于一定期间内就同一事项反复为同一之行为；（3）要系法令所未规定之事项；（4）要无悖于公共之秩序、利益。"这样就在民事习惯适用问题上建立起了选择机制，只有符合这四个要件方能予以适用，赋予法律效力，作为判案依据。对于习惯法成立的前三个要件，大理院于1917年发布第一四二二号判例要旨指出："习惯法之成立固以多年惯行之事实及普通一般人之确信心为其基础，而此项事实与确信心尤比为法所未定之事项，或与法律之规定（指任意性质之法）有特异之点，始得认其成立。如多年惯行之事实及普通一般人之确信心与当时通行之法规全然符合者，则不过为人民奉行法规之事实与法规之印象（即人民关于法规之知识），而不能于法规以外为独立之习惯法毫无可疑。"规定习惯只能适用于没有现成法律依据的案件中。此外，对于成文法有明文规定的事项，不得以习惯的存在变更成文法的规定。对于"法令"，意指普通法（前清现行刑律民事有效部分）和特别法（地域上的和事项上的特别法），而"民律草案"、省议会不合法之议决、县议会决议案等都不属于"法令"。对于"无悖于公共秩序及利益"，我们认为，社会公共秩序及利益是一个原则性的规定，包含的内容十分宽泛，具体说来应该包括维护社会稳定，促进社会进步，推动经济发展等方面。如在保护经济健康、稳定发展和保护交易安全

---

① 余绍家编，《司法例规》，转引自李卫东著：《民初民法中的民事习惯与习惯法》，中国社会科学出版社2005年版。

方面，大理院针对有心倒骗等破产行为，于1914年发布第九八八号判例要旨称："习惯之有法律上效力尤以不害公益为其要件之一端，如所主张商号负债不能涉及家产之办法，于交易安全实有妨碍，纵令果属旧有之习惯，亦断难认为有法律之效力。"再如在维护社会稳定方面，大理院1919年发布的第二一九号判例要旨称："现行律例无子立嗣不得紊乱昭穆伦序之规定，原为保护公益而设，应属强行法规，其与此法规相反之习惯，当然不能有法之效力。"①《中华民国民法》起草说明书中指出："习惯之效力，欧美各国立法例本自不同。我国幅员辽阔，礼俗互殊，各地习惯，错综不齐，适合国情者固多，而不合党义违背潮流者亦复不少，若不严其取舍，则偏颇寡败，不独阻碍新事业之发展，亦将摧残新社会之生机，殊失国民革命之本旨。"故而，"此编根据法治精神之原则，定为凡一切须依法律之规定，其未经规定者，始得援用习惯，并以不悖公共秩序或善良风俗者为限"②。这样，在习惯的适用上就建立起了一个选择机制，形成了将一个普通民事习惯赋予法律上之效力而转化为习惯法的过滤器。

在近现代时期，在习惯法的适用上，我国已建立起一套习惯导入司法实践的机制，通过司法实践，让民事习惯发挥对成文法的弥补、变通、修正和变更的作用，同时推动了成文法的发展。反过来，在习惯的适用上就建立起了一个选择机制，形成了将一个普通民事习惯赋予法律上之效力而转化为习惯法的过滤器，表明成文法通过对司法活动的规范来起到了对民事习惯的确认、规范、强化、整合以及对不良习惯的排斥的作用。正如傅文楷所言："习惯之于社会，一若法律之于国家。两者均为实现人之识别力与权力公道之原则。法律为国家执行最高权力之原则，习惯则受社会之承认赞许，而非由国家权力取得。因此，在国家由社会递嬗而成立时，国家法律内容应置较多习惯成分于其中。国家法院之

---

① 天虚我生：《司法指南 大理院民事判决例》（甲编），中华图书馆1916年版。转引自李卫东著：《民初民法中的民事习惯与习惯法》，中国社会科学出版社2005年版。
② 谢振民著：《中华民国立法史（下册）》，中国政法大学出版社2000年版。

执行裁判,承受社会已成之习惯为真实有效之条例。是习惯之影响法律,不在法律之成熟进化,而在法律制度之起始也,迨国家自身成长后,乃自信较强,以公众习惯适合法律为事,而非法律适应习惯矣。"① 亦如苏力所言,社会生活中形成的习惯仍然起到重要作用,甚至是法治的不可缺少的组成部分。这不仅是因为法律不可能规定一切,它需要依据各种习惯才能起作用,而且更重要的是因为许多法律的制定往往都是在对社会生活中通行习惯的确认、总结、概括或升华的基础之上。从这个角度来看,国家成文法的出现和增加只是由于社会生活、特别是经济生活方式的变化而引起的制度变迁之一。当然,成文法有国家强制力的支持,似乎容易得以有效贯彻。但实际上,真正能得到有效贯彻执行的法律,恰恰是那些与通行的习惯相一致或相近的规定。一个只靠国家强制力才能贯彻下去的法律,即使理论上再公正,也肯定会失败。②

三、盐业契约中习惯法与成文法的互动关系

在中国传统的法律文化中,契约方面并没有一套完整的制度可以遵循,即使有成文法,官府也尽可能不去干预民间的一般交易,避免去全面规范各类民间的契约活动。"任依私契,官不为理",即政府、成文法对契约活动并不主动干预,即使债权人起诉,官府一般也不予受理,人们(债权人)很难得到政府司法的帮助来实现其债权,而此时就只有依靠习惯法来保护自身利益。"民有私约,约行二主","官有政法,人(民)从私约"的惯语,表明私约和"官法"具有同样的效力,但同时也意味着二者是对立的。我们认为:私约固然为民间的契约行为,但订立契约之目的是为了实现契约的预期目的。为了预期目的的实现,往往依赖于某种大家公认的惯例的约束,这就是民事习惯。民事习惯一旦被赋予

---

① 傅文楷著:《法律之渊源》,《法学季刊》第3卷,1926(1)。
② 苏力著:《法治及其本土资源》,中国政法大学出版社1996年版。

了强制力就变成为约主必须遵守并依照履行的习惯法，因而习惯法通过对契约纠纷的规范起着维护社会稳定、交易安全的作用。这样，自然而然地与国家成文法就有了异曲同工之妙，成文法对习惯法并不完全是排斥或置之不理，而是积极地从习惯法中去汲取优秀的合理的内核，反过来，习惯法也就在一定程度上推动或促进了成文法的发展，二者之间出现了相互渗透、相互作用、相互影响的互动关系。为了阐释习惯法与成文法之间的这种互动关系，我们从盐业契约具体案例的分析上入手，以期避免纯理论上的分析。

（一）盐业契约纠纷解决中习惯导入的案例分析

在盐业契约的订立与履行过程中，违约纠纷的发生亦在所难免。为了有效地解决纠纷，促进盐业经济的发展，维护社会稳定，保障交易安全，在缺乏明确的成文法规定的情况下，大量地运用习惯来加以解决，形成了一套盐业习惯导入盐业纠纷处理的机制。

1. 关于盐业合伙关系、优先权和租金分配法律事实的确认问题

如自贡地方法院于民国二十三年十月二十二日以第409号公函的方式函告自贡市商会，以期查明事实。其公函如下[①]：

敬启者：案查敝院有因盐井涉讼事件，以厂井习惯争执剧烈，殊难臆断。兹将争执之点，胪列于下：

（一）甲锉办盐井一眼，因未成功，转顶与乙继续锉办，其契约订明甲为上节，乙为下节，各占子孙日份若干天，但甲、乙之间依照厂井习惯，是否合伙关系？

（二）乙锉办又不成功，仅只微火一口，尚未进班，即将该井出佃与丙，但甲是否有优先承佃之权？以及乙出佃时，应否先

[①] 自贡市档案馆藏，17-1-682-1～2号卷，民国二十三年十月二十二日以第409号公函。

第十一章　盐业契约之习惯法与成文法的互动  ·211·

行通知于甲得其同意？

（三）乙将该井出佃与丙，则甲能否主张照股分得出佃之租金，以及有无分此租金之权？

综上各由，相应函请贵会烦为查明，代为调查，迅即赐复过院以凭核办，实纫公谊。　此致

　　　　　　　　　　　　　　　　　自贡市商会

自贡市商会的调查复函：

自贡市东场灶商同业公会民国二十三年十二月一日初拟意见如下①：

1. 在未照约进班及照全井三十天分鸿之先，尚非完全合伙关系。

2. 乙锉办井，如未办至相当深度与未费用巨大款项，不能遽将全井出佃，倘已尽上述义务，出佃时亦须取得甲的同意。

3. 乙如已将该井锉至超过邻近各井之深度，或已耗去与上节资金比较略等之费用、人事已尽、不得已而出佃外，甲有主张分此租金之权。

地方法院在解决盐业纠纷时，运用盐业习惯来确认一定法律事实，是习惯功能的具体展现，即司法人员对于许多具体的法律关系和事实的认定，仅仅依靠少许的法律规范和抽象的法律原则是难以认定的，而民事习惯的稳定性和可操作性的特点有助于对案件事实作出正确的法律判断。从本案来看，主要有三点：

一是合伙法律关系的认定，由于成文法没有明确的规定，因而只好查明盐业习惯。在盐业习惯中规定：在"年限井"中，井"见微功时，俱不起班，俟井见功，水足四口（大约八十担），火足二十余口，始行分班起限推煎"；在"子孙井"中，井"不必水足四口、火二十余口，只要本井所出之息，除缴井有余，地主即照地脉日份或锅口分派利息。"②后来，在凿办盐井的实践中，根

---

① 自贡市档案馆藏，17-1-682-6～7号卷，民国二十三年十月二十二日以第409号公函。

② 吴鼎立：《自流井见物名实说》。

据凿井耗费资金的增大，对地主进班分红的条件进行了调整。如"俟井成功，水以一百担、火以四十口、火力以五分盐水官咸三两为准，主人进班，照日份认补见功修费。……若井出微水、微火不足进班，以作锉办用度。如客人停锉，即进班起限分红。……如主人进班分红以后复行下锉，仍该三十天派逗锉费。如井过深，客人停锉，水、火均不足合约规定，主人亦应进班起限，各按日份分红。"① 在井锉办成功后，还有一个试办期，试办期的长短不齐，有两个月的，也有一年以上的。不少盐业契约规定，在试办期内地主不得进班，如恒通井"淘至底时，如有水、火，则由客人试办推煎两个月；如无盈余，必须刮井锉办，所有用费，概由客人负责；如有盈余，主人上节日份即应进班，各按日份分享权益，但须主、客相商合办，不得分班，并须将一切修造、各项家具及牛只、电车机车、酬神挂红、门户伕差、税课公款等费，照三十天日份按日逗出清楚，始能进班。在试办期内，不能进班。"②。对于做上下节的锉井制度中，上节进班分红亦有条件和规定："锉后成功规定，水以六十担、火以四十口照大市之咸煎上六分盐为率，上节进班。所有见功后修造及酬神演戏、门户课厘、挂红等费，或基址不足另佃地皮，或刁下木竹、扞补井身，凡关三十班用度，进班后各按日份分担。如水、火不足规定，锉尚未停时，应归下节推煎，作为补足锉费；倘井过深，停锉之后，水火仍不足规定，其有水火独归下节推煎三年，上节始行进班，权利义务各按日份分担享受，不得异言。"③ 地主或上节进班分享收益，同时也须承担相应费用，与投资者或下节处于同一地位，即"既经进伙以后，如此井锉捣下脉，及修造廊厂一切，俱归三十班出钱"，合伙关系才正式成立。④

---

① 自贡市房管局存档，4～2号卷，民国二十二年国历十一月二十五日立出佃锉办下脉水火油盐岩井年限合约。
② 自贡市档案馆藏，3-5-4024-68号卷，民国三十一年恒通井文约。
③ 自贡市档案馆藏，3-5-4025-9号卷，民国二十三年国历八月二十七日立出丢下节子孙业盐井日份龙盐井文约。
④ 吴鼎立：《自流井见物名实说》之《桐、龙、新、长四　主与客所做客井、子孙井三十班井规》。

第十一章　盐业契约之习惯法与成文法的互动

二是优先权的确认。在盐井、灶、笕、房、车炉等的让与情形下，有"伙内优先权"、"亲族优先权"和"乡邻优先权"的习惯法规定："本合伙营业所占股份，如有中途顶让者，先由同伙内承接；如伙内无人承接，始得外让，但须先向伙内声明，批明合伙簿，始能生效。"① 这是为了保证盐业生产经营资本的稳定、促进凿办盐井工程早日完成的规定。但同时规定，盐井未锉办至相当深度与未费用巨大款项，不能将全井出佃，否则，必须征得原出佃人的同意方可出佃。

三是转租的租金获取权的认定。对于转租的租金，原出佃人要获得租金，按照"井规"，必须具备几个要件：① 转租人未将该井锉至超过邻近各井之深度；② 转租人未达与上节资金比较略等之锉井费用；③ 转租人的人事未尽；④ 转租人没有不可抗力之客观情形。凡具备四者之一，原出佃人就有权获得租金，否则就丧失了此项权利。

2. 关于对盐井土地出卖是否与地脉井份一并转让问题的习惯法确认

如自贡地方法院于民国二十四年第 1483 号公函的方式致函自贡市商会调查盐业经营中习惯处理方法②。原文如下：

（一）土地所有人将其土地佃于他人锉井，土地所有人当然享有地脉井份；假定土地所有人于井停办后将土地出卖，有无只卖土地、其共享地脉井份除外之习惯？

（二）假定土地所有人于井停办后出卖土地，其卖契并未载明地脉井份出卖，亦无提留字样，其地脉井份是否当然包括于卖契内一并出卖？如业已载明地脉井份一并出卖，惟未通知原承佃锉井人，其卖契关于地脉井份部分是否有效？

---

① 自贡市档案馆藏，8-1-744-109~111 号卷，民国二十七年四月订合伙煎烧炭灶文约。
② 自贡市档案馆藏，17-1-682-14~15 号卷，民国二十四年十月九日第 1483 号公函。

按照"井规"的习惯规定,进行了查明,并作为认定土与地脉井份一并出卖的法律依据:其一,自贡东西盐场出卖土地,"连同地脉井份并卖者颇多,并无只卖土地而其地脉井份除外之习惯",这就是"井随地转"的盐业买卖习惯。即在盐业买卖中,盐井日份或锅口与其所占之土地一并转移。其二,"出卖土地之内有地脉井份者,若不同土地并卖,即应载明提留;倘无提留字样,则其地脉井份,当然包括于卖契内一并出卖,不得以未经载明地脉井份出卖而另生枝节;至业已载明地脉井份一并出卖,虽未通知原承佃锉井人,其关于地脉井份部分亦应有效,盖地脉井份为地主之所有权,完全自由,不能受旁人牵制。"[①]

3. 关于盐井续锉问题的习惯法确认

如自贡地方法院于民国二十五年以公函字第73号询关于盐井续锉的习惯处理方法[②]:

(一)依照自贡习惯,凡锉办盐井之人,须锉至若干程度,始不能继续开锉?

(二)锉办盐井,有谓锉至三百三十长深,如不见功,即无法继续开锉者;有谓须锉至三百四十丈之深,始不能再行开锉者。据此而说,究以何说为是?

由于盐井锉办的深度直接关系着盐井锉办是否可以转佃、地主或上节是否可以进班、地主是否有权收回所锉办的盐井等问题,因而在认定和处理此类案件时有着重要的意义。为此,根据自贡锉办盐井的习惯,究竟应锉至多少深度,并无一定标准,"惟西场之井有锉至一百余丈即见水火,例如现推之金海井及所停之各黄水井是也;如出火者多居少数,即名曰北风火、草皮火;又有锉至二百几十丈及三百余丈者乃能见功,此种水火当然较浅者更优

---

① 自贡市档案馆藏,17-1-682-17~18号卷,自贡市商会民国二十四年十月十九日函复。
② 自贡市档案馆藏,17-1-682-19~20号卷,民国二十五年一月二十二日第73号公函。

第十一章　盐业契约之习惯法与成文法的互动

厚。据此自论，总视其地势之盛衰、情形之难易、山泽之变迁，应当以事实环境之可否而决"。① 东场"各井皆自为风气，具丈量大小亦不一律，不过通常办法，凡锉至三百三十丈左右，大都发现红岩，红岩下即有火一口；如发现红岩之后尚未见大功，在多数办井之人，均不愿再进行下锉，因能力已尽，无多希望故也。"②。从盐场锉井习惯来看，富荣东西场一般均以三百丈左右为锉井深度即可见功，不过西场更优于东场而已。（富荣东场盐井最深 320 丈，最浅 120 丈，一般 200—290 丈，以盐岩为主；富荣西场盐井最深 300 丈，最浅 100 余丈，一般 200 余丈，以黄黑卤为主，笔者注）

4. 关于对盐业习惯的理解问题

如民国二十一年，王仲英诉余述怀因股权纠纷一案③：
四川自贡市商会诉书
原诉人　王瑞生代表王仲英
被诉人　余述怀

为踞产背约剥夺主权，恳予主持正义，传理评判，以维厂规而伸法纪。缘商父于前清光绪辛丑年，在荣厂平滩子伙办新锉盐井一眼，取名生成井，除浮锅、地脉外，以十八口做井。锉办一百九十余丈，至民国五年交与下节余述怀接办，双方立有合约，另抄呈。佃约内载明："停工住锉时间过久，上节有干涉之权"；"若井见微功，余有鸿息，应照二十四口均分"等语。此井于民国九年即有火圈十三口，伊独办煎烧，无故停锉。商于民国十八年，曾经报请贵会处理；经王主席和甫、罗主任蜀闻诸公，限定述怀次年春间赓续锉办。商是年以公务外游，伊仍烧十三口火圈，希

---

① 自贡市档案馆藏，17-1-682-27~28 号卷，西场井商黄黑卤业同业公会民国二十五年二月向自贡市商会的复函。
② 自贡市档案馆藏，17-1-682-75~76 号卷，东场井商盐岩卤业同业公会民国二十五年二月向自贡市商会的复函。
③ 自贡市档案馆藏，17-1-638-2 号卷，民国二十一年二月×日王仲英诉余述怀股权纠纷案。

图渔利,竟不下锉。至去岁复添火圈,连前共烧大火二十五口,每日煎水一百一十余担,按照合约,即应同享利权,殊述怀踞产背约,剥夺主权,既不交帐查阅,又不履约分红,商为此井家产荡尽,岂甘伊豪霸独据?迫恩主持正义,传理评判,并请饬伊交帐清算,以维厂规而张公道,不胜感祝之至。　　　　谨呈

自贡市商会　　公鉴

此股权纠纷案,在盐井锉办和经营过程中具有极强的代表性,是一个典型的以盐业习惯来分析确认纠纷事实的案件。此案于民国十八年起至民国二十三年不断诉讼,历时六年之久,经过自贡市商会、富荣西场场长公署、荣县县政府、西场井商同业公会、叙南清乡司令部步十八团第三营营部、自贡市商事公断处以及自贡地方法院等处理机构理处,其关键点是如何认定盐业出丢下节约中有关习惯的认定。下面结合习惯法导入股权纠纷事实认定进行评析。

王仲英之父王瑞生与余述怀于民国五年签订《立承接下节子孙业盐井水火油昼夜锅份文约》①,王瑞生与周三和、周三福伙办的生成井,王瑞生等伙众占开锅日份十八口,承首占浮锅三口,周三和等占地脉浮锅三口。井已锉至190余丈,王瑞生等伙众将其所占日份出丢下节与余述怀,按照厂规习惯的"丢半留半"的原则,王仲英等上节伙众得日份9口,余述怀占日份九口。

民国九年,此井见微功,达到火圈18口生产。到民国十七年九月至民国十八年,余述怀停锉不办,王仲英便以约定"倘停工住凿时间过久,上节得照厂规干涉"为由,向自贡商会申诉。该商会于民国九年作出判决,"限期次年春间继续锉办,如仍不锉,即行由上、下节照约解决"②。余述怀于是续锉,至民国二十一年烧煎火圈达25口,历年红息达4万余元。按照合约,上节应阅账分红,"倘井见微功,以作下锉之费,余有红息,照二十四口均

---

① 自贡市档案馆藏,17-1-638-4号卷。
② 自贡市档案馆藏,17-1-638-8号卷。

第十一章 盐业契约之习惯法与成文法的互动

分"①。但余述怀不交账清查,王仲英便又向自贡商会、荣县政府乃至自贡驻军起诉。王仲英起诉认为:其一,"按上下节合约:上节既丢子孙锅份十二口,下节应备资锉办,权利、义务异常分明;其争点在余鸿应按二十四口均分,锉费不足,不与上节相涉。若以判词内从民国九年井见微功起,至二十一年现日止,除下锉用度外,余鸿以二十四口均分,似与合约不符。此井自民国十七年已停锉,实无锉费可言,停锉与未停锉两节,自应分别查算,不能牵涉含混"。其二,"若谓停锉后要将前节锉费两口迭除,试问商一百九十余长、数万元之锉费,责任谁负?"其三,"按合约见红分息,停锉不办,上节得照厂规干涉,或正式接回,虽则时局变乱,岂容权利独享,霸踞吞灭,事属盐业范围,贵会召集两厂井灶公会,从场解释合约、厂规,关系何等重大;既已解释,商有阅帐分红之权,俟帐明之后,自有正当解决之日,此时似无判决之必要"。其四,"原判未经当场宣示,何能附卷存查发生效力?应请注销,对于本案免滋冲突"②。

首先,针对锉费问题,余述怀申诉认为:"井见微功,以作下锉之费"之语中的"以作下锉之费","并未注明现在下锉、过去及将来下锉等字样;既未注明现在、过去、将来,则现在、过去、将来下锉之用皆包括在内,应在井见微功取偿,此文义上当然之解释,毫无疑义着也"。况且,"为顾全上、下节股东利益起见,乃出此利则归人、害则归己之下策,拖借外债,以作下锉之资。锉至二百九十三长三尺六寸,仅此微火而已,旋因时局变迁,复因节制场产,始暂停锉。但以井灶赚折两品,实负外债六万余金;以二分息率征给,共达九万五千余两,皆累商一人之身,虽则上节不负责任,而商当时是欲将井锉办成功,以负众股东之期望,区区苦心,想亦为上、下节各股东所共鉴也""商以灶余用作井缴,自问于心无愧,即于情、于理、于合约、于习惯,与事实均无不合之处,该仲英听人播弄,利令智昏,舍井言灶,试问无井则灶从何来?井缴不除即言灶赚,天下宁有是理?"③ 其次,

---

① 自贡市档案馆藏,17-1-638-4号卷。
② 自贡市档案馆藏,17-1-638-14号卷。
③ 自贡市档案馆藏,17-1-638-15号卷。

对于红息问题，余述怀申诉认为："余有红息，照二十四口均分"，"所谓余者，是除锉费而外之余，非谓不算锉费而有余也。所谓红息，亦须除去原本始得谓息，本井锉费尚欠数万之巨，有何红息之可言？该仲英仅据灶余，不顾井缴，妄想分红，谬解合约，公然谓'停锉与未停锉两节自应分别查算'；果尔，则下锉之义务纯归于商，而井见微功之权利则全归仲英矣！商纵愚，断不至于结如此失平之合约，矧合约所载至为明了，毫无含混"①。

自贡商会于民国二十一年九月，照此案前经营部委员茬会，对账册进行了详细查算后，便于同年十月二十五日经多次调解后结案：

"兹复准函请调处到会，本会为舍理言情，并顾全双方伙谊起见，分别劝慰两造彼此牺牲，提出意见，即：由余述怀付与王仲英井市角洋一千五百元，取具仲英收据存执，从此斩断民国二十一年十月底以前一切葛藤，此后井灶从新另立帐簿，仍照原立契约履行。当经常务委员倪敬先会同禹铸九，负责一再调解，始行取得双方同意，到会当场签字了息。"②

民国二十二年十一月，余述怀向自贡商会诉称，此调解书与调解记录不符，"碍难追认，具呈声明请予注销"。③

民国二十三年八月，王仲英再次向自贡商会申诉："讵料述怀施逞豪霸手段，至今将及两年，未见伊之月结、年结，将火圈盘踞。现煎大火四十口，每年盈余以产量计算，约计三万余元；商在伊手中仅支洋八千余元，连同和息所补之一千五百元在内。惟此井火圈已达四十口，按照合约，应行分班。商帖请伊在大会阅帐分班，竟不到场，不但对商虎视一切，甚至玩法藐抗。"④

从上述所言可知，此盐业纠纷因对盐业习惯——厂规井约的理解不一致而引起，现分析如下。

井规之一："停工住锉，地主收回，客人不得异说"。如自贡

---

① 自贡市档案馆藏，17-1-638-15 号卷。
② 自贡市档案馆藏，17-1-638-22 号卷。
③ 自贡市档案馆藏，17-1-638-25 号卷。
④ 自贡市档案馆藏，17-1-638-26 号卷。

商会于民国三十二年元月三十日函致自贡地方法院,"查本市租地锉办盐井,在双方订立契约时,其契约上,每载有'如承佃人停工住锉,由地主收回'等语。在一般普通习惯,'停工住锉,地主收回'二语,几成为一紧促锉井人务必达到成功之照例文章,而确罕有照约收回之事实;然契约内既经载明,则承佃人如果无故停工住锉地主据约收回,似亦不能否认"①。王仲英之父王瑞生与余述怀于民国五年签订《立承接下节子孙业盐井水火油昼夜锅份文约》中约定:"自丢之后,任随下节牵蔑锉办,倘停工住锉时间过久,上节得照厂规干涉;时局变乱,不在此限。"这就出现了语词含混,意思模糊,"停工住锉时间"如何计算?"收回"的方法是什么?上节又如何"干涉"?均无法作出一个统一而公认的结论,故只好以"时局变乱,不在此限"之由作罢。

井规之二:"若井见微功,余有鸿息,应照二十四口均分"。对此解释各异。王仲英认为,自民国九年井就见微功,定有余息,应该照二十四口均分。而余述怀则认为,井虽然见微功了,但所赚之费应作继续下锉使用,而对于下锉的时间,在合约中并未注明,因而应理解为将来下锉使用,故无分息之理。

由于双方都是从有利于自己的角度去解释含混的合约规定与术语,彼此很难达成一致意见。鉴于此,自贡商会也只好"为舍理言情,并顾全双方伙谊起见,分别劝慰两造彼此牺牲",提出处理意见,了却此桩久拖不决的纠纷。

5. 对"一业不得二卖"、"佃不阻买"之习惯的认定

如王政信将祖遗海流井所占十五天一时半日份先佃与尹三乐堂,后又以"议价银三百两"出卖给尹三乐堂。"随即招捡,当有王李氏执政信弟兄押借此井百两银数约据,尹氏故未过数,王政信以尹姓捐数不交,始行重卖李维磬,议价银一千二百两"于此尹三乐堂将王政信诉讼到富顺县衙门。富顺县承审员李耀宗经

---

① 自贡市档案馆藏,17-1-682-41~43号卷。

审查核实后认为:"李姓之重买,实咎由卖主握老契未交,借此串弊一业二卖,业已报判令尹姓承买李姓重买无效。……此决定李姓新约注销,老契六张,候案结转交尹菘生执首。"① 富顺县堂判以"一业不得二卖"之习惯法作出判决,支持了尹三乐堂的主张。

李维磐对富顺县堂第一审判决不服,向四川省高等审判厅提出控告。李维磐控告称:"尹三乐堂虽执有王政信之卖契,而王政信并未将过岗契(即办完产权转移手续的出山约,又称'过户'手续,笔者注)交付尹三乐堂收执,其买卖之手续已不完备。且尹依仁堂之佃约,初在自流井分署审讯时并未呈验,即诉状内亦未叙及,分县有卷可查。乃于富顺县审讯时始行提出,原审有供可查。即使该佃约认为真确,而依自贡佃不阻买之习惯,该王姓出卖之海流井水火油盐子孙日份十五天一时半,民已交过银九百三十四两,此业应由民承买。"四川省高等审判厅受理后,三次票传尹三乐堂,均无故不到,应即照章缺席判决:"将原判撤销,并令被控告人负担诉讼费用。"② 支持了李维磐的诉讼请求。四川省高等审判厅的裁判依据是对"佃不阻买"之习惯的确认,并作为判案的依据。

6.对"丢半留半"之股份出让习惯的认定

熊咏尧与张玉堂因股份纠纷诉至自贡地方审判厅,该厅受理后审查认为:"张玉堂之父张建侯,于前清光绪丁亥年,请熊咏尧之父熊朴斋经理淘办丽泽井,即今利源井。建侯占锅份九口,因连年工本不敷,负债甚巨,遂同其子启堂以半口锅份杜顶朴斋,当立顶字收据为凭。丙申年,朴斋辞去经理,建侯复将该井顶与赵锡之承办下节。彼时按照厂规习惯,应丢半留半,建侯以借债深累朴斋之故,将伊之半口不丢,故簿批只丢出四口,其押银数百,皆建侯一人使用。"熊朴斋之半口锅份,即在张建侯提留五口

---

① 自贡市档案馆藏,42-3-68-32号卷。
② 自贡市档案馆藏,42-3-68-85号卷。

第十一章　盐业契约之习惯法与成文法的互动　·221·

内，后来熊朴斋病故，张建侯即串同族人张耀廷批簿载明"朴斋前买启堂之半口锅份，因无力煎办，杜顶与张建侯名下，转顶与赵锡之承办，实还工本钱二百四十三串五百四十七文，俟下节见功，在赵锡之名下三关如数兑还"等语。经查证后，认定为伪造，且违背了"丢半留半"之股份出让习惯，于是依据"丢半留半"之股份出让习惯作出判决："熊咏尧杜顶开锅半口之批簿文约，系张建侯与张耀廷同盟伪造，应予注销。张玉堂等因此半口锅份历年所得之红息若干，应即依帐算明，如数返还熊咏尧收用。"①

从上述分析可以看出，盐业习惯法在案件纠纷的处理中起到了重要作用，依习惯而解决纠纷，既不违世界法律通行的规则，又容易得到社会认同，弥补和丰富了制定法的不足。同时在一定程度上承认和适用了习惯法，这就变通和发展了已有的成文法。一般说来，导致司法审判人员根据习惯变更成文法的原因有三个：① 成文法不利于社会经济的发展，有碍社会公益，司法人员利用习惯对它进行改进；② 习惯的社会影响较广，力量强大，法律不得不作出让步，承认既成事实；③ 一些特殊地区和特殊群体，由于生活困苦等原因，形成一些与法律相左的民事习惯，司法审判人员从体恤民情和稳定社会的目的出发，认可这些习惯的效力。②

（二）大理院判例引入盐业纠纷解决依据的案例分析

民国十一年，自贡地方审判厅依据大理院判例对盐业租佃契约纠纷进行判决，体现了最高司法机关在具体案件裁判的司法过程中所作出的解释或规定，对成文法起到了弥补的作用，也推动了成文法的发展，反过来在一定程度上，成文法也对习惯法产生了重要影响。

---

① 自贡市档案馆藏，42-3-156-125号卷。
② 李卫东著：《民初民法中的民事习惯与习惯法》，中国社会科学出版社2005年版。

王迪徽堂代表王守为向自贡地方审判厅起诉李龙舟迫立盐业租佃契约案。诉状如下：

"缘李龙舟与王迪徽堂及李植芗等，在白家沟地方伙办一元井，王迪徽堂占日份十九天，李植芗等占九天，龙舟占二天。该井之火历未煎烧，上年龙舟向王迪徽堂之主体人王守为要求承佃，未得承诺。十年阴历十月初四日，龙舟私与该井执事王槐章订立佃约，将灶圈略为修理即行起煎。王迪徽堂闻之，前往阻止，未获；遂以迫立佃约等词，呈控。"

自贡地方审判厅民事庭受理诉讼后，对租佃契约纠纷事实进行了调查核实。民事庭传讯李龙舟进行核查，李龙舟则提出主张：该租佃契约"系与王槐章直接交涉"对此事实得到了王迪徽堂的承认。又转而质讯王槐章，王槐章则称："立约之时，曾附有条件，要东家（即王守为，笔者注）回来承认，才算成立。"于是民事庭又"添传王守为到案备质，据称："此火是三十班的事，我们四房仅占十九天，何敢答应？"据此，民事庭作出了判决："李龙舟与王槐章缔结租佃王迪徽堂应占一元井十九天火份契约，作为无效。"

自贡地方审判厅民事判决的依据是大理院判例的"无权代理人所为之行为，非经本人追认，不得对于本人发生效力。"和"代理他人订立契约者，事后不能证明其代理权，并经本人拒绝追认，则该代理人对于相对人须负履行或损害赔偿之责"。自贡地方审判厅民事庭认为："本案王槐章仅该王迪徽堂一司帐之人，其无代理权限可知。既未经该堂授与以代理权，乃竟私与该被告人订立租佃契约；若未经本人合法追认，犹可说也，今既拒绝追认，则此种契约自不能生法律上之效力。况查该井三十班，王迪徽堂仅占十九天日份；即使追认，而李植芗等九天日份亦未佃明，乃竟公然起煎，无怪乎该原告人等之振振有词也。"

对于该租佃契约被依法认定无效，则其造成的损失由谁承担呢？自贡地方审判厅民事庭认为："惟查该被告人承佃以后，一切修理所费不赀，今契约既被撤销，难免受无形之损失；若竟置之不理，殊非所以保护相对人之利益也。"鉴于此，民事庭为保护相对人之权益,从公平之法理出发,判决王槐章对李龙舟的损失承担赔偿责任:"夫王槐章以无权代理之人,擅与人缔结契约,致发生争执,揆诸判例,则赔偿之责,当然由王槐章负之。"但又见于此无效之租佃契约,绝非王槐章一人之过错行为造成,李龙舟因"私与该井执事王槐章订立佃约",亦有过错,理应承担一定责任,故此判决王槐章与李龙舟平均承担诉讼费。①

---

① 自贡市档案馆藏,42-3-19-52号卷。

参考文献

(一) 著作

1. 刘拂丁等著. 中华文化通志工商制度志. 上海：上海人民出版社，1998
2. 胡寄窗著. 中国经济思想史. 上海：上海人民出版社，1978
3. 吴慧著. 桑弘羊研究. 济南：齐鲁书社，1981
4. 曾仰丰著. 中国盐政史. 北京：商务印书馆，1937
5. 陈衍德，杨权著. 唐代盐政. 西安：三秦出版社，1990
6. 郭正忠著. 宋代盐业经济史. 北京：人民出版社，1990
7. 马克思恩格斯全集（1～4卷）. 北京：人民出版社，1959
8. 季怀银著. 中国传统民商法兴衰之鉴. 北京：中国民主法制出版社，2003
9. 李显冬著. 从《大清律例》到《民国民法典》的转型. 北京：中国人民公安大学出版社，2003
10. 梅因著. 古代法. 沈景一译. 北京：商务印书馆，1984
11. 苏轼. 苏文忠公全集卷七十三之蜀盐说. 北京：语文出版社，2004
12. 张传玺主编. 中国历代契约会编考释. 北京：北京大学出版社，1995
13. 眭鸿明. 清末民初民商事调查之研究. 北京：法律出版社，2005
14. 张晋藩主编. 中国法律史. 北京：法律出版社，1995
15. 张晋藩著. 中国法律的传统与近代转型. 北京：法律出版社，1997
16. 自贡市政协文史资料委员会编. 自流井盐业世家. 成都：四川人民出版社，1995
17. 礼记·坊记. 见（清）阮元校刻：十三经注疏. 中华书局，1980
18. 苏力著. 寻求自然秩序中的和谐. 北京：中国政法大学出版

社，1997
19 [法]古郎士（Fustel de Coulanges）．希腊罗马古代社会研究（第二卷第七章）．李玄伯译．北京：商务印书馆，1938
20 谢振民著．中华民国立法史（下册）．北京：中国政法大学出版社，2000
21 刘俊文著．唐律疏义．北京：法律出版社，1999
22 薛梅卿点校．宋刑统．北京：法律出版社，2000
23 苏亦工著．明清律典与条例．北京：中国政法大学出版社，2000
24 周枏著．罗马法原论（上）．北京：商务印书馆，1994
25 [意]彼德罗·彭梵得著．罗马法教科书．黄风译．北京：中国政法大学出版社，1992
26 罗结珍译．法国民法典．北京：中国法制出版社，1999
27 陈本寒著．担保法通论．武汉：武汉大学出版社，1998
28 史尚宽著．物权法论．北京：中国政法大学出版社，2000
29 王书江译．日本民法典．北京：中国法制出版社，2000
30 宋会要辑稿·食货六一之五六·农田杂录
31 名公书判清明集（卷九）．户婚门·取赎类
32 元典章（卷十九）．户部五·典卖
33 叶显恩著．明清徽州农村社会与佃仆制．合肥：安徽人民出版社，1983
34 四川新都档案局编．清代档案地契史料（嘉庆—宣统）统计
35 温世扬著．物权法要论．武汉：武汉大学出版社，1997
36 蔡福华著．民事优先权新编．北京：人民法院出版社，2002
37 郭明瑞著．担保法．北京：中国政法大学出版社，1998
38 王利明主编．中国民法典草案建议稿及说明．北京：中国法制出版社，2004
39 马克思恩格斯选集（第2卷）．北京：人民出版社，1972
40 梁治平著．寻求自然秩序中的和谐．北京：中国政法大学出版社，1997
41 梁治平著．清代习惯法：社会与国家．北京：中国政法大学出版社，1996

42　吴鼎立. 自流井见物名实说
43　苏　力. 法治及其本土资源. 北京：中国政法大学出版社，1996
44　林　端. 儒家伦理与法律文化. 北京：中国政法大学出版社，2002
45　施沛生等编. 中国民事习惯大全. 上海：上海广益书局，1925
46　朱寿朋编. 光绪朝东华录. 北京：中华书局，1984
47　薛君度，刘志琴主编. 近代中国社会生活与观念变迁. 北京：中国社会科学出版社，2001
48　孙国华主编，法学基础理论. 北京：中国人民大学出版社，1987
49　中国大百科全书·法学. 北京：中国大百科全书出版社，1984
50　[英]戴维·M·沃克. 牛津法律大辞典. 北京：光明日报出版社，1988
51　[美]E·博登海默. 法理学——法哲学及其方法. 北京：华夏出版社，1987
52　犍为县朱体训堂1918年分关文约. 见乐山档案馆，69-7-7484-44
53　自贡文史资料选辑. 合刊本第1~5辑
54　吴　炜. 四川盐政史卷三
55　曾凡英主编. 盐文化研究论丛（第一辑）. 成都：巴蜀书社，2005
56　富顺县志（卷三十）. 盐政新增. 上中下节井规
57　周伯峰著. 民国初年"契约自由"概念的诞生——以大理院的言说实践为中心. 北京：北京大学出版社，2006
58　黄名述，张玉敏主编. 罗马契约制度与现代合同法研究. 北京：中国检察出版社，2006
59　田成有著. 乡土社会中的民间法. 北京：法律出版社，2005
60　张　生著. 民国初期民法的近代化——以固有法与继受法的整合为中心. 北京：中国政法大学出版社，2002
61　[德]韦伯著. 法律社会学. 康　乐，简惠美译. 南宁：广西师范大学出版社，2005
62　曹艳芝著. 优先权论. 长沙：湖南人民出版社，2005
63　胡常清著. 中国民法总论. 北京：中国政法大学出版社，1997
64　吴天颖著. 井盐史探微. 成都：四川人民出版社，1992
65　何勤华，王立民主编. 法律史研究（第二辑）. 北京：中国方正

出版社，2005

66 自贡市政协文史资料委员会编. 自贡文史资料选辑（第十八辑），1988

67 李学智著. 民国初年的法治思潮与法制建设——以国会立法活动为中心的研究. 北京：中国社会科学出版社，2004

68 [日]内田贵著. 契约的再生. 胡宝海译. 北京：中国法制出版社，2005

69 费孝通著. 乡土中国 生育制度. 北京：北京大学出版社，1995

70 费孝通著. 江村经济——中国农民的生活. 北京：商务印书馆，2001

71 朱庆育著. 意思表示解释理论. 北京：中国政法大学出版社，2004

72 王泽鉴著. 民法总则. 北京：中国政法大学出版社，2001

73 [美]艾伦·沃森著. 民法法系的演变及形成. 李静冰，姚新华译. 北京：中国法制出版社，2005

74 王卫国著. 中国土地权利研究. 北京：中国政法大学出版社，1997

75 [日]富井政章著. 民法总论. 陈海瀛，陈海超译. 北京：中国政法大学出版社，2003

76 [日]三潴信二著. 物权法提要（上、下卷）. 孙 芳译. 北京：中国政法大学出版社，2005

77 彭诚信著. 主体性与私权制度研究——以财产、契约的历史考察为基础. 北京：中国人民大学出版社，2005

78 [日]大村敦志著. 民法总论. 江 溯，张立艳译. 北京：北京大学出版社，2004

79 [日]山本敬三著. 民法讲义. 解 亘译. 北京：北京大学出版社，2004

80 傅静坤著. 二十世纪契约法. 北京：法律出版社，1997

81 马克思. 马克思经济学手稿（1857—1858）. 马克思恩格斯全集（第46卷上、下册），北京：人民出版社，1979

82 黑格尔著. 法哲学原理. 范 扬，张企泰译. 北京：商务印书馆，

1961
83 孟德斯鸠著. 论法的精神. 张雁深译. 北京：商务印书馆，1993
84 查士丁尼著. 法学总论 —— 法学阶梯. 张企泰译. 北京：商务印书馆，1993
85 [美]汤普逊著. 中世纪社会经济史（上册）. 北京：商务印书馆，1961
86 徐景和，刘淑强著. 合伙企业法释义. 北京：人民法院出版社，1997
87 高富平，苏号朋，刘智慧. 合伙企业法原理与实务. 北京：中国法制出版社，1997
88 马强著. 合伙法律制度研究. 北京：人民法院出版社，2000
89 苏 力著. 送法下乡 —— 中国基层司法制度研究. 北京：中国政法大学出版社，2000
90 杨仁寿著. 法学方法论. 北京：中国政法大学出版社，1999
91 谢怀栻著. 合同法原理. 北京：法律出版社，2004
92 何 志编. 借款合同判例与实务. 北京：人民法院出版社，2005
100 [法]托克维尔. 论美国民主（上卷）. 北京：商务印书馆，1988
101 [美]吉尔兹. 地方性知识. 王海龙，张家瑄译. 北京：中央编译出版社，1999
102 史尚宽著. 民法总论. 北京：中国政法大学出版社，2000

（二）论文

1 吉成名. 论唐代盐业政策与王朝兴衰. 河北学刊，1996（3）
2 周炸绍. 略谈宋代盐户的身份问题. 山东大学文科论文集刊，1980（2）
3 薛宗正. 明代灶户在盐业生产中的地位. 中国历史博物馆馆刊，1983（5）
4 简 锐. 清代中期中国盐业的资本主义萌芽. 盐业史研究，1992（1）
5 彭泽益. 清代四川井盐工场手工业的兴起和发展. 中国经济史研究，1986（3）
6 邹进文. 近代中西制度变迁比评. 经济与管理论丛，1998（2）

7 张晋藩. 论中国古代民法研究中的几个问题. 政法论坛, 1985
8 王利明. 共有中的优先购买权. 民商法前沿, 2002 年第 1、2 辑, 长春: 吉林人民出版社, 2002
9 解志国. 民法上优先受偿权的几个问题. 法商研究, 1997 (5)
10 申卫星著. 我国优先权制度立法研究. 法学评论, 1997 (6)
11 赵晓力. 中国近代农村土地交易中的契约、习惯与国家法. 北大法律信息网, 2001-03-24
12 傅文楷. 法律之渊源. 法学季刊 (第 3 卷), 1926 (1)
13 包姝妹, 陈曦. 试论习惯法. 前沿, 2002 (5)
14 田成有. 习惯法是法吗? 云南法学, 2000 (3)
15 邹渊. 习惯法与少数民族习惯法. 贵州民族研究, 1997 (4)
16 朱愚. 试论我国的习惯法. 齐齐哈尔师范学院学报, 1994 (1)
17 李力. 清代民间契约中关于"伙"的观念和习惯. 法学家, 2003 (6)
18 邹进文. 近代中西制度变迁比评. 经济与管理论丛, 1998 (2)
19 江平, 龙卫球. 合伙的多种形式和合伙立法. 中国法学, 1996 (3)
20 韩桂君. 进一步完善我国合伙企业的法律制度. 中外法学, 1999 (5)
21 江平, 曹冬岩. 论有限合伙. 中国法学, 2000 (4)
22 刘传刚, 常守风. 建立我国的有限合伙制度. 经济与法律, 1997 (2)
23 王青林. 民间法基本概念问题探析作者. 上海师范大学学报, 2005 (11)
24 梁治平. 中国法律史上的民间法——兼论中国古代法律的多元格局. 文史知识, 1997 (2)
25 朱苏力. 法律规避和法律多元. 中外法学, 1993 (6)
26 刘作翔. 具体的"民间法"——一个法律社会学视野的考察. 浙江社会科学, 2003 (4)
27 王洪丽, 桂梁. 民间法: 一种法的社会学视角. 东方论坛, 2004 (4)
30 李传. 民间法与法律文化方法. 山东大学学报, 2005 (6)
31 王学晖. 国家法与民间法对话和思考. 现代法学, 1999 (1)

后 记

法治社会的实现需要依靠法治建设的大力推进，而法治建设应吸纳古今中外法治的立法与实践。法的移植固然重要，而法的继承则更为重要。埋头于博大精深的中国法律文化史中，品味甘醇，汲取养料，提炼精华，于国于世于人于己皆有裨益。我们承担着自身责任，也承担着传承文化、滋育后人的重任，每天在工作之余把自己关坐在书屋里，翻阅发黄的半文半白文字，用鼠标记录下思虑之得，沉醉在学术研究的精神愉悦世界里，幸哉！乐哉！

德国哲学家费希特曾言："学者的使命主要是为社会服务，他要优先地、充分地发展他本身的社会才能、敏感性和传授技能，真正用于造福社会。……学者的美德就是无条件地埋头问题，从而忘掉一切对于他人、甚至自己的考虑。"我们身处的地域，虽然信息相对闭塞一些，文化还没有那样的发达，前沿资料更是难得。但鸿鹄怀志，不辱使命，于是关注身处地域里的过去、现在、将来之事，咀嚼原发性的材料，为中国法律文化的繁荣尽一份力也不失为一件快乐的事。

在四川近现代盐业中，特别是在有着"千年盐都"美称的自贡的井盐生产经营历史中，遗留下了大量珍贵的契约资料。从法律文化的视角去研习这些内容丰富、特色鲜明、至今仍不失其先进性的史料，其研究成果一定具有原创性。自贡市档案馆、自贡市盐业历史博物馆等馆藏的盐业契约资料，让我们在获取研究资料方面拥有了得天独厚的优势，同时，为我们的研究提供了近水楼台的便利条件。为此，我们要感谢自贡市档案馆、自贡市盐业历史博物馆在我们的研究和资料查阅方面所提供的便利和支持。

后　记

以盐业契约为研究的课题一经申请就得到四川省哲学社会科学联合会立项批准和大力支持，他们的帮助使我们的选题与研究工作得以顺利进行，并有了初期成果。对此，我们表示衷心的感谢。

学术研究有赖信息资料的获取与丰富。本书附录中所列的著述论文，是我们进行研究不可或缺的材料，品味这些著述文字，给我们以思考与警悟。为此，我们真诚地向这些著述论文的学者表示感谢。

中国盐业契约的法律研究成果，获得了学术专家的肯定。四川大学教授、博士生导师冉光荣欣然为本书作序，并对成果予以鉴定："不仅选题好、立意高，而且角度新、视野广；议论平实，方法得当，结论公允；内容丰富，结构严谨，对盐业契约相关法律问题的研究相当深入，是一部高质量的书稿。"西南财经大学民商法学教授、金融法研究所所长刘文在鉴定意见中认为："对盐业契约的研究，指导思想明确，综合运用法学、历史学、社会学等研究方法和手段，体现了作者研究视角的新颖性和角度的开拓性，表现出了研究内容的较为全面性和系统性，基本形成了体系。"四川理工学院法学教授、学报编辑部主任陈于后在鉴定意见中指出，"课题组三位研究者博学善思，以扎实的功底对盐业凿井、合伙、借贷、租佃、买卖、析产契约以及与盐业契约相关的盐业习惯法及其与成文法的互动关系等内容进行了研究，并着力对四川近现代盐业契约法律制度与当今相关制度进行比较，力图为当今相关法律制度的完善提供历史和理论上的依据，使课题研究成果，不仅具有重要的学术理论价值，而且具有实践指导意义。"对此，我们对三位专家付出的辛勤劳动和对本成果的关注、厚爱表示衷心的感谢。

本书是我们对盐业契约研究初期成果的总结，有的内容是已经公开发表过的论文，有的内容是未公开的研究成果。本书得以出版，我们还要特别感谢西南交通大学出版社和他们付出的辛勤劳动。

本书撰写过程中，我们还得到了四川省教育厅人文社会科学重点研究基地——中国盐文化研究中心、四川理工学院科技处的大力支持。我们的学生祝启、尹丹参与了部分材料的收集与整理工作。在此,谨对所有关心、帮助过我们的人表示深深的谢意。

由于我们对盐业契约的研究时间仓促,故而遗漏之处在所难免,恳请各位学者、读者批评指正。

著　者